高等职业教育金融教学改革创新教材

中国大学MOOC 配套教材

SHANGYE YINHANG ZONGHE YEWU

商业银行综合业务

赵瑾婷　陆兴凤　主　编

周晓莲　齐秀洁　邹　祥　副主编

校企合作，"双元"开发 | 理实一体，岗赛衔接 | 纸数融合，立体配套

东北财经大学出版社
Dongbei University of Finance & Economics Press

大连

图书在版编目（CIP）数据

商业银行综合业务 / 赵瑾婷，陆兴凤主编 . —大连 ：东北财经大学出
版社，2025.5. —（高等职业教育金融教学改革创新教材）. —ISBN
978-7-5654-5614-5

Ⅰ . F830.33

中国国家版本馆CIP数据核字第2025715MG6号

商业银行综合业务

SHANGYE YINHANG ZONGHE YEWU

东北财经大学出版社出版

（大连市黑石礁尖山街217号　邮政编码　116025）

网　　　址：http://www.dufep.cn

读者信箱：dufep@dufe.edu.cn

大连天骄彩色印刷有限公司印刷　　东北财经大学出版社发行

幅面尺寸：185mm×260mm　　　字数：307千字　　　印张：14.25

2025年5月第1版　　　　　　　　2025年5月第1次印刷

责任编辑：郭海雷　李　丹　　　　　责任校对：刘贤恩

封面设计：原　皓　　　　　　　　　版式设计：原　皓

书号：ISBN 978-7-5654-5614-5　　　定价：42.00元

前　言

教材体现党和国家意志，是解决"培养什么人、怎样培养人、为谁培养人"这一根本问题的重要载体。职业教育教材是落实职业标准、专业标准、课程教学标准的重要载体，是职业教育"三教"改革的关键要素。建设产教融合、精准对接职业岗位需求的优质教材，才能增强职业教育适应性，彰显职业教育"德技并重、理实一体"教学特点，才能更好地服务于教育高质量发展和教育强国建设。为此，我们根据高等职业教育金融类专业人才培养目标、学生学情特点，结合商业银行业务操作流程和岗位能力需求，编写了这本体现理实一体化特征的《商业银行综合业务》教材。

本教材以综合柜员、客户经理、理财经理、风险经理等银行核心岗位业务技能为主线，按银行岗位划分项目，并参考具体岗位日常工作所涉及的业务设置任务，构建知识树和技能树。通过具体任务设计及相关业务实操来帮助学生掌握银行核心岗位的工作内容、工作职责及工作流程。

本教材突出了以下特点：

1.通过任务导入、知识准备、任务实施和任务小结四个步骤，使学生能够"做中学、学中做"，做到理实一体化，真正帮助学生掌握银行核心岗位业务技能。

2.每个任务中设置了"赛题测试"栏目，对接世界技能大赛的财经商贸赛道（智慧金融组），将该竞赛对应该项目任务的国赛真题、样题嵌入其中，便于拓展学生的业务知识和技能，真正做到课赛融通。

3.设置"政策聚焦"栏目，将贯彻落实党的二十大精神的重要金融政策进行节选展示、解读，在政策解读中融入思政元素，启发学生关注金融政策，培养金融问题洞察意识和解决能力。

4.在每个任务最后设计了该核心岗位涉及的银行业务操作流程图，帮助学生更清晰地认知银行核心岗位对应日常业务的操作流程。

5.配备了丰富的数字化教学资源，将涵盖重要知识点的教学微课和实训操作视频以二维码的形式嵌入教材中。以本教材为基础建设的课程已在中国大学MOOC平台上线，任课教师既可以参与共建共享线上课程，也可以据此不断更新线下数字化教学资源。

需要说明的是，本教材业务实训中出现的企业名称、人员姓名以及相关信息均为服务于业务情境所设，如有雷同，纯属巧合。

参与本教材编写的人员中，既有商业银行综合业务课程多年教学经验的教师，也有工作在商业银行一线的人员。在教材编写过程中，编写团队成员几经讨论，反复斟酌，最终将统一的要求和标准呈现在教材中。

本教材由赵瑾婷、陆兴凤担任主编，周晓莲、齐秀洁、邹祥担任副主编。陆兴凤编写项目一；赵瑾婷编写项目二、项目三、项目四的任务一、项目五的任务一及任务二；周晓莲编写项目四的任务二；齐秀洁编写项目五的任务三；邹祥编写项目五的任务四；最后由赵瑾婷负责统稿。

在教材编写过程中，我们参阅了同行专家的有关著作，在此向这些著作的作者表示衷心的感谢。由于编者的水平有限，书中可能存在疏漏与不当之处，敬请各位老师及广大读者批评指正。

编　者
2025年2月

目 录

项目一　商业银行认知

本项目将对商业银行进行概览式介绍。现代商业银行起源于近代西方，并经过一系列演变和发展，成为现代市场经济中最重要的金融机构之一。商业银行发挥着为国民经济运行提供信用和支付的职能，为企业和居民提供存款、贷款、结算等一系列金融服务。大数据、区块链、云计算、人工智能等新技术的出现与快速发展给商业银行数字化转型带来新的机遇和可能，无形化、开放化、智能化的数字银行4.0时代就此到来。

学习目标

知识目标	1.了解商业银行起源； 2.洞见未来银行趋势； 3.了解商业银行组织架构； 4.熟悉商业银行相关职能。
技能目标	1.能够总结现代商业银行起源的学说； 2.能够应用数字金融技术； 3.掌握银行不同岗位的操作技能； 4.掌握银行相关职能的重要作用。
素养目标	1.关注金融科技在银行中的应用，激发创新思维； 2.激发对未来金融从业的职业愿景。

项目导图

```
项目一　商业银行认知

                              一、商业银行的产生
                              二、商业银行的发展模式
                              三、商业银行的性质
        任务一　走近商业银行    四、商业银行的经营原则
                              五、商业银行的数字化转型阶段
                              六、金融科技在商业银行的具体应用
                              七、商业银行的数字化转型未来趋势

                              一、商业银行的外部组织形式
        任务二　熟悉商业银行    二、商业银行的内部岗位设置
                              三、商业银行的基本职能
```

任务一　走近商业银行

任务导入

"银行起源于长凳，纸币起源于存单"。你听过这句话吗？谈谈你对这句话的理解。

这句话讲的是现代商业银行的起源，"银行"的英文单词是 Bank，源于意大利语 Banco，原意为"长凳"，现代商业银行的早期萌芽是从 11 世纪威尼斯街边的长凳发展起来的。英国最早的纸币是 17 世纪出现的"金匠券"，金匠券是金匠给存户开具的黄金存单。我们要深入了解银行业务经营，首先要了解现代商业银行的起源，同时也要关注其发展趋势。

知识准备

一、商业银行的产生

银行是经济中最重要的金融机构之一。说起关于银行业务的起源，可谓源远流长。西方近代银行的萌芽，源于文艺复兴时期的意大利；我国近代银行业是在 19 世纪中叶外国资本主义商业银行入侵我国之后才兴起的。

（一）西方近代银行业的起源

近代银行业的产生与国际贸易的发展有着密切的联系。在历史上，较早出现的银行是1171年成立的威尼斯银行和1407年成立的热那亚银行。当时的威尼斯和热那亚是著名的国际贸易中心，商贾云集，市场繁荣。由于当时的货币制度混乱，各国商人所携带的铸币各不相同，为了适应贸易发展的需要，他们必须进行货币兑换。于是，单纯从事货币兑换并从中收取手续费的货币兑换商出现了。因为这批早期的货币兑换商没有开设铺面，只在街边摆一张长凳，身边放着一只装了各种货币的大袋子，便可以向有需要的商人提供兑换服务了，因此也被称为"长凳兑换商"。久而久之，有些商人为了避免麻烦，干脆将货币存放在货币兑换商那里，委托其进行货币兑换和支付。存放的货币越来越多，不同存款人也不会同时支取货币，因此，货币兑换商那里总会有一部分资金闲置。于是，他们开始利用货币兑换和支付过程中暂时闲置的资金放贷给社会上需要资金的人，赚取利息，之后，他们又吸纳存款，商人手头有了闲钱，可以寄存在货币兑换商那里生息。就这样，"长凳兑换商"慢慢演变成了集存贷款和汇兑支付、结算业务于一身的早期银行，威尼斯银行也就应运而生。

17世纪，银行这一新型的金融机构从意大利传播到欧洲其他国家。与此同时，在英国出现了由金匠业演变成银行业的过程。17世纪中叶，英国金匠业十分发达。人们为了防止被盗窃，将黄金寄存在金匠那里，委托金匠进行保管。金匠给存户开具黄金存单，存户凭单可以随时取出黄金。后来，人们不用再携带沉重的黄金实物，用黄金存单可用于支付、交易。慢慢地，黄金存单变成了具有货币功能的证券，称为"金匠券"，这是银行券的雏形。银行券就是银行发行的一张票据，可作为货币进行支付和流通。金匠还可以应顾客的书面要求，将黄金划拨给第三者。聪明的金匠发现，每天只有很少的人来换取金币。他们就开始悄悄地增发一些收据来放贷给那些需要钱的人，并收取一定的利息，这就是英国早期的金匠银行业。这时的银行是为了适应商品经济的发展而形成，并以高利贷为主要特征来经营的。1694年，英国建立了历史上第一家资本主义股份制的商业银行——英格兰银行。英格兰银行符合现代商业银行的定义，它的出现宣告了高利贷性质的银行业在社会信用领域垄断地位的结束，标志着现代商业银行开始形成。

（二）中国近代银行业的起源

随着中国近代产业的发展，商品交换与商品经营的范围不断扩大，对资金的需求随之增加，旧式钱庄所经营的兑换货币以及向帝国主义银行拆款再借出给商业资本的业务，也不能满足商业发展和金融本身发展的需要，于是近代银行业便应运而生。1897年由盛宣怀发起在上海成立的中国通商银行，是带有国家银行性质兼营普通银行业务的银行，除经营存款、放款业务外，还发行纸币并兼办代收库银的业务，标志着我国现代商业银行的产生。继中国通商银行之后，1905年成立了户部银行，1908年改称大清银行，1912年改组为中国银行，这是中国最早的中央银行，享有铸造、

微课1-1

西方近代银行业的起源

发行货币、代募公债以及代理国库等权利。1908年又由邮传部成立了交通银行，目的是设置一个附属于邮传部的银行，以办理轮船、铁路、电报、邮政四种事业的款项收付，以便集中资金，妥为营运，改变过去款项分头存储，此盈彼绌，不能互相调剂的状况。交通银行除经办轮、路、电、邮四政的存款、汇兑、拆借等业务外，还极力承做普通商业银行的存款、放款、汇兑、贴现、买卖金银、代客保管贵重物品、发行银行券及各种银票等业务。中国银行和交通银行是中国近代银行业中两家最重要的国家银行。

二、商业银行的发展模式

尽管各国商业银行产生的条件不同，称谓也不一致，但其发展基本上是遵循两种传统模式。

(一) 英国式融通短期资金模式

英美国家银行的贷款仍以短期自偿性商业贷款为主。这一模式在英国的形成有其历史原因。英国是最早建立资本主义的国家，也是最早建立股份制的国家，所以其资本市场比较发达，企业主要通过资本市场募集资金。英国是最早实现工业化的国家，企业原始资本积累比较充分，对商业银行依赖程度较小，而且企业早期的生产设备比较简单，所需长期占用的资金在总资本中占比较小，这部分资本主要由企业通过资本市场筹集，很少向银行贷款。银行的资金来源主要是流动性较大的活期存款，为了保证银行经营的安全，银行业不愿意提供长期贷款，企业从商业银行取得贷款主要是用于商品流转过程中的临时性短期自偿性贷款。

所谓短期自偿性贷款，就是银行通过贴现票据发放短期周转性贷款，一旦票据到期和产销完成，贷款就可以自动收回。这种贷款与企业的产销活动相结合，期限短、银行发展流动性高，银行经营的安全性可以得到保证，并能稳定地获取利润，但这种模式过于强调银行经营发展模式的安全性，限制了商业银行的进一步发展壮大。

(二) 德国式综合银行模式

按这一模式发展的银行，除了提供短期商业性贷款外，还提供长期贷款，甚至可以投资于企业股票与债券，替公司包销证券，参与企业的决策与发展，为企业的兼并与重组提供财务咨询、财务支持等投资银行服务。这一模式在德国的形成也有其历史原因。德国是一个后起的资本主义国家，其国内资本市场落后，德国企业不仅需要银行提供短期流动资金贷款，还需要银行提供长期固定资产贷款，甚至要求银行参股。而德国的银行为了巩固和客户的关系，也积极参与企业经营决策。于是，综合银行的模式在德国产生了。

至今，不仅德国、瑞士、荷兰、奥地利等少数国家仍一直坚持这一传统，而且美国、日本等很多国家的银行也在向综合模式发展，银行由原来的单一性银行逐渐成为多功能、综合性的"金融百货公司"。这种模式的优点是有利于银行展开全方位的业务经营活动，为企业提供"一揽子"金融服务，充分发挥银行在国民经济活动中的作

微课 1-2

商业银行的
发展模式

用；缺点是混业经营会加大银行的经营风险，对银行的经营管理提出了更高的要求。

三、商业银行的性质

商业银行是以追求利润最大化为目标，通过各种金融负债筹集资金，以多种金融资产为经营对象，能利用负债进行信用创造，并向客户提供多功能、综合性服务的金融机构。

（一）商业银行具有一般企业的特征

商业银行实行独立核算、自负盈亏，以利润最大化作为其经营目标。其主要关注所选业务与客户是否能够带来现实的或潜在的盈利。所以，获得最大利润既是商业银行产生和经营的基本前提与基本目标，也是商业银行发展的内在动力。

（二）商业银行是特殊的企业

商业银行与一般企业不同，它是经营货币资金的特殊企业。商业银行的经营范围不是一般的商品生产和流通，而是货币支付、借贷以及各种与货币运动有关的或者与之相联系的金融服务。

（三）商业银行是特殊的银行

首先，商业银行不同于中央银行，商业银行是面向工商企业、公众及政府开展经营活动的金融机构；而中央银行是只面向政府和金融机构提供服务的具有银行特征的政府机构，承担着国家金融管理的职责。其次，商业银行也不同于其他金融机构，商业银行能够吸取活期存款，并提供更全面的金融服务；而其他金融机构不能吸收活期存款，只能提供某一方面或某几方面的金融服务。

☑ 小知识1-1　　　　　我国商业银行的业务范围

商业银行概念

商业银行是指依照《商业银行法》和《中华人民共和国公司法》设立的吸收公众存款、发放贷款、办理结算等业务的企业法人。

商业银行业务范围

商业银行可以经营下列部分或者全部业务：（一）吸收公众存款；（二）发放短期、中期和长期贷款；（三）办理国内外结算；（四）办理票据承兑与贴现；（五）发行金融债券；（六）代理发行、代理兑付、承销政府债券；（七）买卖政府债券、金融债券；（八）从事同业拆借；（九）买卖、代理买卖外汇；（十）从事银行卡业务；（十一）提供信用证服务及担保；（十二）代理收付款项及代理保险业务；（十三）提供保管箱服务；（十四）经国务院银行业监督管理机构批准的其他业务。经营范围由商业银行章程规定，报国务院银行业监督管理机构批准。商业银行经中国人民银行批准，可以经营结汇、售汇业务。

资料来源　摘自《中华人民共和国商业银行法》。

四、商业银行的经营原则

商业银行经营原则是在保证资金安全、保持资产流动性的前提下，争取最大的盈利。它又被称为"三性"原则，即安全性、流动性和盈利性。

（一）安全性原则

安全性原则要求银行在经营过程中必须保持足够的清偿能力，要避免各种不确定因素对其资产、负债、利润、信誉等方面的影响，保证银行的稳健经营与发展，避免或减少资产损失，保证资金安全。

（二）流动性原则

流动性原则是指银行能够随时应付客户提存，满足必要贷款需求的支付能力。银行的流动性包括资产的流动性和负债的流动性两方面。资产的流动性是指资产的变现能力，资产的变现成本越低或变现速度越快，该项资产的流动性越强；负债的流动性是指银行以适当的价格取得可用资金的能力，取得可用资金的价格越低或时效越短，该项负债的流动性越强。

（三）盈利性原则

盈利性原则是指银行在整个经营管理过程中获取利润乃至利润最大化的能力。这一原则要求银行经营管理者在可能的情况下，尽可能地追求利润最大化。最大化的利润既为银行扩大规模、开拓业务提供了资金支持，也给予股东较高的回报，带来股价上升，从而有利于银行资金的筹集。此外，较高的盈利水平还能够提高银行的声誉，增强公众对银行的信任，从而有利于保持银行同社会各界的良好关系，降低业务营运的总成本。

小思考 1-1

北京时间 2023 年 3 月 11 日凌晨，因硅谷银行"流动性不足与资不抵债"，美国加州金融保护和创新部宣布由联邦存款保险公司（FDIC）对其进行接管。成立于 1983 年的硅谷银行曾被誉为高科技商业银行、创新经济银行等，迄今已为 3 万多家科技初创公司提供了融资，支持了美国近 50% 风险投资的科技与生命科学公司，刚刚被美国《福布斯》杂志评为 2022 年美国最佳银行之一。硅谷银行破产消息一出，全球金融市场一片哗然。商业银行是以追求盈利为经营基本目标，但是一味地追求盈利性，就会忽视了经营安全，导致银行流动性不足。

"三性"原则存在一定的矛盾，应如何进行权衡呢？

答：安全性是盈利性的前提条件，是银行经营的客观要求。安全性和盈利性又存在一定的矛盾，安全性越大的资产，盈利水平越低，而安全性小、风险大的资产，盈利水平高。解决安全性和盈利性矛盾的最优选择是提高银行经营的流动性。

在经济繁荣时期，由于中央银行放松银根，资金来源充足，资金需求旺盛，商业银行应在风险可控的前提下侧重于盈利性；在经济不景气时期，由于中央银行已开始收紧银根，社会资金来源减少，企业信用风险提高，商业银行应侧重安全性，谨慎安排资产规模与结构，减少损失。

近年来，我国推进利率市场化的步伐逐步加快，商业银行面临着提高盈利能力和规避经营风险的双重挑战，盈利性、安全性和流动性"三性"之间的平衡更显重要。

五、商业银行的数字化转型阶段

当今世界正在经历数字化革命，数字化把原有要素全部更新为数字的价值，打破了组织内部和外部的界限，包括商业银行在内的诸多企业都面临来自不同领域的颠覆式创新和替代式竞争。商业银行的数字化转型不仅是在商业银行的运行中加入数字化的渠道，而且是让商业银行的业务完全脱离现有的物理网点和以物理网点为基础的渠道延伸，直接将金融服务嵌入客户的日常生活场景中，随时随地提供服务，使客户的个性化需求能够得到极大满足。商业银行的数字化转型经历了如下四个阶段：

(一) 银行1.0阶段（1472—1980年）

自现代商业银行诞生以来，商业银行的业务主要依赖于线下物理网点。在这一阶段，尽管物理网点逐步由传统交易型网点向服务营销型网点转型，但商业银行的基本业务形态并没有发生质的变化，仍需依靠大量的人工才能实现存款、贷款等基础业务，产品服务单一，并不存在其他服务性功能，整体运营效率低下。商业银行的关注点仍局限于物理网点中的银行服务，其他的银行服务或金融需求往往被忽视。后期，信息技术逐步应用到银行业，使基础业务具备初步电子化能力。这一阶段的商业银行业务没有突破时间与空间的局限性，是商业银行数字化的最初阶段。

(二) 银行2.0阶段（1980—2007年）

随着计算机技术的广泛商用，人工逐渐被电子技术替代。在此阶段的早期，主要是以ATM服务客户，客户可以在任何时间、地点找到物理网点之外的ATM，自助完成简单的交易型银行业务，如查询余额、自动存取款、转账、更改服务密码等，实现了部分银行服务的自助化。可以说，ATM的普及提高了商业银行处理业务的效率与精度，降低了商业银行的营业成本。此后，随着IT技术的广泛应用，自助银行服务逐渐进入网上银行、电话银行服务阶段。通过网上银行，实现商业银行与客户之间安全、方便、友好的连接，通过网络为客户提供各种金融服务。电话银行是通过电话网络，借助语音和人工方式提供银行服务的电子银行。ATM等信息技术在银行业的成功应用，大幅提升了银行人员的工作效率。在这一阶段的银行业务仍以物理网点为基础，并没有完全突破时间与空间的局限性，是商业银行数字化的初步发展阶段。

(三) 银行3.0阶段（2007—2017年）

智能手机的兴起，使得电子银行业务从电脑端转向手机端。手机银行又称移动银行，是通过移动网络为客户提供各种金融服务的电子银行。2004年，交通银行推出了采用无线上网技术的手机银行，这是我国最早的移动银行。与网上银行、电话银行相比，手机银行具有三个突出优势：一是操作便捷，客户可凭手机随时根据需要办理商业银行业务，无须强调上网条件；二是私密性强，手机银行的使用者一般为手机机主，客户只要保管好自己的手机，即可安全地进行各项交易，信息相对更为保密；三是安全程度高，由于手机终端和手机卡是最具私人特征的电子器具，本身具有身份认证的功能，能有效提高商业银行业务的安全性，降低交易风险。在这种情况下，客户通过手机银行可以得到"任何时间、任何地点、任何方式"的全天候银行服务，不再受制于时间与空间，是商业银行数字化的快速发展阶段。

（四）银行4.0阶段（2017年至今）

从第一阶段到第三阶段，商业银行逐步实现从物理网点服务到线上化、移动化服务的改变，但是银行业务范围和商业模式并没有本质上的改变，只是传统业务的数字化、线上化升级。人工智能、大数据、云计算和区块链等金融科技的应用，为商业银行转型提供新的机遇和可能。在这一阶段，商业银行的商业模式由以产品为中心向以用户为中心转变。金融服务与生活场景相互融合，商业银行数字化进入智能服务阶段。通过新兴科技，商业银行可以提供实时智能、嵌入式的、无处不在的金融服务。个性化和无形化意味着当客户有资金需求时，可以随时随地获得量身定制的商业银行服务，商业银行业务的效用和体验完全脱离物理网点和以物理网点为基础的渠道延伸，也不再依附某个具体的金融产品。开放银行的出现和发展成为这一阶段的重要标志。商业银行从以前的由核心系统驾驭的流程产品，向基于中间件的用户体验模式转变，也就是"银行即服务"平台的主要方向，这些转变植根于商业银行服务矩阵以及未来发展的中心。在进入4.0阶段后，商业银行不仅能快速、高效地运用中间件技术，赋能传统商业银行的诸多特点，还能实现传统商业银行未能实现的功能。

☑ 小知识1-2　　　　　　　　　开放银行

开放银行的概念

开放银行是指银行通过开放技术接口和数据共享，与第三方金融机构、科技公司以及其他合作伙伴进行合作，以提供更广泛、更多样化的金融产品和服务。

开放银行的特点

开放接口：开放银行架构通过开放接口技术，允许第三方应用程序访问银行的核心数据和功能。这些开放的接口包括账户信息、支付服务、身份验证等，为第三方提供了更多的金融服务场景。

数据共享：开放银行架构支持数据的共享和交换，允许银行和合作伙伴之间共享客户数据和交易信息，从而提供更精准、个性化的金融服务。

协同合作：开放银行架构鼓励银行与第三方金融机构和科技公司进行合作，形成合作共赢的生态系统。通过共同开发创新产品和服务，提高市场竞争力。

客户体验：开放银行架构注重客户体验，将客户置于服务的中心，为客户提供更便捷、高效的金融服务。通过整合多方资源，满足客户多样化的需求。

资料来源　佚名. 开放银行浅析［EB/OL］.［2024-08-22］. https://zhuanlan.zhihu.com/p/220043903.

六、金融科技在商业银行的具体应用

根据金融稳定理事会（FSB）的定义，金融科技是运用前沿科技成果（如大数据、云计算、人工智能、区块链等），改造或创新金融产品、经营模式、业务流程，以及推动金融发展提质增效的一类技术。商业银行是金融科技最重要的应用领域之一。金融科技在商业银行中的应用，不仅改变了传统银行业务的运作模式和服务方式，也促进了银行业务的创新和发展。金融科技在商业银行的应用具体包括如下四方面：

（一）大数据在商业银行中的应用

大数据技术在风控、反欺诈、营销等业务方面都得到了广泛的应用，有效提升了商业银行的资源配置效率。

微课1-4

大数据在商业银行中的应用

1.大数据风控

大数据风控主要应用于全流程信贷领域。大数据在贷前风控中的应用包括以下四个方面：一是数据采集，通过系统日志、网络数据和数据库接入等方式采集用户的多样化信息，使之形成多维度的数据集。二是数据建模，将结构化数据、非结构化数据、半结构化数据统一存放在数据模型之中，并将外部数据与内部数据尽可能匹配，然后在此基础上进行建模假设和建模目标的确定，实现对现有客户更加全面、充分、详尽的分析。三是客户画像，也就是根据个人用户的基本信息或者企业的生产、流通、销售、财务等相关信息，利用大数据技术对客户进行画像，并根据画像结果对目标客户进行分类。四是风险定价，即通过客户画像对其信用水平进行刻画，再根据客户的信用水平灵活调整个人和企业的贷款利率，商业银行对高信用风险的用户收取相应高水平的贷款利率。此外，在贷后环节，大数据风控还可以对目标客户进行动态监测和风险预警，并根据客户信息的动态变化灵活调整风控模型和客户画像，及时发现客户的异常行为或金融产品的异常表现，帮助商业银行及时止损。

☑ 小知识1-3　　　大数据类型的多样性：结构化数据、半结构化数据、非结构化数据

结构化数据

结构化数据是高度组织和整齐格式化的数据，可以轻易放入表格和电子表格中的数据类型，比如数字、符号等信息。

半结构化数据

半结构化数据是结构化数据的一种形式，它并不符合关系型数据库或其他数据表的形式关联起来的数据模型结构，但包含相关标记，用来分隔语义元素以及对记录和字段进行分层。

非结构化数据

非结构化数据，数据结构不规则或不完整，没有预定义的数据模型，不方便用数据库二维逻辑表来表现的数据，比如全文文本、图像、声音、影视、超媒体等信息。

资料来源 佚名. 结构化数据、半结构化数据、非结构化数据［EB/OL］.［2024-10-03］. https：//blog.csdn.net/qq_42759120/article/details/141780612.

2.大数据反欺诈

大数据技术可以借助第三方数据对客户信息进行交叉检验，有效识别虚假信息，可以通过机器学习或深度学习算法对历史欺诈数据进行训练，最终实现智能监控。商业银行大数据平台实时反欺诈功能通过客户的自然属性、行为属性、客户信用度、资产负债状况、交易环境等信息进行实时交易行为监测，通过交易记录、频度、位置等信息，实时分析判断交易风险，并针对不同类别和级别的疑似交易作出相应处理，将传统的风险事后跟踪转变为事中控制。实时反欺诈大数据分析可以通过统一管理商业银行内部的多源异构数据并结合外部征信数据，建立完善的风险防范体系。

3.大数据营销

通过建立大数据平台，利用海量数据集、先进的大数据处理和分析技术，对目标客户数据进行深度挖掘、动态追踪和科学分析，将不同客户群体进行聚类，分析客户的消费习惯、消费偏好、风险收益偏好等数据信息，制定以客户为中心的产品设计和营销方案，为细分的客户提供有针对性及有效的产品和服务，以实现精准营销，比如实时营销、交叉营销、个性化推荐等。

（二）云计算在商业银行中的应用

云计算运用于银行并与银行的业务场景相结合，可以提高业务部署效率，拓宽业务服务范围，创新业务服务方式，进而提升对客户的服务能力。

1.普惠金融应用

近年来，随着国内云计算厂商的快速发展，越来越多的中小微企业逐渐基于第三方的云平台快速构建了适合自身发展的业务系统，提升了企业的信息化水平。这些云计算厂商的优势在于单纯的系统建设方面的技术，中小微企业迫切需要的却是金融服务相关业务系统的建设及与商业银行系统的对接，从而能获取全方位的金融服务。为此，商业银行可以发挥兼具金融和技术两方面的优势，为中小微企业提供具备金融业务特点的云计算服务。

☑ **小知识1-4**　　　　**云计算的服务模式：软件即服务、平台即服务、基础设施即服务**

软件即服务（SaaS）

云服务商向客户提供基于云基础设施的应用软件。客户可利用程序接口或不同设备上的客户端，在无须开发、购买软件的情况下，通过互联网访问、使用云应用软件。

平台即服务（PaaS）

云服务商向客户提供基于云基础设施的软件开发、运行平台，客户可在此基础上开发、部署自己的软件。

基础设施即服务（IaaS）

云服务商向客户提供网络、存储、虚拟计算机等计算资源，以及访问云基础设施的服务接口，客户可利用这些资源部署（运行）中间件、操作系统、应用软件和数据库等。

资料来源　佚名.云计算的服务模式有哪三种［EB/OL］.［2022-07-22］.https://www.php.cn/faq/494210.html.

2.分行特色应用

大型商业银行传统的金融业务部署为总分模式，总行端一般提供基础的金融服务，诸如存取款、现金结算、信贷、资金定价等，分行端一般承担客户的本地特色业务渠道接入，诸如代收代付、银医通、银校通等。这种模式需要所有的分行都配置独立的服务器、存储及安全防护设备等资源，但属地运维人员水平参差不齐，不利于IT基础设施实现进一步集约化、标准化。另外，伴随着近年来互联网金融业务的高速发展，分行特色应用越来越多地通过互联网与客户进行交互，但出于金融安全的考虑仅在总行提供互联网访问的出入口，间接地降低了分行服务客户的水平和能力。在这种场景下，可以在总行构建统一的基础架构云环境，既能解决IT基础设施资源的集约化、标准化问题，又能解决分行特色应用的互联网交互难题，由总行向分行提供标准化的网络和底层系统运维服务，分行专注于业务的开发和部署。

3.运维自动化管理

面对复杂的银行业务以及多样化的用户需求，不断扩展的IT应用需要更加合理的模式来保障IT服务能灵活便捷、安全稳定地持续保障，这种模式中的保障因素就是IT运维。从初期的几台服务器发展到庞大的数据中心，单靠人工已经无法满足在技术、业务、管理等方面的要求，标准化、自动化、架构优化、过程优化等降低IT服务成本的因素越来越受到重视。云计算从诞生之初就具备标准化、自动化、统一架构及规范流程等技术特点，与IT运维自动化的需求高度吻合，通过构建统一的云管平台，可以将资源池内的系统、网络、基础软件及设备等资源有机整合，较传统基于异构、分散系统的运维自动化成本大幅降低。

（三）人工智能技术在商业银行中的应用

人工智能技术能够为商业银行的数字化转型提供全流程的业务技术支持。从具体的应用场景来看，目前人工智能在商业银行的业务应用主要体现在智能客服、智能营销、智能投顾、智能风控等方面。

1.智能客服

商业银行将人工智能应用于智能客服领域，不仅能够大幅减轻商业银行的人工服务强度，而且能实现向客户批量提供个性化、人性化服务的目的，从而有效改善客户体验。智能客服系统通过自然语言处理获取用户需求信息，通过知识图谱建立客服机器人答复体系，同时通过文本或者语音等多种形式与客户进行交互，实现菜单扁平化，最终为客户提供个性化、便捷化的服务。与人工服务相比，智能客服能够有效提升客户满意度。

2. 智能营销

商业银行运用人工智能进行智能营销，有助于精确刻画客户画像，有效定位客户需求，实现精准营销。在可量化的数据基础上，智能营销依托机器学习和大数据等技术，对金融消费者的消费特点和金融行为进行分析，并对客户群体进行合理划分，能够精确定位目标客户，为消费者提供定制化、个性化产品推荐。与传统线下营销模式相比，智能营销的服务成本低、准确性高、时效性更强。

3. 智能投顾

智能投顾以投资组合理论为依据，借助机器学习的技术构建标准化投资模型，通过网络平台为客户提供在线投资顾问服务，并根据金融市场的动态变化为客户提供资产管理、配置的改进建议。在投资配置和交易执行能力上，智能投顾通过标准化、批量化、规范化的处理流程，能够帮助客户克服人类的情绪弱点。与传统的投资顾问服务相比，智能投顾能够替代成本高昂的人工服务，帮助商业银行缩减服务成本、降低服务门槛、提高投顾服务的普惠性。通过采用恰当的资产分散投资策略，智能投顾能够赋予商业银行处理大批量客户投顾方案的服务能力。

4. 智能风控

智能风控的运行模式是结合商业银行在信贷业务过程中客户价值分析、预期客户管理、交易欺诈、信贷全生命周期风险管理等场景的痛点，整合各类结构化、非结构化数据，运用知识图谱监测合作对手、企业上下游、竞争对手、母子公司等关系中的不一致性，从而发现信贷业务中的潜在疑点，最终建立一套完整的智能风控体系。与传统的商业银行风控模式相比，智能风控能够实现对多维度客户信息的即时处理，帮助商业银行准确分析客户行为，在此基础上建立合理的信用评估模型，并对客户风险进行综合评定，最终为商业银行提供一种将事前预警、事中监控和事后分析融为一体的全流程风控手段。

（四）区块链技术在商业银行中的应用

区块链技术拥有安全通信、分权共治、匿名保护以及可溯源等特性，商业银行通过应用区块链技术，可以提升运营效率、降低服务成本、优化业务流程、提升服务质量。目前区块链技术在商业银行业务中的应用主要包括支付结算、供应链金融、数字资产交易等方面。

1. 支付结算

支付结算业务是商业银行最早应用区块链技术的领域之一。区块链能够实现点对点交易，在资金转移，特别是支付结算业务方面能够有效降低中间成本，具备显著优势。基于区块链技术的商业银行结算业务通过分布式记账法，能够实现支付结算的去中心化、防止交易数据被篡改，有助于商业银行规避信用风险，降低商业银行间的对账成本和争议解决成本，同时大幅提高商业银行的结算速度，降低商业银行的交易成本，有效优化结算业务流程，改善支付业务的运营效率。特别是在跨境支付领域，区块链技术的应用，使得商业银行能够处理以往因成本因素而不受重视的小额跨境支付，有助于普惠金融的实现。

小思考1-2

在中国人民银行表态积极推进官方发行的数字货币之后，中国越来越多的金融机构开始关注数字货币背后的创新技术——区块链。

那么，区块链技术如何解决跨境支付痛点？

答：运用了区块链技术后，跨境支付的去中心化使得交易双方可以直接交易，减少了中间环节，可以降低企业的交易费用，还可以提高跨境支付的交易速度，本来需要通过境内外多个中介机构转账和清算，时间长而且容易出错，现在可以实现即时交易，大幅简化了支付流程并提高了支付速度。

中国人民银行参与的多边央行数字货币桥研究项目通过开发试验原型，进一步研究分布式账本技术（DLT），实现了央行数字货币对的跨境交易全天候同步交收（PvP）结算，便利跨境贸易场景下的本外币兑换。

2.供应链金融

商业银行围绕供应链中具有产业优势的企业，通过控制与管理上下游企业的信息流、资金流和物流，为上下游企业提供金融服务的融资模式即供应链金融。由于信息不对称、信用无法传递、商票无法拆分支付以及支付结算难以如期自动完成等问题，传统的供应链金融业务在一定程度上存在融资慢、融资难、融资贵等问题。"区块链+供应链金融"模式通过将分类账上的货物转移登记为交易，可以确定供应链上的各参与方以及产品的日期、产地、质量、价格等相关信息。在此基础上，通过去中心化系统共享信息，并按照既定时间自动支付，能够大幅提高业务效率，为产业链上具有融资需求的企业提供有效的资金支持。

3.数字资产交易

通过将各类金融资产"上链"，资产所有者无须通过各种中介机构就能直接发起交易。上述功能可以借助于行业基础设施类机构实现，让其扮演托管者的角色，确保资产的真实性与合规性，并在托管库和分布式账本之间搭建一座桥梁，让分布式账本平台能够安全地访问托管库中的可信任资产。以数字票据为例，凭借区块链的分布式结构，数字票据系统具备较强的容错性，能够有效缓解系统面临的中心化风险，与此同时，时间戳机制能够保证数字票据系统的信息完整、交易流程透明，可以有效规避伪造票据行为。

七、商业银行的数字化转型未来趋势

商业银行未来将会不断加快数字化转型的步伐以适应数字经济社会新环境。商业银行数字化转型未来趋势体现在数智化、开放性、敏捷性和生态化方面。

（一）数智化

随着商业银行在金融科技、IT系统建设等数字化领域投入成本的增加，商业银行数字化业务服务能力将进一步提升，大数据、人工智能、云计算等技术的融入将推动银行整体进入数字化新阶段。与此同时，银行数字化转型进程的推进也将逐步覆盖更多的业务条线，特别是线上化难度大、业务较为复杂的对公业务条线，或将成为近几年数字化升级的重点发力方向。此外，银行数字化升级的业务板块也将会更多地关注用户体验与用户服务，将数字化、智能化技术应用于解决用户投诉、保护用户权益、产品智能决策等方面，在满足用户需求的同时利用数字化技术为用户带来更好的服务体验。

（二）开放性

随着金融科技在商业银行更广泛地应用以及国内商业银行数字化转型进程的推进，银行与客户之间的交互方式与银行服务模式正逐步发生改变，以用户为核心、与场景相融合的数字化金融生态建设将成为商业银行未来发展的新趋势，实现对于银行商业模式与经营模式的数字化重塑，由传统银行逐步向开放银行探索是商业银行数字化发展与生态建设的"进阶之路"。开放业务通过银行系统与产业平台、企业业务系统的连接，拓展了银行业务的服务边界，将终端服务客群衍生至传统银行服务难以触达到的长尾用户，全面释放生态内的数据价值与规模价值。

（三）敏捷性

未来商业银行的数字化建设方向朝着敏捷性方向迈进，具体表现在组织架构及IT架构两方面的"薄前台、厚中台、强后台"策略。一线业务更灵活，能快速顺应市场需求变化。中台集成银行整体数据、运营、产品、人员及技术能力，为前台业务的交付提供强有力支撑。后端布局高效算力体系，实现动态负载均衡，完成去核心化银行系统的代际演进，同时加强数据合规及网络安全，提高风险应对能力。

（四）生态化

将"业务数据化"与"数据业务化"贯通是商业银行生态化的主要发展路径。商业银行强化与政府端、企业端及个人客户端的数据联动，搭建新场景。在政府端加强"政银合作"，帮助政府开发普惠金融产品，简化政府办事流程，提升基层政务服务能力及效率。在企业端促进"产银融合"，开发"银行+教育""银行+消费""银行+旅游"等创新应用产品，输出嵌入式金融服务。在个人客户端加强用户精细化标签管理，实现用户分层，助力个性化营销。

【赛题测试 1-1】

1.金融科技改造金融服务流程的技术手段包括（　　　）。

A.大数据技术

B.物联网技术

C.移动计算技术

D.人工智能技术

E.SDK/API技术

2.银行4.0的主要特点包括（　　　）。

A.交易数字化

B.客户全球化

C.场景金融化

D.载入生活

3.开放银行的主要模式包括（　　　）。

A.数据驱动模式

B.业务驱动的生态圈模式

C.金融科技创新模式

D.金融服务平台化模式

资料来源　2023年智慧金融技能大赛题库。

赛题测试 1-1

参考答案

任务二　熟悉商业银行

任务导入

银行是货币收付和货币借贷的"中介人"。你听过这句话吗？如何理解？

这句话讲的其实是商业银行的职能。货币收付指的是银行充当着各经济单位由于商品交易、劳务供应和资金调拨等经济活动需要支付结算的"中介人"角色。货币借贷指的是银行在借出货币和借入货币当事人双方之间充当"中介人"角色。银行业务源自银行职能，银行业务经营需要不同部门、岗位协同合作。我们要了解商业银行的基本职能，关注商业银行的组织架构。

知识准备

微课1-7

商业银行的
外部组织
形式

一、商业银行的外部组织形式

商业银行的外部组织形式是指商业银行在社会经济生活中的存在形式。商业银行经过长期发展，形成了不同的外部组织形式，主要包括单一银行制、总分行制和持股公司制。

（一）单一银行制

单一银行制又称单元银行制，它的特点是银行业务完全由各自独立的商业银行经营，不设立或限制设立分支机构。这种银行制度开始在美国非常普遍，是美国最古老的银行形式之一，它通过一个网点提供所有的金融服务。美国是联邦制国家，各州的独立性较强，它们在历史上的经济发展很不平衡，东部与西部相差悬殊。为了适应经济均衡发展的需要，特别是为了适应中小企业的发展需要，同时反对金融权力集中以及各州的相互渗透，各州都通过银行法禁止或限制商业银行开设分支机构，特别是跨州设立分支机构。随着交通和通信技术的发展，商业的持续繁荣，各社会团体间相互依赖性加强，打破了原先的分散状态，人们也越来越习惯于流动，而且更加注重银行提供的金融服务是否对自己方便有利。于是，单一银行制被迫让位于设立分行的银行制度。1994年9月，美国国会通过《瑞格-尼尔跨州银行与分支机构有效性法案》，允许商业银行跨州建立分支机构，宣告单一银行制在美国废除。目前，考虑到过去的传统及各州利益和特殊的顾客需求，较少的单一制银行被保留下来。我国的部分村镇银行、民营银行等中小银行也实施单一银行制。

这种银行制度的优点包括：（1）限制银行业垄断，有利于自由竞争；（2）有利于商业银行与地方政府的协调，能契合本地区需要，集中全力为本地区服务；（3）各商业银行的独立性和自主性都很强，经营较灵活；（4）管理层次少，有利于中央银行进行管理和控制。

但是，这种银行制度本身也存在严重的缺陷，比如：（1）商业银行不设分支机构，与现代经济的横向发展、商品交换范围的不断扩大存在着矛盾；与此同时，在计算机等高新技术大量应用的条件下，其业务发展和金融创新受到限制。（2）商业银行的业务大多集中于某地区或某行业，容易受到经济发展状况波动的影响，因而筹资不易、风险集中。（3）商业银行的规模较小，经营成本高，不易取得规模经济效益。

（二）总分行制

总分行制的特点是法律允许除了总行以外，在国内外各地普遍设立分支机构。总行一般设在各大中心城市，所有分支机构统一由总行领导指挥。这种银行制度源于英国的股份制银行。目前，世界上大多数国家均采用这种银行制度。我国也是如此。总分行制按总行职能的不同，又可以进一步划分为总行制和总管理处制。总行制是指总行除管理和控制各分支机构外，其本身也对外营业。总管理处制是指总行只负责控制各分支行，其不对外营业，因而需要在总行所在地另设对外营业的分支行或营业部。

总分行制的优点包括：（1）分支机构多、分布广、业务分散，因而易于吸收存款、调剂资金，可以充分有效地利用资本，同时由于放款分散、风险分散，可以降低贷款的平均风险，提高商业银行的安全性。（2）商业银行的规模较大，易于采用现代化设备，可以提供多种便利的金融服务，进而取得规模效益。（3）由于商业银行的总数少，便于金融当局的宏观管理。

总分行制的缺点包括：（1）容易造成大商业银行对小商业银行的吞并，进而形成垄断、妨碍竞争。（2）商业银行的规模过大，内部层次、机构较多，因而管理困难。

（三）持股公司制

持股公司制银行又称集团银行，由一个集团成立持股公司，再由该公司控股一家或多家银行。根据该集团是否实际经营金融业务，可以分为银行控股公司和金融控股公司。银行控股公司是指由一家大型商业银行控制或收购两家以上的商业银行和非银行金融机构。在法律上，这些附属机构是独立的，但其业务与经营完全由同一家商业银行所控制。比如我国的中国工商银行集团，集团实际经营金融业务，除了经营银行业务，还经营基金、金融租赁、信托、保险等非银行业务。金融控股公司是由一家集团控股的商业银行或非银行金融机构等，而集团本身一般不实际经营具体的金融业务，仅从事股权投资，有些集团股东是非金融企业。比如我国的邮政集团，属于非金融企业，其控股了邮储银行、中邮人寿、中邮证券等。

持股公司制的优点是能够扩大资本金总额，增强经营实力，提高抵御风险和竞争的能力。此外，经营范围广，可以直接或间接从事其他非银行金融业务，甚至可以从事非金融业务。

持股公司制的缺点是容易形成金融业的集中和垄断，不利于金融企业开展竞争，并在一定程度上限制了金融企业经营的自主性，不利于金融创新的发展。

☑ 小知识1-5　　　　　　　　我国银行体系结构

开发性金融机构

2015年3月，国务院明确国家开发银行定位为开发性金融机构。主要通过开展中长期信贷与投资等金融业务，为国民经济重大中长期发展战略服务。

政策性银行

1994年中国政府设立了国家开发银行、中国进出口银行、中国农业发展银行三大政策性银行，均直属于国务院领导。2015年3月，国务院明确国开行定位为开发性金融机构，从政策银行序列中剥离。中国进出口银行主要是支持中国对外经济贸易投资发展与国际经济合作；中国农业发展银行主要是按照国家的法律法规和方针政策，以国家信用为基础筹集资金，承担农业政策性金融业务，代理财政支农资金的拨付，为农业和农村经济发展服务。

国有大型商业银行

我国有6家国有大型商业银行，包括中国工商银行、中国建设银行、中国银行、中国农业银行、交通银行和中国邮政储蓄银行。

全国性股份制银行

我国有12家全国性股份制银行，包括招商银行、浦发银行、中信银行、中国光大银行、华夏银行、中国民生银行、广发银行、兴业银行、平安银行、浙商银行、恒丰银行和渤海银行。

城市商业银行

截至2022年年末，我国有125家城市商业银行。资产方面，北京银行、上海银行、江苏银行为前三名。

农村商业银行（农村信用社、农村合作银行）

截至2022年年末，我国有1 600家农村商业银行，572家农村信用社（含24家省级联社），农村合作银行23家。农村信用社、农村合作银行将继续改制为农村商业银行。

村镇银行

截至2022年年末，我国有1 645家村镇银行，村镇银行多由其他商业银行发起设立，主要分布于我国县域和农村地区，服务于"三农"等领域。

外资银行

截至2022年年末，我国有41家外资银行、116家外国银行分行和135家代表处。

民营银行

截至2022年年末，我国有19家民营银行。2014年后设立了一批民营银行，包括深圳前海微众银行、浙江网商银行等，多数为互联网银行。将"普惠金融+科技赋能"作为战略定位，支持实体经济发展。

资料来源 佚名. 中国银行业金融机构［EB/OL］.［2024-10-12］. https://www.zhihu.com/question/21273847/answer/120406171.

二、商业银行的内部岗位设置

商业银行的内部岗位设置是根据银行条线来进行划分的，银行条线可以分为营运条线、营销条线和风管条线。

（一）营运条线

微课1-8

商业银行的内部岗位设置

银行营运条线承担着银行日常运营和服务的重要责任。营运条线中主要的岗位包括柜员岗、运营主管岗。

1.个人柜员

个人柜员又称对私柜员、现金柜员，是成为银行从业人员的第一岗，也是个人客户与银行打交道最多的岗位，主要工作是为个人客户办理结算类银行业务。为了保障对私柜员和财产安全，个人柜台的工作区域由防盗门、防盗玻璃分隔出来，柜台也较高，个人柜台又被称为"高柜"。

2.公司柜员

公司柜员又称对公柜员，主要工作是为公司客户办理结算类银行业务。公司柜台为非封闭空间，高度较个人柜台低，所以又被称为"低柜"。由于公司业务更加复杂，一般来说，公司柜员由经验丰富的个人柜员转任。

3.运营主管

运营主管是银行基层支行运营条线的负责人，是柜员的直接领导，岗位职责是组织本行运营条线工作，复核柜员提交的各项业务，协助客户部门为本行各类客户做好全面柜面服务。

（二）营销条线

银行营销条线承担着银行营销客户和获取利润的重要责任。营销条线中主要的岗位包括客户经理岗、理财经理岗、大堂经理岗。

1.个人客户经理

个人客户经理的主要工作是为个人客户提供消费贷、经营贷、住房按揭贷款、装修贷款等信贷服务，以"存款、贷款、中收"考核为指向，做好个人客户的维护和拓展工作。

2.公司客户经理

公司业务客户经理的主要工作是为公司类客户提供公司结算、流动资金贷款、项目贷款等银行服务，以"存款、贷款、中收"考核为指向，做好公司类客户拓展和维护工作。公司客户经理和个人客户经理从事的信贷服务是银行的核心业务，两者是银行营销任务完成的主力军。优秀的客户经理应熟练掌握银行信贷产品的特点，财务、法律等专业基础扎实。

3.理财经理

理财经理的主要工作是以自己擅长的理财专业知识、交易经验等为基础，为客户提供专业的投资建议，销售银行理财产品等。优秀的理财经理应具备宏观经济分析能力和政策解读能力，熟悉各类投资产品，投资经验较为丰富，对不同客户能够给出专业的理财建议。

4.大堂经理

大堂经理是基层行的"迎宾岗"、陌生客户接待岗，主要工作是为客户提供业务引导、各类凭证填报指导等厅堂服务。在客户有理财、贷款需求时，可以对其进行简单的营销，并根据客户的需求，转介绍给理财经理或客户经理。

（三）风管条线

银行风管条线充当着银行的"守门员"角色，对信贷业务进行风险控制。风管条线中主要的岗位包括风险经理岗和审查经理岗。

1.风险经理

一笔信贷业务的完整流程为"三查"，分为"贷前调查、贷中审查和贷后检查"，由前台客户部门完成调查，形成调查意见，报送至授信审批部进行审查，形成审查意见，根据审批权限，由相应审批人完成审批，形成审批意见，前台客户部门落实审批批复，并完成贷后检查等。前台客户部门为了完成业绩考核，容易忽略信贷业务风险，这就需要风险经理在完整的信贷流程中加强风险管理。

2.审查经理

审查经理需要深入到具体客户，从微观上来把控每笔业务的风险，对该笔业务进行专业判断，作出审查、审批意见。风险经理和审查经理一般要求具备较强的财务分析能力、较强的行业研究能力和丰富扎实的相关法律知识。

以上岗位分属不同银行条线，但是各条线需要相互协作，共同实现商业银行的经营目标，保障银行的正常运作。

三、商业银行的基本职能

商业银行作为重要的金融中介机构，具有四大基本职能，分别是信用中介、支付中介、信用创造和金融服务职能。

（一）信用中介

信用中介是商业银行最基本，也是最能反映其经营活动特征的职能。这一职能的实质是通过商业银行的负债业务把社会上的各种闲散资金集中到商业银行，再通过商业银行的资产业务把它投向社会经济各部门，也就是商业银行作为货币资本的贷出者和借入者实现了货币资本的融通。商业银行通过信用中介职能实现资本盈余者与资本短缺者之间的调剂，但并不改变货币资本的所有权，改变的只是其使用权。

信用中介职能具有以下作用：（1）可以将闲置、零散的资金转化为可用资金，从

微课1-9

信用中介的
力量

而在不改变社会资本总量的条件下，通过改变资本的使用量，提供扩大生产手段的机会；（2）可以将用于消费的资金转化为能带来货币收入的投资，从而扩大社会资本总量，促进经济增长；（3）可以将短期货币资本转化为长期货币资本，在利润原则的支配下，还可以将货币资本从效益低的部门引向效益高的部门，实现对经济结构的调节。

（二）支付中介

支付中介是指商业银行利用活期存款账户，为客户办理各种货币结算、货币收付、货币兑换和转移资金等业务活动。通过存款在账户上的转移，商业银行代理了客户支付，并在存款的基础上为客户兑付现款等，成为工商业团体和个人的货币保管人、出纳和支付代理人。这样，以商业银行为中心，形成了经济社会无始无终的支付链条和债权与债务关系。商业银行支付中介职能的发挥，极大地减少了现金的使用，节约了社会流通费用，加速了结算过程和货币资金周转，促进了经济发展。商业银行的支付中介职能在逻辑上先于信用中介职能，它最早产生于货币经营时期。货币经营者在货币保管和办理支付过程中积聚了大量货币，为使货币增值而发放贷款，由此产生了信用中介职能。然而，商业银行支付中介职能的发展也依赖于信用中介职能，因为只有在客户保有一定存款余额的基础上，才能办理支付；当存款余额不足时，客户会要求贷款，而贷款又转化为新的客户存款，仍需办理支付。由此可见，商业银行的支付中介职能和信用中介职能是相互联系、相互促进的，两者的互动构成了商业银行借贷资本的整体运动。

（三）信用创造

商业银行在信用中介职能和支付中介职能的基础上，产生了信用创造职能。商业银行利用吸收的存款发放贷款，在支票流通和转账结算的基础上，贷款又转化为派生存款，在这种存款不提取现金或不完全提现的基础上，就增加了商业银行的资金来源，最后在整个银行体系形成数倍于原始存款的派生存款。

微课 1-10

信用创造的
力量

商业银行的信用创造职能直接对社会信贷规模及货币供给产生巨大影响，中央银行货币政策工具中的法定存款准备金制度在很大程度上就是为控制商业银行信用创造职能而运用的。

小思考 1-3

中国人民银行决定：自 2024 年 9 月 27 日起，下调金融机构存款准备金率 0.5 个百分点（不含已执行 5% 存款准备金率的金融机构）。本次下调后，金融机构加权平均存款准备金率约为 6.6%。

如何看待中国人民银行通过法定存款准备金制度影响商业银行的信用创造能力？

答：法定存款准备金制度保证商业银行等存款货币机构资金的流动性，集中部分信贷资金，调节货币供给总量。通过规定或调整商业银行等存款货币机构缴存在中央银行的存款准备金的比率，可以改变货币乘数，控制和改变商业银行等存款货币机构的信用创造能力，间接控制社会货币供应量。

中国人民银行坚持支持性的货币政策立场，加大货币政策调控强度，提高货币政策调控精准性，为中国经济稳定增长和高质量发展创造良好的货币金融环境。

（四）金融服务

金融服务是商业银行利用其在国民经济活动中的特殊地位，以及在承担信用中介和支付中介过程中获得的大量信息，运用计算机网络等技术手段和工具，为客户提供的其他服务，主要包括财务咨询、代理融通、信托、租赁、理财以及金融衍生品交易服务等。通过提供这些金融服务，商业银行一方面扩大其市场份额，另一方面可以取得服务收入。

【赛题测试1-2】

1.银行业从业人员应当秉承的理念是（　　）。

A.诚实信用

B.依法合规

C.爱国爱行

D.服务为本

2.（　　）在银行体系中占有重要的地位，在信用活动中起着主导作用。

A.中央银行

B.商业银行

C.政策性银行

D.以上全部

3.政策性银行的职能有（　　）。

A.补充性职能

B.信用创造职能

C.政策导向职能

D.经济调控职能

E.金融服务职能

资料来源　2023年智慧金融技能大赛题库。

赛题测试1-2

参考答案

项目总结

本项目从现代商业银行的起源出发，介绍商业银行的性质、经营原则、组织形式、岗位设置和基本职能，并介绍了商业银行的数字化转型发展阶段，大数据、云计算、人工智能和区块链技术在商业银行的具体应用，展望了商业银行的数字化转型未来趋势。

项目测试

一、选择题

（一）单项选择题

1.我国最早的商业银行是1897年清政府在上海成立的（　　）。

A.浙江兴业银行

B.交通银行

C.中国农业银行

D.中国通商银行

2.关于自偿性贷款，以下说法错误的是（　　）。

A.贷款与企业的产销活动相结合

B.属于短期周转性贷款

C.一旦票据到期和产销完成，贷款可以自动收回

D.属于长期贷款

3.传统上一直采用综合银行模式的是（　　）。

A.美国　　　　　　　　　　　B.英国

C.德国　　　　　　　　　　　D.中国

4.（　　）是派生存款创造的基础，而派生存款是信用扩张的条件。

A.原始存款

B.储蓄存款

C.活期存款

D.定期存款

5.以下（　　）不属于人工智能技术在商业银行中的应用。

A.智能客服

B.数字资产

C.智能风控

D.智能营销

（二）多项选择题

1.商业银行经营的"三性"目标是（　　）。

A.安全性目标

B.合法性目标

C.流动性目标

D.盈利性目标

2.以下（　　）属于大数据技术在商业银行中的应用。

A.大数据营销

B.大数据风控

C.大数据反欺诈

D.供应链金融

3.银行数字化转型的发展趋势有（　　　）。

A.数智化

B.敏捷性

C.开放性

D.生态化

4.分支行制商业银行类型的缺陷有（　　　）。

A.受地方经济影响大

B.易形成垄断

C.管理难度大

D.不利于先进设备和技术的开发

5.大堂经理是银行的"迎宾岗"，负责（　　　）。

A.迎送客户，询问客户需求

B.引导客户、解答客户疑问

C.为客户提供理财咨询、投资建议

D.处理客户意见，化解矛盾，减少客户投诉

二、判断题

1.通过开放银行，拓展了银行业务的服务边界，将服务客群衍生至传统银行服务难以触达到的长尾用户。　　　　　　　　　　　　　　　　　　　　　　（　　）

2.在经济不景气时期，银行应将盈利性放在首位，其次考虑经营的安全性和流动性。　　　　　　　　　　　　　　　　　　　　　　　　　　　　　　　（　　）

3.商业银行都是以股份制形式创立的。　　　　　　　　　　　　　　　（　　）

4.对私柜员由经验丰富的对公柜员转任。　　　　　　　　　　　　　　（　　）

5.从外部组织形式来看，商业银行的组织形式有单一银行制、总分行制和持股公司制。　　　　　　　　　　　　　　　　　　　　　　　　　　　　　　　（　　）

三、思考题

1.如何理解商业银行的性质？

2.阐述区块链技术在商业银行中的具体应用。

3.阐述商业银行的基本职能。

四、案例分析题

自2018年启动智慧运营体系建设以来，中国工商银行运行管理部深入剖析传统技术下业务运营提升瓶颈，在金融同业中率先将计算机视觉、自然语言处理、大模型等智能技术应用在运营领域，成功解决凭证信息影像自动定位和精准识别、报文语义

理解、跨平台信息断点等业界难题。目前已完成凭证影像识别、跨境人民币、跨行支付清算等重点场景智能化改造，构建数百个具有自主知识产权的智能模型（机器人）。行内首创面向网点员工上线基于大模型的智能助手，解决网点对客服务、日常管理工作中制度检索难、业务规则理解耗时耗力等业务痛点问题。全行运营领域智能处理业务量三年累计达到10亿笔，年替代人工1500余人，金融科技与业务创新融合成效显著。

智慧运营体系现已覆盖全球24个国家和地区中的全量客户，服务全集团总分行、直属机构、境外机构、子公司等各机构，涉及业务运营条线数十个业务系统，完成全行业务运营领域64个场景智能化改造，涵盖集约运营、网点运营、智能风控、客户服务、智能生态等各业务领域，全年累计服务11亿人次。

后台运营领域，业内首创基于深度学习的凭证影像智能识别模型，实现了户名、附言、大小写金额等凭证全部字段要素机器识别能力，攻克了凭证复杂多样、手写信息识别干扰的行业性难题，机器智能录入替代人工率达62%，同业领先。推进机械臂、AGV机器人等新型设备应用，建成行业领先的智能金库，实现金库运营由"人管"向"智控"转型。

支付清算领域，运用多种自然语言理解算法，构建模糊行名识别、跨境报文格式自动转换等模型，解决报文语义表达多样性以及跨行大小额、SWIFT等系统间报文格式不完全匹配等问题，年替代人工完成4000余万笔支付清算业务智能处理，2项专利申请通过国家知识产权局审核。

客户服务领域，通过客户服务需求订单化管理，首创推出线上便捷受理、集约高效处理、服务快捷交付的线上线下一体化运营模式，实现借记卡换卡、资信证明等35类创新场景落地，2023年累计服务6256.4万人次，有效满足了客户"业务线上办、进度可跟踪、交付更便捷"的金融服务需求。

流程优化领域，运用RPA技术打通本行系统与财政、国库和人民银行账户管理系统间的流程断点，实现单位账户备案、代理地方财政集中支付、代理国库退税等业务自动化处理。如在账户备案业务中由系统自动查询开销户信息、登录人行系统、录入报备信息等工作，以往单笔备案需15~20分钟缩短至5~10秒钟，在加快业务处理效率的同时有效防范业务操作风险。

资料来源　数字化转型网. 中国工商银行基于人工智能技术驱动构建智慧运营体系［EB/OL］.［2025-01-02］. https://www.sohu.com/a/814196973_121199210.

请问：工商银行进行数字化转型为企业和社会带来了哪些价值？

项目二　综合柜员岗位业务

本项目将对商业银行综合柜员岗位涉及的主要业务进行详细介绍。综合柜员岗位通常是入职商业银行的第一岗，银行职员从柜面业务开始熟悉银行的基本业务和操作流程。综合柜员主要负责处理货币结算、现金等柜面业务操作、查询、咨询等，要求具备较强的服务意识和出色的业务水平。

学习目标

知识目标	1.了解存款产品特点及适用对象； 2.认识存款相关保障制度； 3.理解信用卡利息计算原理； 4.掌握支付结算渠道类型及支付结算工具的特点。
技能目标	1.能够根据客户特点，进行存款产品推荐； 2.能够运用存款保障制度，维护存款客户权益； 3.能够计算信用卡利息，帮助客户理性透支； 4.能够推荐结算渠道，帮助客户便捷支付。
素养目标	1.形成综合柜员的工作思维，关注存款保险制度对保障存款安全、金融系统稳定的重要性； 2.树立量入为出、理性透支的消费观； 3.规范操作支付结算业务，帮助客户加速资金周转，促进商品流通，提高资金运转效率。

项目导图

```
项目二　综合柜员岗位业务
                                        ┌── 一、传统的存款业务
                        任务一　熟悉存款业务 ── 二、存款工具的创新
                                        └── 三、存款保险制度

                                        ┌── 一、借记卡
                        任务二　熟悉银行卡业务 ── 二、信用卡
                                        └── 三、商业银行的基本职能

                                        ┌── 一、银行汇票
                        任务三　熟悉支付结算业务 ── 二、商业汇票
                                        ├── 三、银行本票
                                        └── 四、支票
```

任务一　熟悉存款业务

任务导入

白泽楷先生发了年终奖，他听说银行的大额存单高利息、高回报，想来办理大额存单业务，并且想咨询下存款保险制度。

作为一名银行综合柜员，请思考如何帮助个人客户挑选合适的存款产品，如何介绍存款保险制度？在存款业务操作过程中如何做到勤勉尽职、维护存款客户权益？

知识准备

存款因安全性高、收益固定，是很多追求稳定收益的家庭的不二选择，如今存款工具不断创新，因此，我们需要充分了解存款产品的特点及适用对象，帮助客户选择合适的存款产品，熟练操作个人存款业务，帮助家庭获得稳健收益。

存款业务主要包括传统存款业务和存款工具创新（如图2-1所示）。

一、传统的存款业务

关于存款，国内外存在较大差异，国外的活期存款、定期存款和储蓄存款是针对任何人、企业和团体的。在我国，根据存款对象不同，可将存款分为公司存款和个人存款，公司存款有活期存款和定期存款，个人存款统称为储蓄存款，也分为活期存款和定期存款。

```
                        ┌─ 活期存款
            传统存款业务 ─┼─ 定期存款
                        └─ 储蓄存款
                                          ┌─ 可转让支付命令账户
                           活期存款工具创新 ─┼─ 超级可转让支付命令账户
存款业务                                    └─ 货币市场存款账户
                                          ┌─ 大额可转让定期存单
            存款工具创新 ─┼ 定期存款工具创新 ─┤
                                          └─ 货币市场存单
                                          ┌─ 股金汇票账户
                           储蓄存款工具创新 ─┼─ 个人退休金账户
                                          └─ 结构性存款
```

图2-1　存款业务类别

（一）活期存款

1.活期存款的定义

活期存款是指无需任何事先通知，客户可随时存取和转让的银行存款。

2.活期存款的类别

活期存款方式除了有活期存款之外，还有定活两便和通知存款。

（1）活期存款。活期存款账户内的资金随用随取，资金流动性强，客户凭银行卡可在银行网点和自助设备上存取现金，也可办理无卡的存取款业务。

（2）定活两便。定活两便是客户事先不约定存期，一次性存入，一次性支取的储蓄存款。定活两便存期低于定期存款最低档次的，支取时按照活期利率计息；超过定期存款最低档次且在一年以内的，支取时按同档次定期存款利率打六折计息；超过一年（含一年）的，按一年期定期存款利率打六折计息。

（3）通知存款。通知存款是不固定期限，但客户必须预先通知银行方能提取的存款，同时兼有活期存款与定期存款的性质。通知期限为1日、7日两种。按日计息，利率视通知期限长短而定，一般高于活期存款，低于定期存款。

3.活期存款的适用对象

活期存款适用于家庭、个人随存随用的生活零用结余存款；定活两便适用于在3个月内没有大笔资金支出，同时也不准备用于较长期投资的客户；通知存款适用于企业用于经营周转的大额资金。

（二）定期存款

1.定期存款的定义

定期存款是指银行与存款人双方在存款时事先约定期限、利率，到期后支取本息的存款。

2.定期存款的类别

定期存款方式包括整存整取、零存整取、存本取息、整存零取。

（1）整存整取。整存整取定期存款是由客户开户时约定存期，一次性存入，到期时一次性支取本息的一种定期存款。

☑ 小知识2-1 　　　　　　整存整取定期存款的功能

可约定转存

客户可在存款时约定转存期限，定期存款到期后的本金和利息将自动无限期转存，避免到期重新存入的烦琐操作，保证利息收入最大化。

可提前支取

如果客户急需资金，可以办理部分或全部存款提前支取。未到期的定期存款，全部提前支取的，按支取日挂牌公告的活期存款利率计付利息；部分提前支取的，提前支取的部分按支取日挂牌公告的活期存款利率计付利息，剩余部分到期时按开户日挂牌公告的定期储蓄存款利率计付利息。新增可多次部分提前支取功能，更便于客户进行财务安排。

可质押贷款

如果定期存款临近到期，但又急需资金，客户可以办理质押贷款，以避免利息损失。

资料来源　佚名．中国工商银行整存整取定期存款业务简介［EB/OL］．［2024-11-19］. https://www.bj.icbc.com.cn/page/721852502588030985.html.

（2）零存整取。零存整取定期存款是客户在办理银行存款时约定存期，每月固定存款，到期一次性支取本息的一种定期存款。

（3）存本取息。存本取息定期存款是指客户一次性存入较大的金额，分次支取利息，到期支取本金的一种定期存款。

（4）整存零取。整存零取是客户在开户时约定存款期限，本金一次存入，固定期限分次支取本息的一种定期存款。

3.定期存款的适用对象

整存整取定期存款适用于长时间不动用、不追求高风险高收益的资金；零存整取定期存款存入时负担较小，积少成多，可培养理财习惯，也适用于长时间不动用，不追求高风险高收益的资金；存本取息和整存零取定期存款适用于为老年人存养老金、为孩子存教育金。

☑ 小知识2-2 　　　　　　定期存款的理财技巧

理财技巧1——阶梯存储法

将自身的资金分成若干份，分别进行1年、2年和3年的定期存款。

假设有6万元，将其分为1万元、2万元和3万元三份，分别存为1年、2年、3年的定期存款。1年的存款到期时，转存为3年的定期存款；2年的存款到期时，一样转存为3年的定期存款。这样2年以后，这三份资金就都是3年的定期存款了。

理财技巧2——四分存储法

根据自身的流动性需求，将自己的储蓄按照1：2：3：4的比例进行存款，以备不时之需。

假设将10万元按照1：2：3：4比例分为1万元、2万元、3万元和4万元四份，然后分别存为四张同期限，如一年的定期存款。如果半年后，想要取出2万元，只需转出2万元的定期存款即可，剩下8万元存款不动，获得定期预期收益，降低利息损失。

理财技巧3——利滚利存储法

将存本取息与零存整取两种储存方式结合的一种储蓄技巧，通过这个方法来获得高于普通存款的利息。

假设3万元存成存本取息定期存款，一个月后取出存本取息储蓄的第一个月利息，再用这一个月利息开设一个零存整取储蓄户，以后每个月把利息取出后存入零存整取储蓄户。

理财技巧4——交替存储法

将存款本金一分为二，分别存为半年期和一年期的定期存款，待半年期定期存款到期后，将本息一同转存为一年期定期存款，并与此前存入的一年期的定期存款一起设为自动转存。

假设5万元分成两份，一份设置半年期，一份设置一年期，这两张存单的循环时间为半年，若半年后有急用可取出任何一张存单，这种储蓄方法不仅不会影响家庭急用，也会取得比活期更高的利息。

资料来源　佚名. 学会定期存款的理财技巧［EB/OL］.［2014-02-28］. http：//www.360doc. com/content/14/0228/16/6850534_356477496.shtml.

（三）储蓄存款

关于储蓄存款的对象，在我国储蓄存款的客户一般限于居民个人，储蓄存款专指居民个人在银行的存款。

二、存款工具的创新

随着金融市场自由化的不断推进，其他金融工具的挑战日益增强，银行存款有大量流失的危险。商业银行要扩大存款规模和争取客户，就要不断创新存款工具，以优质的金融服务和具有竞争力的存款工具迎接挑战。

（一）活期存款工具创新

1.可转让支付命令账户

可转让支付命令账户被称为付息的活期存款，是20世纪70年代初由美国马萨诸塞州互助储蓄银行创办，是一种对个人和非营利团体开立的，以支付命令书取代支票的活期存款账户。既可用于转账结算，又可用于支付利息，年利率略低于储蓄存款，提款时使用规定的支付命令的账户，和支票一样，可自由转让流通。开立这种存款账户的存户可随时开出支付命令书，或直接提现，或直接向第三者支付，其存款余额可取得利息收入。通过这一账户，存户既可得到支付上的便利，也满足收益上的要求。因此可转让支付命令账户的建立，有利于吸引客户，扩大存款来源。

2.超级可转让支付命令账户

超级可转让支付命令账户是美国1982年根据《加恩-圣吉曼法案》产生的，是由可转让支付命令账户发展而来的一种利率较高的新型活期存款账户。它与可转让支付命令账户的区别在于要求法定最低开户金额和平均余额为2 500美元，但签发支票不受限制。对保持2 500美元及以上余额的账户，利率高于普通可转让支付命令账户的利率，且无最高利率限制；对日常平均余额低于2 500美元，只能支付与普通可转让支付命令账户同样的利息。超级可转让支付命令账户的出现使得该账户的使用更加灵活，并且收益率更高。

3.货币市场存款账户

货币市场存款账户是美国商业银行为应对来自货币市场基金的竞争而开发出的存款品种。20世纪70年代，美国创立货币市场基金，通过这种基金，投资者可以将其零散资金集中起来投资于货币市场工具，共同分享投资所获收益。投资者可以签发以其基金账户为基础的支票，因而具有支票存款账户的性质，但又无须缴纳法定存款准备金，也不受利率上限的管制。货币市场基金自其创设以后，对商业银行构成了较大的竞争威胁。1982年的《加恩-圣吉曼法案》授权存款机构可提供货币市场存款账户，个人、企业和非营利团体都可开立这种账户，支付的利息以每日公布的利率为基础进行计算，相对较高，并按货币市场基金的平均收益率浮动。存户每月可办理6次自动转账。原来账户有2 500美元的最低限额，超过这一金额的存款不受当时的利率限制，现已取消最低余额要求。银行具有要求存户提款时必须提前7天通知的权利。

☑ 小知识2-3 中国版的"货币市场存款账户"——中信银行薪金煲

中信银行薪金煲是一款与余额宝类似的货币基金，对接的货币基金是嘉实薪金宝货币和信诚薪金宝货币。

业务流程

薪金煲业务开通之后，客户需要设定一个不低于1 000元的账户保底余额，账上"保底余额"之外的活期资金将每日自动申购货币基金。

当客户需要使用资金时，也无须赎回，中信银行的后台会自动实现货币基金的快速赎回，客户可以在ATM上直接取现或者刷卡消费，用以满足客户的实时取现、消费或转账等各类支付需求。

业务特点

薪金煲与普通的货币基金不同，不用申请赎回就可以在ATM上直接取现或是刷卡消费。

薪金煲与活期存款一样方便，但是收益高于活期存款。

资料来源　佚名. 薪金煲百度百科［EB/OL］. ［2013-09-19］. https: //baike.baidu.com/item/%E8%96%AA%E9%87%91%E7%85%B2/15782350? fr=ge_ala.

（二）定期存款工具创新

1. 大额可转让定期存单

微课 2-1

大额可转让
定期存单

大额可转让定期存单最早在1961年由美国纽约花旗银行发行。当时存户觉得把闲置资金以活期存款的形式存放在银行固然方便灵活，但没有利息，以定期存款的方式存在银行，利息与债券、商业票据产生的利息相比也是比较低的，而且存在利率管制，定期存款不能转让，提前支取会损失利息。所以储户把投资方向由银行存款转向短期债券、商业票据、国库券。花旗银行经过深思熟虑，创造出大额可转让定期存单，在货币市场上与其他投资方式争资金，以求增加存款。

大额可转让定期存款是指银行发行对持有人偿付具有可转让性质的定期存款凭证，是银行存款证券化的产物，其特点是不记名，不能提前支取，可以在二级市场上转让；按标准单位发行，面额较大，有固定利率也有浮动利率；期限多在1年以内。

小知识 2-4　　　　　　　中国版的"大额存单"

根据2015年发布的《大额存单管理暂行办法》，大额存单是由银行业存款类金融机构面向非金融机构投资人发行的记账式大额存款凭证。

发行方式

大额存单发行采用电子化的方式。大额存单可以在发行人的营业网点、电子银行、第三方平台以及经中国人民银行认可的其他渠道发行。

发行标准

大额存单采用标准期限的产品形式。个人投资人认购大额存单起点金额不低于30万元，机构投资人认购大额存单起点金额不低于1 000万元。大额存单期限包括1个月、3个月、6个月、9个月、1年、18个月、2年、3年和5年共9个品种。

计息方式

大额存单发行利率以市场化方式确定。固定利率存单采用票面年化收益率的形式计息，浮动利率存单以上海银行间同业拆借利率（Shibor）为浮动利率基准计息。

转让要求

发行人应当于每期大额存单发行前在发行条款中明确存单是否允许转让、提前支取和赎回以及相应的计息规则等。大额存单的转让可以通过第三方平台开展，转让范围限于非金融机构投资人。

资料来源　摘自《大额存单管理暂行办法》。

2.货币市场存单

微课2-2

货币市场存单

货币市场存单是一种浮动利率存单，其储户对象是各类个人投资者。按存入的最低金额要求不同分为大额货币市场存单、中额货币市场存单和小额货币市场存单，主要是商业银行根据大额个人投资者、中等收入阶层投资者和一般个人投资者而设计出来的不同品种。货币市场存单和大额可转让定期存单不同之处在于货币市场存单不具有可转让性，而且发行金额也小于大额可转让定期存单。

（三）储蓄存款工具创新

1.股金汇票账户

股金汇票账户由美国信贷协会在1974年首创，兼具支票账户功能，是一种支付利息的账户，也是规避利率管制的创新举措。建立股金汇票账户，存户可随时开出提款单，代替支票来提现或支付转账。在未支付或提现前，属于储蓄账户，可取得利息收入；需要支付或提现时，便可开出提款单，通知银行取款，方便、灵活又有利息收入。

2.个人退休金账户

微课2-3

个人退休金账户

个人退休金账户由美国商业银行于1974年首创，它为未参加"职工退休计划"的工薪层提供了便利，是专为工资收入者开办的退休金存款账户。只要工资收入者每年在银行存入2 000美元，其存款利率可以不受"Q条例"的限制，且可暂时享受免税优惠，直到存户退休以后，再按其支取的金额计算所得税。然而，由于退休后存户的收入减少，故这笔存款仍可按较低的税率纳税。个人退休金账户存款因存期较长，其利率也略高于一般储蓄存款。

政策聚焦2-1

国务院办公厅关于推动个人养老金发展的意见（摘录）

为推进多层次、多支柱养老保险体系建设，促进养老保险制度可持续发展，满足人民群众日益增长的多样化养老保险需要，2022年4月21日，国务院办公厅发布《关于推动个人养老金发展的意见》，标志着个人养老金制度启动实施。

个人养老金实行个人账户制度，缴费完全由参加人个人承担，实行完全积累。参加人应当指定或者开立一个本人唯一的个人养老金资金账户，可以用缴纳的个人养老金购买符合规定的银行理财、储蓄存款、商业养老保险、公募基金等运作安全、成熟稳定、标的规范、侧重长期保值的满足不同投资者偏好的金融产品，并承担相应的风险。参加人每年缴纳个人养老金的上限为12 000元。参加人达到领取基本养老金年龄、完全丧失劳动能力、出国（境）定居或者具有其他符合国家规定的情形，可以按月、分次或者一次性领取个人养老金，领取方式一经确定不得更改。领取时，应将个人养老金由个人养老金资金账户转入本人社会保障卡银行账户。

资料来源 摘自《国务院办公厅关于推动个人养老金发展的意见》。

政策解读：建立个人养老金账户比较符合我国现有国情，一是个人养老金涉及参加人长达几十年的缴费、选择不同的金融产品、缴纳个人所得税和领取等问题，因此需要在信息平台开立个人养老金账户，核验参加资格和唯一性，清楚记录所有相关信息，做好服务和保障。二是体现个人的养老责任。个人养老金由个人缴费，实行完全积累，待遇水平取决于领取时个人养老金资金账户的积累额。三是保证实现补充养老功能。个人养老金资金账户封闭运行，参加人工作时缴费，达到领取基本养老金年龄等条件时才能领取，确保实现补充养老功能。

3.结构性存款

结构性存款是在存款的基础上嵌入金融衍生工具，通过与利率、汇率、指数等的波动挂钩，使存户在承担一定风险的基础上获得更高收益的一种创新存款。结构性存款不是普通存款，也不同于银行理财，是一个结合固定收益产品与选择权组合形式的产品交易。它通过期权与固定收益产品间的组合，使得结构性存款的投资报酬与连接的标的关联资产价格波动产生联动效应，可以实现在一定程度上保障本金或获得较高投资报酬率的功能。

2002年9月，光大银行在我国首先推出结构性存款业务。2017年之后结构性存款得到快速发展，但是在快速发展中出现了产品运作管理不规范、误导销售、违规展业等问题，为此中国银保监会（现国家金融监督管理总局）于2019年10月发布了《关于进一步规范商业银行结构性存款业务的通知》，以此规范结构性存款业务。

三、存款保险制度

微课2-4

存款保险制度

20世纪30年代，美国为了挽救在经济危机的冲击下已濒临崩溃的银行体系，其国会在1933年通过《格拉斯-斯蒂格尔法案》，联邦存款保险公司（FDIC）作为一家为银行存款保险的政府机构于1933年成立并于1934年开始实行存款保险，以避免挤兑，保障银行体系的稳定，开启了世界上存款保险制度的先河和真正意义上的存款保险制度。2015年5月1日，《存款保险条例》施行，标志着我国存款保险制度正式建立。目前世界上已有140多个国家和地区建立了存款保险制度。

存款保险又称存款保障，是指国家通过立法的形式，对公众的存款提供明确的法律保障，促进银行业健康发展。存款保险作为一项金融业基础性制度安排，有利于更好地保护存款人权益，促进金融机构健康稳定发展，维护金融稳定。

我国的《存款保险条例》中规定受到存款保险保护的存款包括存入银行的人民币存款和外币存款，既包括个人储蓄存款，也包括单位存款。同一存户在同一家银行的存款本金和利息最高偿付限额为人民币50万元。存款保险的保费由银行交纳，存户不需要承担。

小思考2-1

张阿姨一直是当地一家银行的忠实客户，她将自己的60万元养老金以定期的方式存于该行。在一次聚会当中，听老同学说只有把钱存在大银行，存款才有保障，偿付限额为50万元，而小银行没有。张阿姨在没有核实信息真实性的情况下，第二天就把未到期的定期存款全部转到某大银行。事后，该银行工作人员联系张阿姨并解释了在该银行的存款也是受存款保险保障的，并把相关条例给张阿姨看，张阿姨后悔莫及，白白损失了定期利息。

《存款保险条例》规定最高偿付限额为人民币50万元，50万元的最高偿付限额是怎么确定的，偿付限额以上的存款是不是就没有安全保障了呢？

答：从国际上看，最高偿付限额一般为人均国内生产总值（GDP）的2~5倍。50万元的最高偿付限额，是中国人民银行会同有关方面根据我国的存款规模、结构等因素，经反复测算后提出的，能够为99.63%的存款人提供全额保护。同时，限额并不是固定不变的，将根据经济发展、存款结构变化、金融风险状况等因素，经国务院批准后适时调整。

实行限额偿付，并不意味着限额以上存款就没有安全保障了。当银行出现风险时，会由良好的银行去接管出现风险的银行，存户的存款会自动转移到良好银行，不用担心存款安全问题。

业务实操

业务 2-1：存款产品推荐

因储蓄存款是存款业务中最常见的类别，下面以个人储蓄存款为例，详细介绍个人存款的工作流程，了解综合柜员的工作职责。

步骤一：个人储蓄账户开立

若客户在银行已经开立了个人结算账户，本人可通过电子银行或柜面等渠道自行开立个人储蓄账户；若客户未在银行开立个人结算账户，可以携带个人有效身份证件（居民身份证、户口本、军官证、警官证、护照等）以个人名称开立个人结算账户，再开立个人储蓄账户。

个人名下的个人储蓄账户和个人结算账户之间资金可以互转，但是个人储蓄账户只能办理本人名下的存取款和转账业务，不能向他人或单位转账，也不能接受他人或单位的资金转入。

步骤二：个人储蓄业务办理

开立个人储蓄账户后，综合柜员可以根据客户的存取款频率、资金量多少，为客户推荐合适的存款产品（整存整取定期存款、大额存单、结构性存款、通知存款等），介绍产品优势、办理流程等，并做好存款产品相关的利息、取款等问题的解答工作。

政策聚焦2-2

关于开展特定养老储蓄试点工作的通知（摘录）

为持续推进养老金融改革工作，丰富第三支柱养老金融产品供给，进一步满足人民群众多样化养老需求，2022年7月由中国银行保险监督管理委员会和中国人民银行联合发布《关于开展特定养老储蓄试点工作的通知》。

充分发挥商业银行储蓄业务优势，推出符合长期养老需求、充分体现养老功能的特定养老储蓄产品，包括整存整取、零存整取和整存零取三种类型，产品期限分为5年、10年、15年和20年四档，产品利率略高于大型银行五年期定期存款的挂牌利率。推动特定养老储蓄业务规范健康发展，满足人民群众差异化养老金融需求。试点银行严格遵循"存款自愿、取款自由、存款有息、为储户保密"的原则，公开、公平、公正开展业务。落实储蓄业务和个人账户管理相关要求，依法合规办理特定养老储蓄业务。

资料来源　摘自《关于开展特定养老储蓄试点工作的通知》。

政策解读：特定养老储蓄试点是基于我国公众储蓄偏好而创新的产品，有助于进一步丰富养老金融产品供给，与养老理财、养老保险和养老基金产品等形成补充。产品期限较长，为5至20年不等，利率适中，能够满足居民长期养老需求，比较适合风险偏好较低、对流动性要求不高、追求固定收益的客户群体。

业务2-2：维护客户存款权益

步骤一：个人储蓄部分提取

若客户急需用钱，个人储蓄存款可以支持提前支取，但需要承担一定的利息损失，可以选择部分提前支取或全部提前支取，提前支取的金额必须按照支取日当天的活期利率计算利息。若存款离到期日比较接近，综合柜员可以建议客户以存单办理质押贷款，避免利息损失。

本人可通过电子银行或柜面等渠道自行办理，也可以由他人代为提前支取，委托他人办理，需要提供本人存单或银行卡、委托人身份证及委托人出具的委托书，委托书中应明确注明委托人姓名、身份证号、存款金额、委托事项等信息。

☑ 小知识2-5　　　　个人定期储蓄存单质押贷款

个人定期储蓄存单质押贷款是指借款人以本行签发的未到期的个人人民币定期储蓄存单设置质押，从银行取得一定金额贷款，并按期归还贷款本息的一种信用业务。

贷款对象及其条件

（1）中华人民共和国境内具备完全民事行为能力、持有合法有效的身份证明且年满十八周岁的自然人。如借款人为外国人、无国籍人以及港、澳、台居民的，应在中华人民共和国境内居住满一年并有固定居所和职业。

（2）在银行有未到期的个人人民币定期储蓄存款且存单应为凭印鉴或密码支取。

（3）在银行开立个人结算账户。

（4）银行规定的其他条件。

贷款额度、期限和利率

（1）贷款额度起点为人民币5 000元，且不超过存单面值的90%；但对于约定到期主动结清质押存单以抵偿贷款本息的，其贷款额度不受存单面值90%的限制，但其贷款本息不得超过存单到期日可支取的本息之和。

（2）贷款的期限（可计至天数）不得超过质押存单的到期日，且最长不得超过一年。若以多张存单作质押的，以距离到期时间最近者确定贷款期限，分笔发放的贷款除外。

（3）贷款利率按中国人民银行规定的同期同档次贷款基准利率和利率浮动范围进行确定。

资料来源　佚名. 上海农商银行个人定期储蓄存单质押贷款产品介绍［EB/OL］.［2023-05-10］. https://daikuan.51kanong.com/article-70506.html.

步骤二：个人储蓄到期处理

个人储蓄存款到期后，若客户没有处理，银行会自动将到期的本金加利息合并成新的本金，再按照当时的银行挂牌定期利率以相同的存期存入下一个定期。若客户对到期后的存款进行处理，可以选择将到期的本金和利息转入到个人结算账户中，用于日常使用，也可以重新办理其余存款业务或者购买银行理财产品等，并申请将个人储蓄账户销户。

小思考2-2

假设你在银行存了10万元，年利率为2.75%，存款期限为三年。

该存款是单利还是复利计息，同一笔定期存款，在同一时期内按单利和按复利计息能相差多少呢？

答：在一个存期内，银行定期存款的利息都是按单利计算的。在存期满期自动转存时，需把上一个存期的本金和利息一并存入，这时利息按照复利计算的。

10万元存三年期定期，按照2.75%的年利率计算，单利计息的话，一年的利息就是2 750元，三年的利息为8 250元。如果10万元存一年定期，三年内自动转存，一年期定期存款利率为1.5%，按照复利计息，三年的利息为4 567.84元，两者相差3 682.16元。在较短的投资期限内，复利的效果可能不太明显，但随着时间的推移，收益不断地加入本金，进而产生更多的收益，复利的效果会逐渐显现。

任务实施

根据白泽楷存款案例，进行个人储蓄存款实训操作。

步骤一：开立结算账户

首先对白泽楷的个人信息进行联网核查（如图2-2所示）；再为他建立客户信息档案（如图2-3所示）；建立客户信息档案后，帮白泽楷开立个人结算账户（如图2-4所示）。

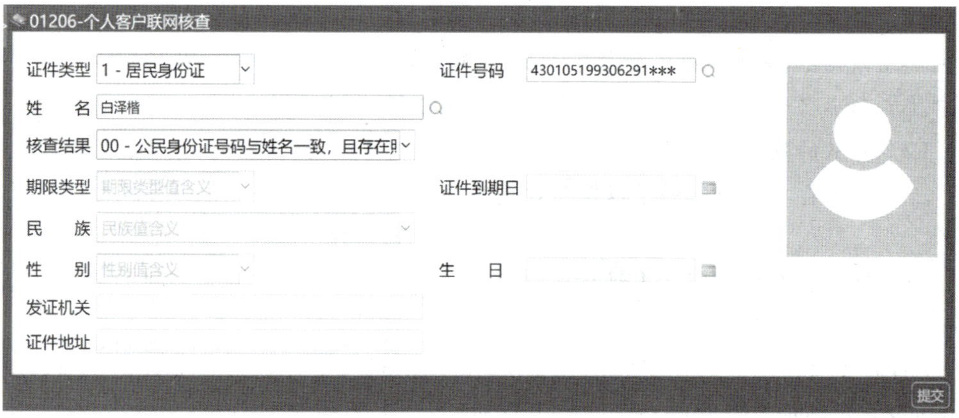

图2-2　个人客户联网核查

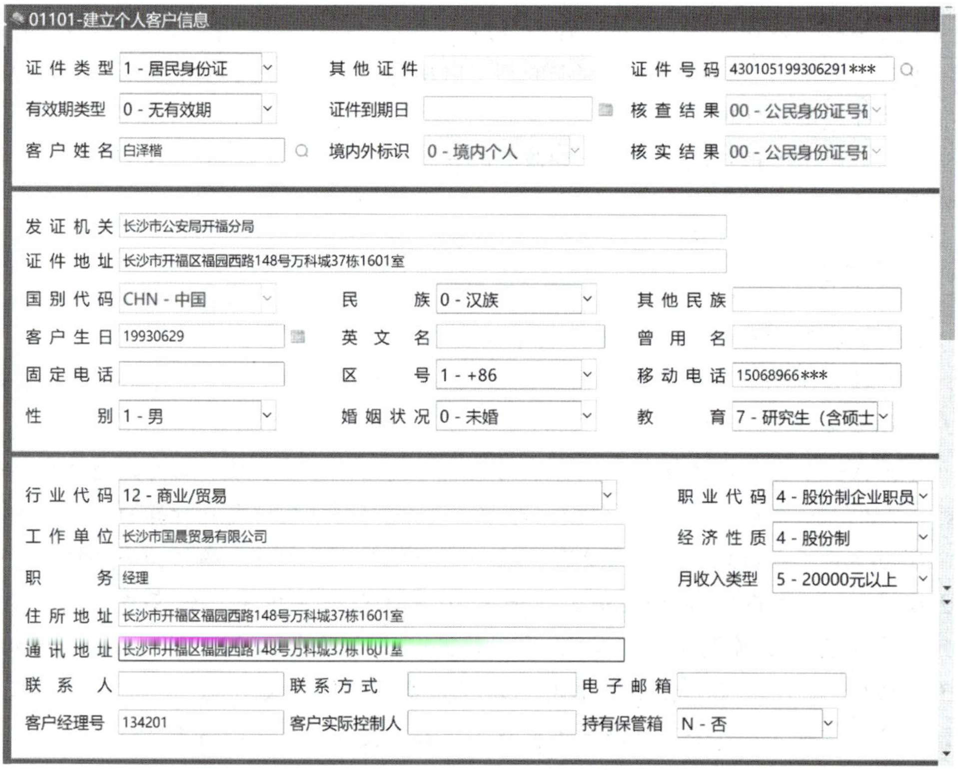

图2-3　建立个人客户信息档案

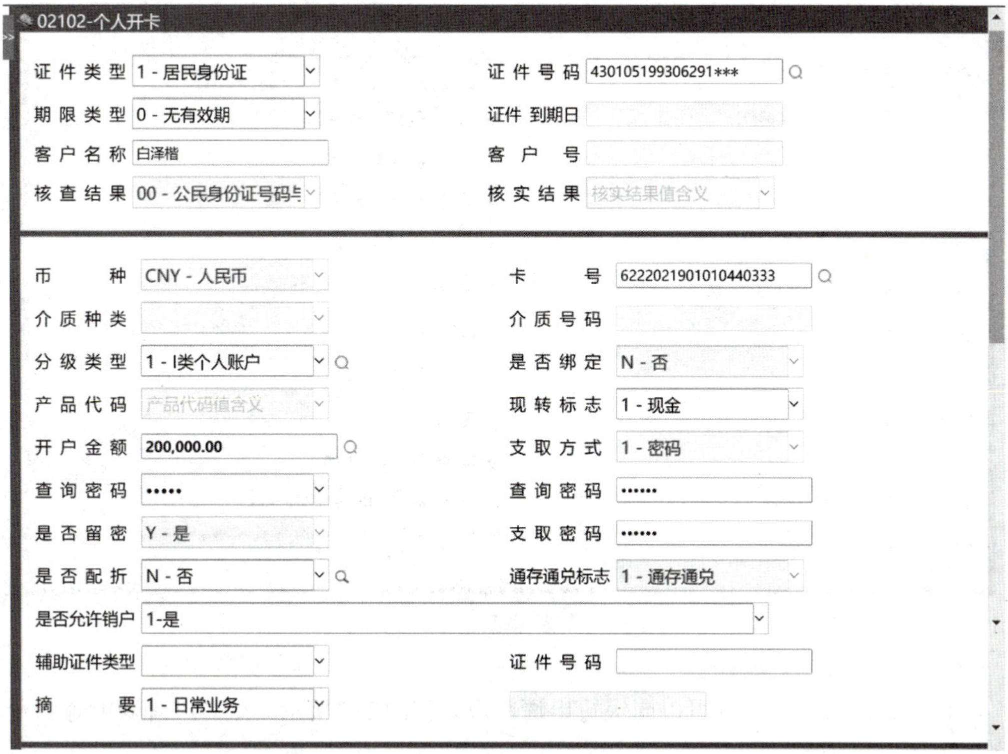

图2-4 开立个人结算账户

步骤二：办理存款业务

在开立的个人结算账户内，开立储蓄账户，办理个人储蓄存款业务（如图2-5所示）。

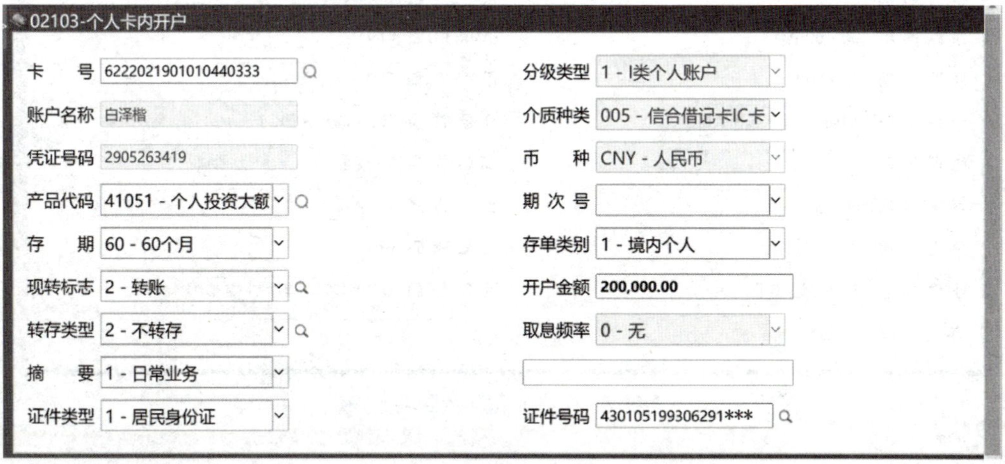

图2-5 办理个人储蓄存款业务

步骤三：存款部分提取

若白泽楷有资金需求，可以申请办理存款部分提取业务（如图2-6所示）。

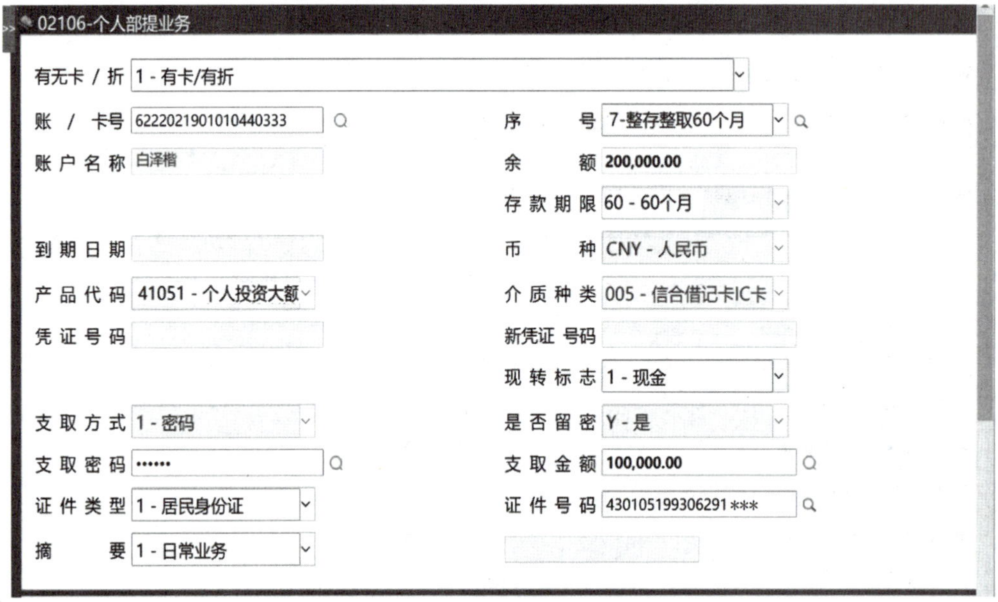

图2-6　个人储蓄存款部分提取

步骤四：存款到期处理

存款到期后，白泽楷可以向银行申请销户（如图2-7所示）或者办理新的存款业务（如图2-8所示）。

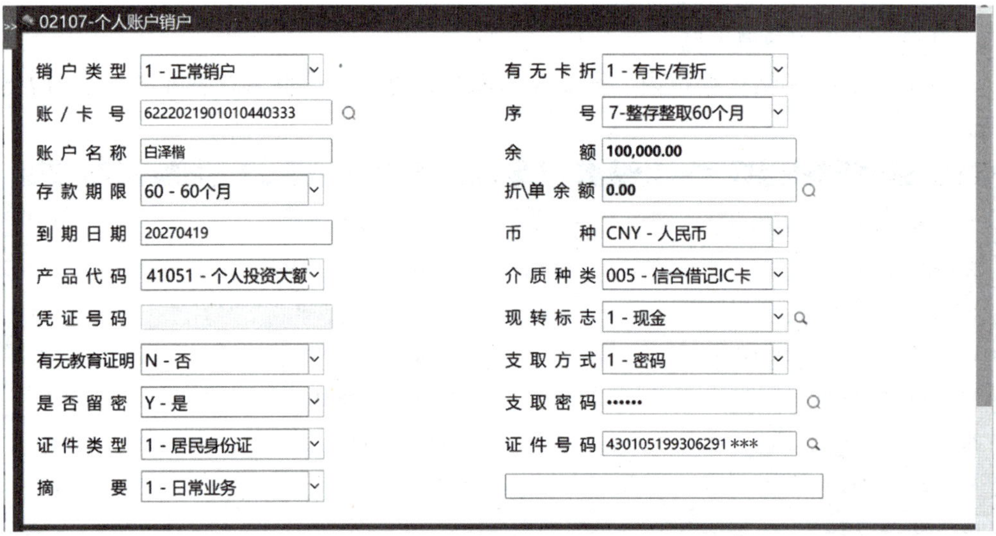

图2-7　个人储蓄存款到期销户

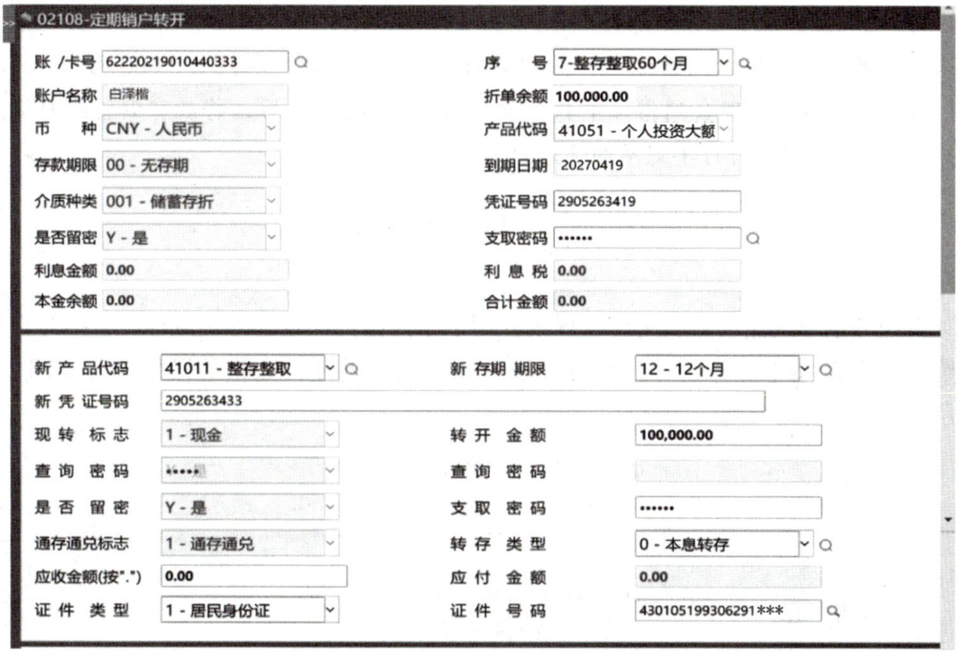

图2-8 个人储蓄存款销户转开

【岗位说明】

综合柜员要根据客户的存取款频率、资金量多少，为客户推荐合适的存款产品，介绍产品优势、办理流程等，并向客户做好存款相关的利息、取款等问题的解答工作。等存款到期时要根据客户的需求进行取款或重新办理其他存款业务，最大程度维护客户的存款权益。

【赛题测试 2-1】

1.个人储蓄业务1

任务说明：瞿美娴女士携带身份证和108 000元现金来我行办理储蓄业务。(1) 该客户要求办理借记卡Ⅰ类账户，签印类别为密码。同时，为其开通的Ⅰ类借记卡账户办理以下相关业务：开立普通活期存款账户和借记卡通知存款账户，普通活期账户开户存入现金38 000元，剩余现金全部开户存入借记卡通知存款账户。瞿美娴女士的手机号码为13624754***。(2) 瞿美娴女士来我行开立支票账户，存入现金50 000元，签印类别为印鉴。(3) 客户提前一天从借记卡通知存款账户中提前支取20 000元。(4) 客户从借记卡活期存款账户中提现29 000元，存入个人支票账户。(5) 1个月后，客户来我行将借记卡通知存款销户。

2.个人储蓄业务2

任务说明：聂俭豪先生携带军官证和现金来我行办理储蓄业务。(1) 该客户要求办理借记卡Ⅰ类账户，签印类别为密码。同时，为其开通的Ⅰ类借记卡账户办理以下相关业务：开立普通活期存款账户和借记卡教育储蓄账户（存期六年），分别开户存入6 000元现金和500元现金。聂俭豪先生的手机号码为15832486***。（2）聂俭豪先生来我行开立存单定活两便账户，签印类别为证件，开户存入现金8 000元。（3）次月，再次存入500元现金到借记卡教育储蓄账户。（4）2年后，将教育储蓄账户提前销户。（5）3年后，将存单定活两便账户销户。

资料来源　2023年智慧金融技能大赛题库。

任务小结

本任务以个人储蓄存款为例，详细介绍了个人储蓄存款的办理流程，包括开立储蓄账户、办理储蓄业务、存款部分提取及存款到期处理，完整的操作流程如图2-9所示。

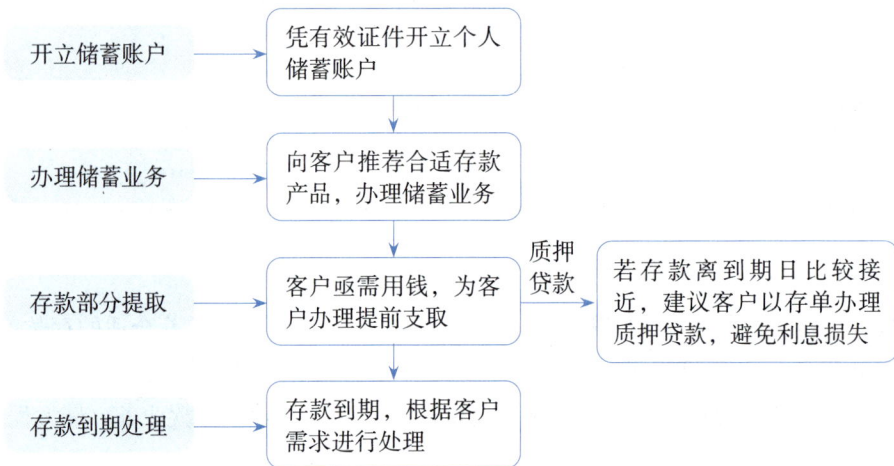

图2-9　个人储蓄存款操作流程

任务二 熟悉银行卡业务

任务导入

燕秋白先生听说信用卡不仅能透支消费，使用时还能享受很多优惠权益，他想来银行申请开立信用卡，并咨询一下信用卡的相关费用问题。

作为一名银行综合柜员，请思考如何帮助个人开立信用卡，如何向其介绍信用卡的相关费用情况？在银行卡业务操作过程中如何做到勤勉尽职、引导客户理性透支？

因信用卡可以透支消费，使用时还能享受优惠权益，当家庭或者个人有临时大额消费时，可以通过信用卡进行提前消费，但是信用卡如果不能按时还款，不仅会产生逾期利息，还会影响个人信用。因此，我们需要充分了解银行卡的使用规定及相关费用问题，帮助客户开立信用卡，熟练操作银行卡业务，满足家庭现金需求。

知识准备

一般情况下，按银行卡是否给予持卡人授信额度，分为借记卡和信用卡两类。

一、借记卡

借记卡日渐普遍，能够很方便地取代现金和支票进行消费和交易，近年来成为最受欢迎的支付卡。

（一）借记卡的定义

借记卡是指发卡银行向持卡人签发的，没有信用额度，持卡人先存款、后使用的银行卡。

（二）借记卡的功能

1.存取现金

借记卡大多具备本外币、定期、活期等储蓄功能，可在发卡银行网点、自助银行存取款，也可在全国乃至全球的ATM上取款。

2.转账汇款

持卡人可通过银行网点、网上银行、自助银行等渠道将款项转账或汇款给其他账户。

3.支付消费

持卡人可在商户用借记卡刷卡消费，也可以绑定微信、支付宝等第三方支付渠道后进行支付消费。

4.代收代付

借记卡可用于代发工资，也可缴纳各种费用（如通信费、水费、电费、燃气费等）。

5.资产管理

理财产品、开放式基金、保险、个人外汇买卖、贵金属交易等均可通过借记卡进行签约、交易和结算。

案例分析2-1

自2022年2月1日起，中国银行取消个人借记卡年费和人民币个人小额活期存款账户管理费，客户名下中国银行所有个人借记卡年费（含以往年度欠缴的年费）和小额账户管理费当日起不再收取。

中国银行取消个人借记卡年费及小额账户管理费，响应了人民银行、国家金融监督管理总局等监管机构及行业协会的号召，加大了对于普通零售用户及小微企业减费让利力度。

问题：发展中间业务是商业银行近年来业务转型的重要方向，那么借记卡年费及小额账户管理费的取消会影响银行中间业务的收入增长吗？

（三）借记卡的账户类型

1. I 类银行账户

I 类银行账户是通过传统银行柜台或自动柜员机开立的，满足实名制所有严格要求的账户。它是全功能型账户，可以用来办理存款、转账、消费缴费等业务，也可以用来购买投资理财产品等，使用范围和金额不受限制。

按照《关于改进个人银行账户分类管理有关事项的通知》规定， I 类银行账户只能办理一个，可以配发银行卡，个人的工资收入、大额转账、缴纳和支付医疗保险、社会保险、养老金、公积金等业务都应当通过 I 类银行账户办理。

2. II 类银行账户

II 类银行账户具备"理财+支付"的功能，可以用来办理存款等业务，也可以用来购买银行理财、进行消费缴费等。

按照《关于改进个人银行账户分类管理有关事项的通知》规定， II 类银行账户实行限额消费和缴费、限额向非绑定账户转出资金，其每日转入资金、存入现金的累计限额合计为1万元，每年累计限额合计为20万元，购买理财产品无限制。

3. III 类银行账户

III 类银行账户不可用于存取现金，但其可以进行限额消费和缴费，主要用于金额不大、频次较高的快捷移动支付，比如免密支付、二维码支付等。

按照《关于改进个人银行账户分类管理有关事项的通知》规定， III 类银行账户余额最高不超过2 000元，单日进出账不超过2 000元，年累计进出账不超过5万元。

微课2-6

借记卡的账户类型

☑ 小知识2-6　　　　　　　　　**三类银行账户的区别**

功能

Ⅰ类银行账户可以办理存款、转账、消费缴费、购买投资理财产品、支取现金等业务，使用范围不限。

Ⅱ类银行账户可以办理存款、购买投资理财产品等，但其消费有限额规定，且不能存取现金。

Ⅲ类银行账户不可用于存取现金，而且其消费和缴费都有限额，主要用于金额不大、频次较高的交易。

账户形式

Ⅰ类银行账户有实体卡，为卡片或者存折。

Ⅱ类银行账户包括实体卡和电子账户两种形式。

Ⅲ类银行账户只有电子账户一种形式。

开户渠道

Ⅰ类银行账户可以在银行柜面开立，或者通过远程柜员机和智能柜员机等自助机具办理开户申请。银行工作人员现场核验开户申请人身份信息的，可以开立Ⅰ类银行账户。

Ⅱ、Ⅲ类银行账户可通过银行柜面、远程柜员机和智能柜员机等自助机具（不需银行工作人员现场核验身份信息）以及网上银行和手机银行等电子渠道开立，但要绑定本人Ⅰ类银行账户或者信用卡账户等可靠方式进行身份验证。

资料来源　佚名. I类、Ⅱ类和Ⅲ类银行账户都有哪些功能［EB/OL］.［2022-01-23］. https：//bank.cngold.org/c/2022-01-23/c7939847.html.

二、信用卡

信用卡同时具有支付和信贷两种功能，持卡人可用其购买商品或享受服务，还可通过使用信用卡从发卡机构获得一定的贷款，是银行发展较快的一项金融业务之一。

（一）信用卡的定义

信用卡是指记录持卡人账户相关信息，具备银行授信额度和透支功能，并为持卡人提供相关银行服务的各类介质。

（二）信用卡的类型

1.按持卡人信誉地位和资信情况划分

按持卡人信誉地位和资信情况不同，可将信用卡分为普通卡、金卡和白金卡，级别越高，信用卡额度越高，对于申请人的信用、偿还能力要求越高。

2.按信用卡从属关系划分

按信用卡从属关系不同，可将信用卡分为主卡和附属卡，附属卡与主卡共用主卡的额度，附属卡的所有权属于主卡。

3.按信用卡账户币种数量划分

按信用卡账户币种数量不同，可将信用卡分为单币种信用卡和双币种信用卡。单币种信用卡是仅设置单一结算币种的信用卡，双币种信用卡具有人民币和美元结算功能，在国内通过银联实现人民币结算，出国后可以在支持VISA或MasterCard的商户和银行取款机消费和取现，并且以美元结算。

（三）信用卡的相关日期

1.记账日

记账日又称入账日，是指持卡人用卡交易后，银行将交易款项记入其信用卡账户的日期，或银行根据相关约定将有关费用记入其信用卡账户的日期。一般记账日为持卡人实际消费日的第二天。

2.账单日

账单日是指银行每月定期对持卡人的信用卡账户当期发生的各项交易、费用等进行汇总，并结计利息，计算还款日持卡人应还款项的数额。

3.到期还款日

到期还款日是指银行要求持卡人归还应付款项的最后日期，在这之前还款都免息。

（四）信用卡的相关费用

1.年费

信用卡年费是指持卡人每年需要向银行缴纳的一定费用，以获得信用卡的使用权。信用卡年费从数十元到数千元不等，取决于信用卡类型、额度、发卡银行等因素。银行一般规定刷卡达到一定次数可以免年费，但部分级别较高的信用卡不免年费。

微课2-7

信用卡循环利息

2.循环利息

循环利息是在持卡人未能全额还款时产生的利息。持卡人在到期还款日前偿还全部应付款项有困难的，可按银行规定的最低还款额进行还款，但不能享受免息还款期待遇，需要从消费入账日起计算利息。最低还款额为当期账单总额的5%或10%，列示在当期账单上。

☑ 小知识2-7　　　　　信用卡的循环利息计算公式

$$循环利息 = 本金 \times 万分之五利息 \times 消费记账日到本期还款日的天数 + （本金 - 已还金额） \times 万分之五利息 \times 本期还款日到下期账单日的天数$$

举例说明

李女士的账单日为每月1日，到期还款日为每月20日。李女士4月1日的账单中仅有一笔1 000元人民币的消费交易，记账日为3月15日。当期账单总欠款为1 000元、最低还款额为50元，还款日为4月20日。

循环利息=1 000×0.05%×36（3月15日至4月19日）+（1 000−50）×0.05%×12（4月20日至5月1日）
　　　　=23.7（元）

若李女士在4月20日还款50元，在5月1日账单中循环利息金额为23.7元。

资料来源　佚名. 信用卡最低还款利息的收费标准［EB/OL］.［2013-10-21］. https://www.51credit.com/creditcard/xueyuan/zhishi/187169.shtml.

3.分期利息

分期利息是指持卡人偿还全部应付款项有困难时，选择分期还款时支付的利息部分。信用卡分期期数越多，银行收取的利息也就越多，有的银行分期利息会在首期还款时一次性收取，之后偿还本金即可。

微课2-8

信用卡分期利息

☑ 小知识2-8　　　　信用卡分期的"真实年利率"

信用卡分期利息=分期金额×分期利率×分期期数

举例说明

李女士信用卡账单为1万元，分期年利率为7.2%，选择分6期偿还，信用卡分期利息在首期还款时一次性收取。

信用卡分期利息=10 000×7.2%×6/12=360（元）

随着每一期归还本金，本金在持续减少，信用卡分期利息却不变，按照平均占用银行资金来计算，信用卡真实的年利率达到12.34%。

资料来源　佚名. 信用卡分期要谨慎，小心陷入这几大"坑"［EB/OL］.［2024-09-10］. https://www.sohu.com/a/340068910_120316187.

（五）信用卡的特征

1.能够透支

使用信用卡不需要预存现金，可以在信用卡审批的信用额度内进行透支消费。

2.具有免息还款期

信用卡透支消费，从银行记账日起至到期还款日之间的日期为免息还款期。免息还款期最短20天、最长56天，只要在这段时间向银行偿还相应的消费的金额，银行就不收取利息。

3.具有循环信用

信用卡具有循环信用额度，信用卡消费后可以根据个人财务情况，在每月到期还款日前自行决定还款金额，等还款后信用卡额度就恢复了。

业务实操

业务2-3：受理客户办卡申请

开立信用卡的流程相对借记卡复杂。下面就以信用卡为例，详细介绍信用卡相关的业务流程，便于我们了解综合柜员的工作职责。

步骤一：信用卡办卡申请

年龄在18周岁以上，具备完全民事行为能力，有合法稳定收入，并且信用良好的客户，可以向银行申请办理信用卡。客户可以通过银行官网或者手机银行App在线申请信用卡（如图2-10所示），选择想要申请的信用卡，在线填写完整的个人信息即可完成信用卡办卡申请，还可以在线查询办卡进度。

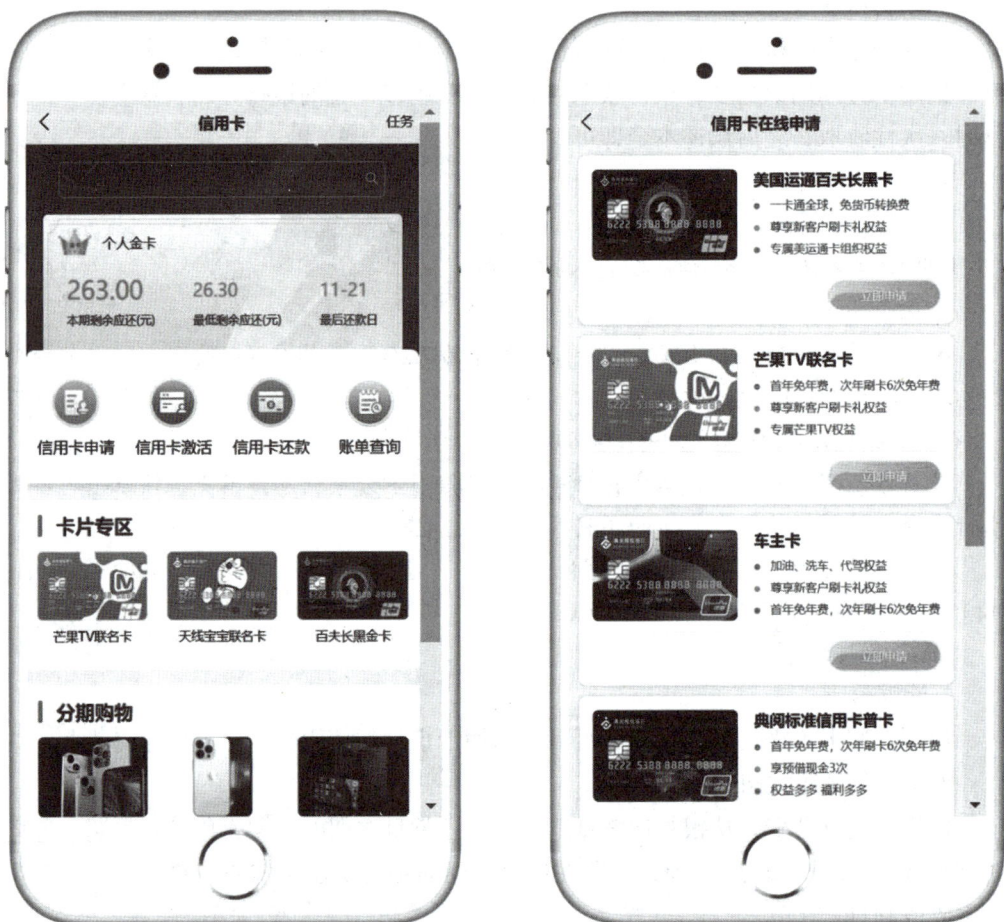

图2-10　信用卡在线申请界面

步骤二：信用卡额度审批

银行在收到个人提交的信用卡办卡申请后，会根据客户的基本情况、信用记录、收入和支出情况、信用卡使用历史等进行综合评估（见表2-1），根据评估结果决定是否审批通过客户的开立信用卡申请。若审批通过，授予客户信用卡额度。一般来说，客户若是首次申请办理信用卡，初始额度不会太高。客户可以在信用卡使用一段时间后，在保持按时还款的前提下，根据自身需要向银行申请提高信用卡额度。

表2-1　　　　　　　　　　　银行信用卡评分体系一览表

项目	描述	得分	项目	描述	得分	项目	描述	得分
住房权利	无房	0分	从业情况	公务员	16分	文化程度	初中及以下	1分
	租房	2分		事业单位、国企	14分		高中	2分
	购房有抵押	10分		股份制企业	10分		大专	4分
	购房无抵押	16分		一般单位	8分		大学本科及以上	5分
	房产价值低于100万元	18分	入职时间	少于6个月	0分	年龄	22周岁以下	-5分
	房产价值高于100万元	24分		半年~2年	3分		22~27周岁	1分
个人年收入所得	10万元以上	24分		2~5年	10分		27~35周岁	14分
	75 001~90 000元	21分		5年以上	18分		35~45周岁	17分
	55 001~75 000元	16分	已持有信用卡数量	无	-4分		45~55周岁	1分
	45 001~55 000元	10分		1~4张	10分		55周岁以上	-3分
	30 001~45 000元	5分		4张以上	-4分	失信情况	无记录	-2分
	低于30 000元	2分	婚姻状况	未婚	0分		未调查	-2分
银行流水	无流水	-8分		离异	0分		一次逾期	-6分
	代发工资	8分		已婚无子女	3分		两次以上逾期	-12分
	有六个月结息	12分		已婚有子女	4分		无任何逾期	18分

业务2-4：引导客户理性透支

步骤一：信用卡开卡激活

信用卡额度审批通过后，银行会进行信用卡制卡，然后将信用卡邮寄给客户。客户对信用卡进行开卡激活，通过信息核实等确保人卡相符。信用卡开卡激活后就可以正常使用信用卡了。

银行提供了多种渠道供客户选择激活信用卡，客户可以选择携带本人身份证到银行柜台激活，可以打信用卡背面的客服电话按照提示激活，也可以通过银行官网或手机银行App进行在线激活等（如图2-11所示）。

图2-11　信用卡激活界面

小思考2-3

江苏消费网舆情监测中心数据显示，2021年下半年，全省关于银行业消费的负面舆情达 65 680 条，其中有关银行开卡服务的相关投诉较为集中。江苏省消费者权益保护委员会在 2022 年采用问卷调查和体验员体验式调查相结合的方式，针对银行开卡服务现状展开调查，并且发布了《银行开卡消费调查报告》。其中，信用卡不激活收取年费、开卡信息泄露等现象是此次调查中发现较多的问题。

那么，申请办理的信用卡未开卡激活应该收取年费吗？

答：信用卡没有激活，就相当于开卡没成功，银行是不能以此为准来向客户收取年费的。信用卡未经同意被激活或未激活收取年费等行为扰乱了市场秩序，严重影响了银行业的健康发展，同时涉嫌侵犯消费者财产安全。

但是，信用卡不激活也有可能被盗刷，未激活的信用卡万一被不法分子或有"心"之人获取，通过窃取信息等手段开卡、激活、复制等，就会让用户蒙受经济损失。如果确实不想使用，还是建议注销信用卡，这样比较安全。

步骤二：信用卡还款规划

在信用卡使用后，就涉及信用卡还款问题，客户可以根据还款金额及自身财务状况选择全额还款、最低额还款或者分期还款。除此之外，为了防止客户忘记还款而导致逾期，银行会在账单日后向客户发送纸质或电子对账单，提醒客户还款总额，也会在到期还款日之前给客户发送还款提示短信。

客户可以通过银行柜台、银行官网、手机银行 App、绑定借记卡自动扣款、第三方渠道等进行信用卡还款（如图 2-12 所示）。其中绑定借记卡自动扣款最方便，其前提是信用卡和借记卡同属一家银行发行，到还款时银行自动从借记卡上扣取还款金额，不用担心还款逾期问题。

图2-12　信用卡账单查询及还款界面

> **小思考2-4**

小张是一名在上海工作的年轻白领，由于生活压力大，他常常需要通过信用卡来应对日常开支。小张的信用卡由上海银行发放，他每个月都按时还款，保持良好的信用记录。由于上个月工作繁忙，小张在还款日的前一天忘记了进行还款操作，导致他延迟还款一天。信用卡还款日晚一天算逾期吗？

答：一般来说，信用卡还款日晚一天不算作逾期，目前大多数银行信用卡都有一定的宽期限，一般是1-3天。不同的银行规定有所不同，且信用卡还款宽限日也不同，具体以发卡银行的规定为准。

逾期还款对个人信用会产生不良影响，为了降低还款逾期的风险，建议开启银行的自动还款服务功能，每个月到期日银行会自动从他的活期账户中扣除应还款项，确保按时还款。

任务实施

根据燕秋白信用卡案例，进行信用卡业务实训操作。

步骤一：信用卡申请

点开任一银行官网，点击"信用卡"栏目，点击"我要办卡"，在线申请信用卡（如图2-13所示）。

微课2-9

信用卡实训操作

图2-13 信用卡申请

步骤二：信用卡额度审批

根据信用卡评分标准，对燕秋白进行综合评分，根据评分结果授予燕秋白信用卡额度（如图2-14所示）。

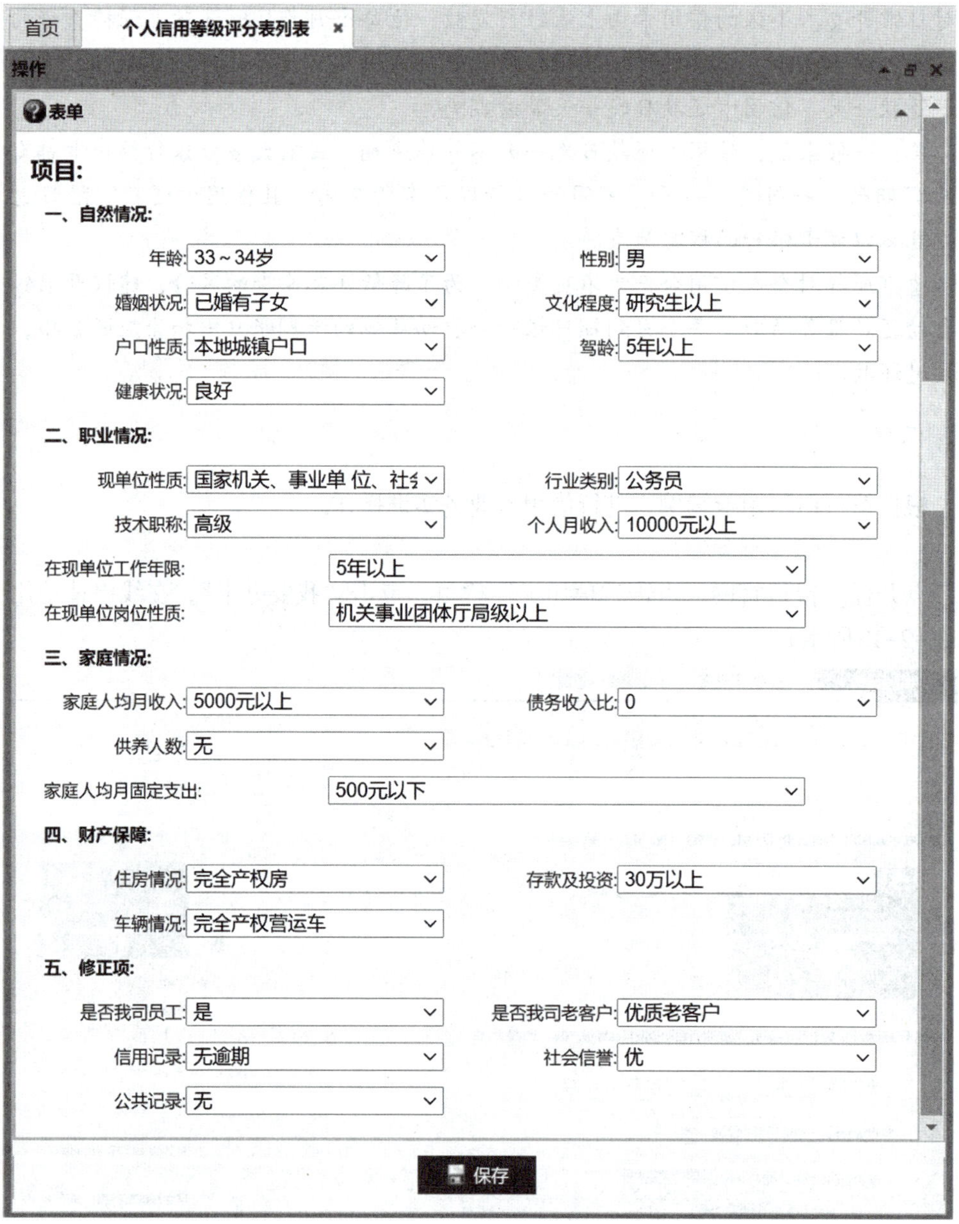

图2-14 客户信用评分

步骤三：信用卡激活

燕秋白收到信用卡后，可以申请办理信用卡激活业务（如图2-15所示），并绑定本人借记卡进行自动扣款（如图2-16所示）。

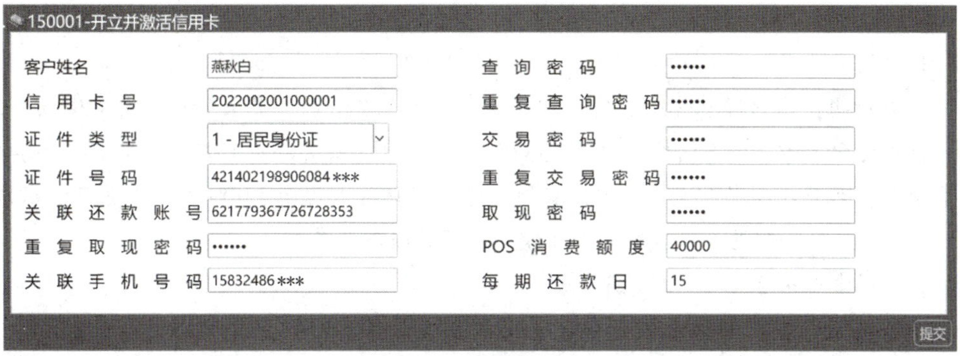

图2-15 开立并激活信用卡

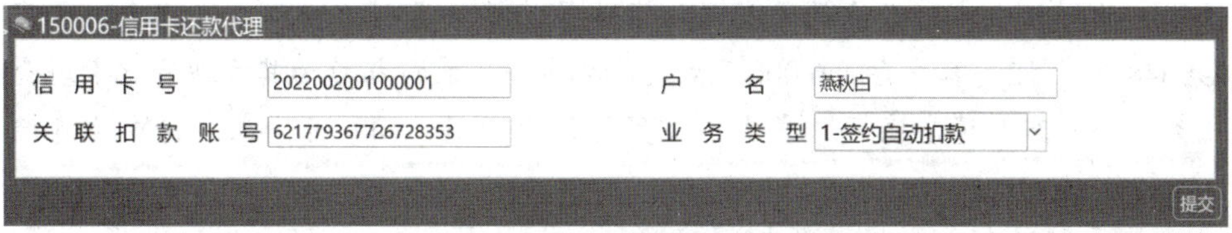

图2-16 信用卡绑定借记卡自动扣款

步骤四：信用卡还款

燕秋白通过核对电子对账单，查询信用卡使用明细，可以选择柜面还款（如图2-17所示），也可以通过绑定的借记卡自动扣款。

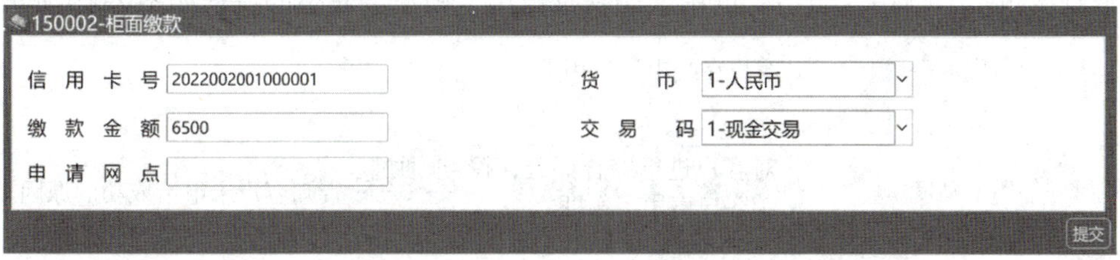

图2-17 信用卡柜面还款

步骤五：信用卡销户

若燕秋白不再使用该信用卡，可以申请对信用卡进行销户（如图2-18所示）。

图2-18 信用卡销户

【岗位说明】

综合柜员要根据客户的现金需求、信用状况、收入与支出情况，对客户进行信用卡营销，介绍信用卡的优惠权益、办理流程等，并向客户做好信用卡相关费用的解答工作，引导客户正确使用信用卡、理性透支、按时还款。

【赛题测试 2-2】

1.信用卡业务 1

任务说明：客户邢萦怀来我行办理贷记卡相关业务。（1）开立贷记卡并且激活，贷记卡等级为白金卡，POS消费额度为158 000元，每月9日为还款日，关联账号为其借记卡账号。客户手机号码为15589428***。（2）客户存入现金5 900元到其贷记卡账户。（3）客户为了安全起见，来我行办理撤销自扣还款服务业务。

2.信用卡业务 2

任务说明：客户邹让来我行办理贷记卡相关业务。（1）开立贷记卡并且激活，贷记卡等级为金卡，POS消费额度为90 000元，每月15日为还款日，激活时关联的存款账户为邹让在我行开立的Ⅰ类借记卡账号，签印类别为密码。客户手机号码为13698648***。（2）客户存入6 000元到其贷记卡中，我行柜员为其办理贷记卡现金存款业务。（3）客户遗忘密码，来我行重置贷记卡密码。（4）客户来我行申请贷记卡销户。

资料来源　2023年全国智慧金融技能大赛题库。

任务小结

本任务以信用卡为例，详细介绍了信用卡业务的办理流程，包括信用卡申请、信用卡额度审批、信用卡激活、信用卡还款及信用卡销户。完整的流程如图2-19所示。

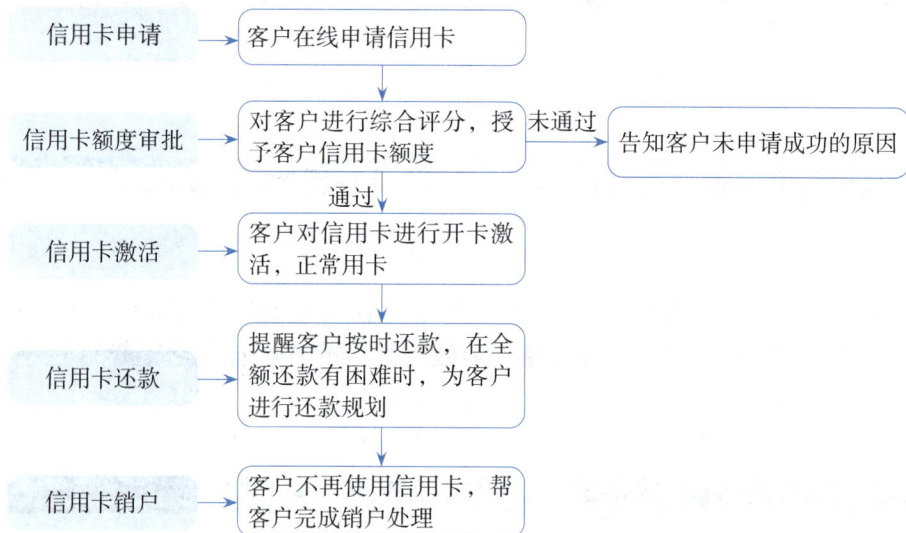

图2-19　信用卡业务操作流程

任务三 熟悉支付结算业务

任务导入

2023 年 11 月 30 日，广州市五环彩印有限公司财务人员来银行开立公司结算账户，并申请开立银行承兑汇票用于支付广州金峰纸业进出口有限公司的货款。

作为一名银行综合柜员，请思考如何帮助公司选择合适的支付结算工具用于日常款项支付？在支付结算业务操作过程中如何做到专业胜任、帮助公司便捷支付？

银行承兑汇票由银行在指定日期无条件兑付，相当于无形中提高了票据信誉，所以成为企业赊销时首选的付款方式。并且，银行承兑汇票可以在票据市场上进行流通。我们需要充分了解支付结算工具的特点及适用对象，熟悉支付结算业务操作，帮助公司实现便捷支付。

知识准备

支付结算工具主要包括银行汇票、商业汇票、银行本票和支票（如图 2-20 所示）。

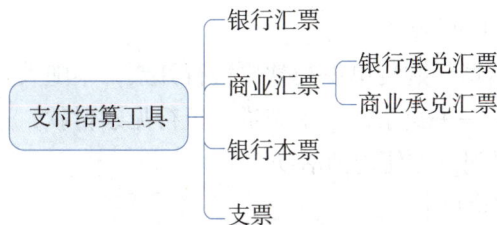

图2-20 支付结算工具类别

一、银行汇票

企业之间进行货款结算的时候，除了经常采用银行转账外，还有一种被普遍采用的结算方式，那就是银行汇票，这种方式在异地结算的时候最为常见。

（一）银行汇票的定义

银行汇票是指由出票银行签发的，由其在见票时按照实际结算金额无条件付给收款人或者持票人的票据（如图 2-21 所示）。

（二）银行汇票的特点

1.适用范围广

银行汇票是目前异地结算中被广泛采用的一种结算方式。这种结算方式不仅适

微课2-10

银行汇票

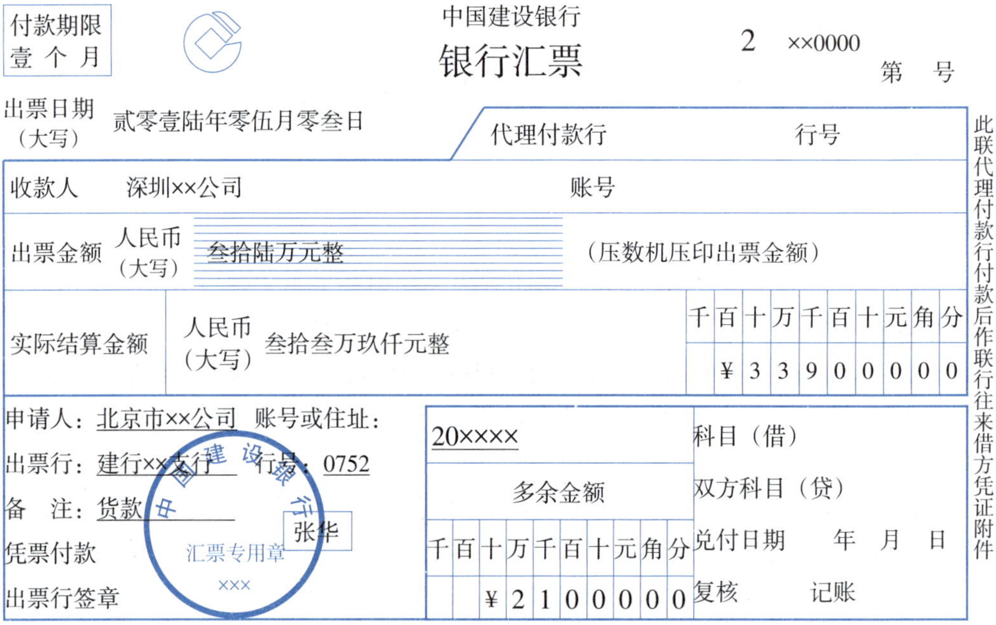

付款期限 壹 个 月		中国建设银行 银行汇票	2　××0000 第　号

出票日期
（大写）　贰零壹陆年零伍月零叁日

代理付款行		行号	

此联代理付款行付款后作联行往来借方凭证附件

收款人	深圳××公司	账号	

出票金额	人民币 （大写）　叁拾陆万元整	（压数机压印出票金额）

实际结算金额	人民币 （大写）　叁拾叁万玖仟元整	千百十万千百十元角分 ￥ 3 3 9 0 0 0 0 0

申请人：北京市××公司　账号或住址：

出票行：建行××支行　行号：0752

备　注：货款

凭票付款

出票行签章

20××××　　　　　　科目（借）
多余金额　　　　双方科目（贷）
千百十万千百十元角分　兑付日期　年　月　日 ￥ 2 1 0 0 0 0 0　复核　　记账

汇票专用章　张华　×××

图2-21　银行汇票票样

用于在银行开户的单位、个体经济户和个人，而且适用于未在银行开立账户的个体经济户和个人。凡是各单位、个体经济户和个人需要在异地进行商品交易、劳务供应和其他经济活动及债权债务的结算，都可以使用银行汇票。并且，银行汇票既可以用于转账结算，也可以支取现金。

2.票随人走，钱货两清

实行银行汇票结算，购货单位交款，银行开票，票随人走；购货单位购货给票，销售单位验票发货，一手交票，一手交货；银行见票付款，这样可以减少结算环节，缩短结算资金在途时间，方便购销活动。

3.信用度高，安全可靠

银行汇票是银行在收到汇款人款项后签发的支付凭证，因而具有较高的信誉，银行保证支付，收款人持有票据，可以安全及时地到银行支取款项。而且，银行内部有一套严密的处理程序和防范措施，只要汇款人和银行认真按照汇票结算的规定办理，汇款就能保证安全。一旦汇票丢失，如果确属现金汇票，汇款人可以向银行办理挂失，填明收款单位和个人，银行可以协助防止款项被他人冒领。

4.使用灵活，适应性强

实行银行汇票结算，持票人可以将汇票背书转让给销货单位，也可以通过银行办理分次支取或转让，另外还可以使用信汇、电汇或重新办理汇票转汇款项，因而有利于购货单位在市场上灵活地采购物资。

5.结算准确，余款自动退回

购货单位一般很难准确确定具体购货金额，因而出现汇多用少的情况是不可避免的。在有些情况下，多余款项往往长时间得不到清算从而给购货单位带来不便和损失。而使用银行汇票结算则不会出现这种情况，单位持银行汇票购货，凡在汇票的汇款金额之内的，可根据实际采购金额办理支付，多余款项将由银行自动退回。这样可以有效地防止交易尾欠的发生。

(三) 银行汇票的要素

1.适用对象

银行汇票的适用对象是有异地结算需要的各类企业。

2.主要当事人

银行汇票结算中涉及的主要当事人包括出票人、收款人和付款人。

出票人是指签发汇票的银行。

收款人是指从银行提取汇票所汇款项的单位和个人，收款人可以是汇款人本身，也可以是与汇款人有商品交易往来或汇款人要与之办理结算的人。

付款人是指负责向收款人支付款项的银行。

3.相关规定

（1）银行汇票一律记名。记名是指在汇票中指定某一特定人为收款人，其他任何人都无权领款；但如果指定收款人以背书方式将领款权转让给其指定的收款人，其指定的收款人有领款权。

（2）银行汇票无起点金额限制。根据《中华人民共和国票据法》和《票据管理实施办法》，中国人民银行总行对银行结算办法进行了全面的修改、完善，形成了《支付结算办法》，取消了银行汇票金额起点500元的限制。

（3）银行汇票的付款期为1个月。从签发日开始，不论月大月小，统一到下月对应日期止的一个月。如果到期日遇例假日可以顺延。逾期的汇票，兑付银行将不予办理。

二、商业汇票

商业汇票结算是指利用商业汇票来办理款项结算的一种银行结算方式。商业汇票是指出票人签发，委托付款人在指定日期无条件支付确定的金额给收款人或者持票人的票据。商业汇票分为商业承兑汇票和银行承兑汇票。

(一) 商业承兑汇票

商业承兑汇票是指由付款人签发并承兑，或由收款人签发交由付款人承兑的汇票（如图2-22所示）。商业承兑汇票由银行以外的付款人承兑。

1.商业承兑汇票的特点

（1）商业承兑汇票可以背书转让。

（2）商业承兑汇票的持票人需要资金时，可持未到期的商业承兑汇票向银行申请贴现。

电子商业承兑汇票

出票日期：2021/10/18　　　　　　　　　　票据状态：票据已结清

汇票到期日 2022/04/18　　　　　　　　　　票据号码：2 104164005279 20211018 05241082 1

出票人	全　称	中铁十二局集团有限公司	收款人	全　称	杭州经天机械设备租赁有限公司
	账　号	146703177935		账　号	1202052709800033702
	开户银行	中国银行股份有限公司太原国际大厦支行		开户银行	中国工商银行股份有限公司杭州城北支行

出票保证信息	保证人名称：	保证人地址：	保证日期：

票据金额	人民币（大写）　肆拾万元整	十亿千百十万千百十元角分 ￥4 0 0 0 0 0 0 0

承兑人信息	全称	中铁十二局集团有限公司	开户行行号	104161005279
	账号	146703177935	开户行名称	中国银行股份有限公司太原国际大厦支行

交易合同号		承兑信息	出票人承诺：本汇票请予以承兑，到期无条件付款
能否转让	可以转让		承兑人承兑：本汇票已经承兑，到期无条件付款
			承兑日期：2021/10/18

承兑保证信息	保证人名称：	保证人地址：	保证日期：

图2-22　商业承兑汇票票样

（3）适用于同城或异地结算。

2.商业承兑汇票的要素

（1）适用对象。商业承兑汇票的适用对象是在银行开立存款账户的法人以及其他组织，与付款人具有真实的委托付款关系，具有良好的商业信用，有支付汇票金额的可靠资金来源。

（2）主要当事人。商业承兑汇票结算中涉及的主要当事人包括出票人、承兑人和收款人。出票人是使用商业承兑汇票付款的企业；承兑人是商业承兑汇票实际付款的企业；收款人是商业承兑汇票实际载明收取汇票金额的企业。

（3）期限。商业承兑汇票的付款期限最长不超过6个月，提示付款期限自汇票到期日起10天。

（4）贴现利率。贴现利率采取在再贴现利率基础上加百分点的方式生成，加点幅度由中国人民银行确定。商业承兑汇票的贴现利率一般要高于银行承兑汇票，但不超过同期限的贷款利率。

（二）银行承兑汇票

银行承兑汇票是指由在承兑银行开立存款账户的存款人签发，向开户银行申请并经银行审查同意承兑的，保证在指定日期无条件支付确定的金额给收款人或持票人的票据（如图2-23所示）。

微课2-11

银行承兑汇票

电子银行承兑汇票

出票日期：2019/07/01　　　　　　　　票据状态：背书待签收

汇票到期日 2022/01/01　　　　　　　　票据号码：1 310456000024 20190701 42680772 8

出票人	全　称	烟台正海科技股份有限公司		收款人	全　称	广东丰瑞科技有限公司											
	账　号	14625015500000080			账　号	2008020619200290568											
	开户银行	上海浦东发展银行股份有限公司烟台开发区支行			开户银行	中国工商银行股份有限公司惠州富力国际中心支行											
出票保证信息	保证人名称：			保证人地址：				保证日期：									
票据金额	人民币（大写）	壹佰壹拾伍万叁仟柒佰零捌元玖角捌分					十亿	千	百	十万	千	百	十元	角	分		
						¥	1	1	5	3	7	0	8	9	8	
承兑人信息	全称	浦发烟台分行			开户行行号	310456000016											
	账号	0			开户行名称	上海浦东发展银行股份有限公司烟台分行											
	交易合同号			承兑信息	出票人承诺：本汇票请予以承兑，到期无条件付款												
	能否转让	可以转让			承兑人承兑：本汇票已经承兑，到期无条件付款												
					承兑日期：2019/07/01												
承兑保证信息	保证人名称：			保证人地址：				保证日期：									
评级信息（由出票人、承兑人自己记载，仅供参考）	出票人	评级主体：		信用等级：			评级到期日：										
	承兑人	评级主体：		信用等级：			评级到期日：										

图2-23　银行承兑汇票票样

1. 银行承兑汇票的特点

（1）信用好，承兑性强。银行承兑汇票经银行承兑到期无条件付款，把企业之间的商业信用转化为银行信用。对企业来说，收到银行承兑汇票，就如同收到了现金。

（2）流通性强，灵活性高。银行承兑汇票可以背书转让，也可以申请贴现，不会占压企业的资金。

（3）节约企业资金成本。对于实力较强、银行比较信得过的企业，只需交纳规定的保证金就能申请开立银行承兑汇票，用以进行正常的购销业务，待付款日期临近时再将资金交付给银行。

2. 银行承兑汇票的要素

（1）适用对象。银行承兑汇票的适用对象是具有真实贸易背景的、有延期付款需求的各类单位。

（2）主要当事人。银行承兑汇票与商业承兑汇票主要当事人只有承兑人不同，银行承兑汇票的承兑人是银行。

（3）期限。银行承兑汇票的付款期限与商业承兑汇票一样，最长不超过6个月。

（4）承兑金额。每张银行承兑汇票票面金额不得超过1 000万元人民币，但对于

AAA级客户，确有业务需求的，商业银行可在当地人民银行规定的单张汇票承兑最高限额范围内办理单张不超过5 000万元人民币的银行承兑汇票。

小思考2-5

A企业是一家食品生产企业，向B企业采购了一批原材料，价值200万元。假设目前A企业账户上只有100万元，但B企业又要求付清全款后才能交付原材料。

通常推荐A企业使用承兑汇票，但是应该选择商业承兑汇票，还是银行承兑汇票呢？两者有哪些区别？

答：（1）承兑主体不同：银行承兑汇票由银行承兑，商业承兑汇票由银行以外的付款人承兑。

（2）信用等级不同：商业承兑汇票和银行承兑汇票的承兑人不同，决定了商业承兑汇票是商业信用，银行承兑汇票是银行信用。在现实交易中，接收票据的一方更偏向选择银行承兑汇票。

（3）风险不同：当承兑人无款支付时，商业承兑汇票会发生支付风险，风险高；银行承兑汇票无支付风险，且可向银行贴现提前获取资金。

（4）流通性不同：商业承兑汇票在信用等级及流通性上低于银行承兑汇票。

（5）汇票到期时处理方式不同：银行承兑汇票到期时，如果购货企业不能足额支付票款，承兑银行按承兑协议，按逾期借款处理，并计收罚息。银行会付款给持票人，可以按期收回货款。商业承兑汇票到期时，如承兑人账户上没有足够的资金，银行不负责付款，由购销双方自行处理。

企业应当结合自身实际情况，选择最适合的承兑汇票类型，以便用承兑汇票顺利完成贸易往来。

三、银行本票

企业之间进行货款结算的时候，除了使用汇票，还可以使用银行本票。银行本票在同一票据交换区域内适用。

（一）银行本票的定义

银行本票是申请人将款项交存银行，由银行签发的承诺自己在见票时无条件支付确定的金额给收款人或者持票人的票据（如图2-24所示）。

（二）银行本票的特点

1.使用方便

我国现行的银行本票使用方便灵活。单位、个体经济户和个人不管其是否在银行开户，他们之间在同城范围内的所有商品交易、劳务供应以及其他款项的结算都可以使用银行本票。收款单位和个人持银行本票可以办理转账结算，也可以支取现金，同样也可以背书转让。

微课2-12

银行本票

中国工商银行北京分行

本票

付款期贰个月	出票日期 （大写）	年 月 日										

收款人											
凭票即付	人民币 （大写）		千	百	十	万	千	百	十	元	角	分
转账	现金		科目（付）_____ 对方科目（付）_____								
备注：		出票行签章	兑付日期 出纳　　　　复核								

图2-24　银行本票票样

2.信誉度高，支付能力强

银行本票由银行签发，并于指定到期日由签发银行无条件支付，因而信誉度很高，一般不存在得不到正常支付的问题。

（三）银行本票的要素

1.适用对象

银行本票的适用对象是在同城范围内的所有商品交易、劳务供应以及其他款项的结算。

2.主要当事人

银行本票结算中涉及的主要当事人包括出票人和收款人。

出票人是指签发本票的银行。

收款人是指从银行收取本票金额的单位或个人。

3.相关规定

（1）银行本票可转账也可提取现金。银行本票可以用于转账，填明"现金"字样的银行本票，也可以用于支取现金，现金银行本票的申请人和收款人均为个人。

（2）银行本票视情况背书转让。银行本票可以背书转让，填明"现金"字样的银行本票不能背书转让。

（3）银行本票的付款期为2个月。从签发之日起到办理兑付之日止的时间为2个月，如果到期日遇例假日可以顺延。逾期的本票，兑付银行将不予办理。

四、支票

支票既可用于同城，也可用于异地的单位和个人之间的各种款项支付。

（一）支票的定义

支票是出票人签发的，委托办理支票存款业务的银行或者其他金融机构在见票时无条件支付确定的金额给收款人或者持票人的票据（如图2-25所示）。

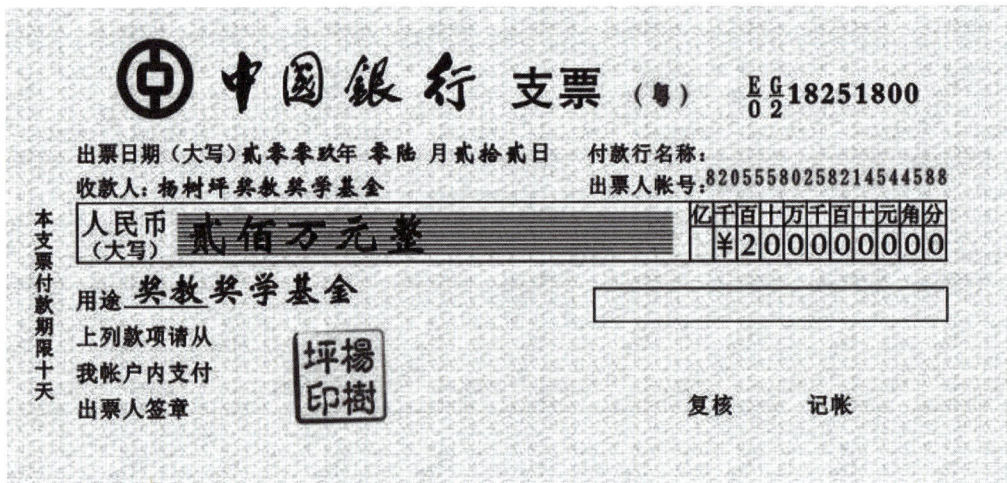

图2-25　支票票样

（二）支票的特点

1.以银行或者其他金融机构作为付款人

支票的付款人必须是有支票存款业务资格的银行或非银行金融机构。

2.见票即付

支票见票即付，无承兑制度。

（三）支票的类型

支票按支付票款的方式不同，分为现金支票、转账支票和普通支票。

1.现金支票

支票上印有"现金"字样的为现金支票。现金支票不得流通转让，只能用于支取现金，不能用于转账。

2.转账支票

支票上印有"转账"字样的为转账支票。转账支票可以流通转让，只能用于转账，不能支取现金。

3.普通支票

支票上未印有"现金"或"转账"字样的为普通支票。普通支票可以用于支取现金，也可以用于转账。在普通支票左上角划两条平行线，为划线支票，划线支票只能用于转账，不得支取现金。

（四）支票的要素

1.适用对象

同城票据交换地区内的单位和个人之间的一切款项结算，均可使用支票。

自 2007 年 6 月 25 日起支票实现了全国通用，异城之间也可使用支票进行支付结算。

2.主要当事人

支票结算中涉及的主要当事人与银行汇票相同，包括出票人、收款人和付款人。但是支票的出票人与银行汇票不同，银行汇票的出票人是银行，支票的出票人是签发支票的单位或个人。

3.相关规定

（1）不能签发空头支票。出票人签发空头支票、印章与银行预留印鉴不符的支票，银行除将支票作退票处理外，还要按票面金额处以 5% 但不低于 1 000 元的罚款。持票人有权要求出票人赔偿支票金额 2% 的赔偿金。

（2）支票视情况背书转让。转账支票可以背书转让，现金支票不得背书转让。

（3）支票的付款期为 10 天。从签发之日起到办理兑付之日止的时间为 10 天，如果到期日遇例假日可以顺延。逾期的支票，兑付银行将不予办理。

（4）支票不得随意涂改。支票签发的日期、大小写金额和收款人名称不得更改，其他内容有误，可以划线更正，并加盖预留银行印鉴之一证明。

业务实操

业务 2-5：受理公司结算申请

银行承兑汇票是支付结算业务中最常见的类别，其业务办理流程相较于其余票据复杂。下面以银行承兑汇票为例，详细介绍其办理流程，了解综合柜员的工作职责。

步骤一：承兑汇票出票申请

若承兑申请客户在银行已经开立了公司结算账户，公司可以直接向银行提出银行承兑汇票的出票申请，填写《银行承兑汇票业务申请书》，主要内容包括申请用途、申请金额、申请期限、收款人名称、汇票到期清偿资金来源等，还需要提供银行所需要的相关资料，包括企业的基本资料及交易合同、增值税发票等相关资料。

若承兑申请客户未在银行开立公司结算账户，公司财务人员可以携带公司营业执照、法定代表人/单位负责人有效身份证件等以公司名义开立公司结算账户，再申请开具银行承兑汇票。

步骤二：承兑汇票审查审核

银行在收到承兑申请客户填写的《银行承兑汇票业务申请书》及承兑申请的相关资料后，进行公司基本情况调查及资料审核，审查公司的信用状况、偿付能力、交易合同是否真实有效、交易合同是否注明"以银行承兑汇票结算"字样等，测算银行承兑的风险敞口，确定公司缴纳的保证金比例。

✅ 小知识2-9 　　　　　　　银行承兑汇票保证金比例要求

在银行开具银行承兑汇票的实际操作中，由于企业在开户银行的信用等级不同，银行要求企业缴纳的银行承兑汇票保证金比例也有所不同：

银行在签发银行承兑汇票时收取的保证金比例原则上不低于70%；

对优质客户保证金比例可适当降低，但最低不得低于50%；

对符合规定的低风险担保客户，可免收银行承兑汇票保证金。

资料来源　佚名. 银行承兑汇票保证金金额［EB/OL］.［2024-08-03］. https：//lvlin.baidu.com/question/2214575044878491268.html.

业务 2-6：出具支付结算票据

步骤一：承兑汇票出票

经审核批准后，银行应承兑申请客户的要求，签订承兑协议，同意为公司进行承兑。承兑申请客户向承兑银行交纳承兑金额0.5‰的手续费，银行出具银行承兑汇票，在银行承兑汇票上盖章、签字，承兑申请客户领取已承兑的银行承兑汇票。

步骤二：承兑汇票流通使用

承兑申请客户持银行承兑汇票与收款人办理款项结算，交付汇票给收款人；收款人可根据交易的需要，将银行承兑汇票背书转让给其债权人；收款人或持票人可根据需要，持银行承兑汇票向银行申请质押或贴现，以获得资金。

┃ 小思考2-6 ┃ ┄┄┄┄┄┄┄┄┄┄┄┄┄┄┄┄┄┄┄┄┄┄┄┄┄┄

由于银行承兑汇票可以通过背书的方式进行转让，所以银行承兑汇票的流通性大大增强了。但是如果不愿意将此票据继续背书流通下去，也可以在银行承兑汇票上记载"不得转让"的字样。

是否因在票据上记载了"不得转让"字样，银行承兑汇票就失去了流通性？

答：要视情况而定，银行承兑汇票出票人在票据正面记载"不得转让"字样的，该银行承兑汇票即失去流通性，即使该票据转让，也不发生票据法上的效力，受让人不享有票据权利。银行不能对此票据进行贴现，持票人也不能据此作质押背书向银行申请质押贷款。

银行承兑汇票背书人在背书栏记载"不得转让"字样的，并不会使票据丧失流通性。它的效力仅在于背书人只对其直接的被背书人承担责任，而对此后的一切当事人，包括以后的被背书人、背书人、最后持票人等不负担保责任。

业务 2-7：票据到期提示付款

步骤一：承兑汇票提示付款

在提示付款期内，收款人或持票人持银行承兑汇票向其开户银行办理委托收款，填写委托收款凭证，将委托收款凭证和相关债务证明一起提交给收款人或持票人的开户行，其开户行负责审查。开户行审查通过后，将委托收款凭证和相关债务证明寄交承兑银行办理委托收款，收取票款。

超过提示付款期的，收款人或持票人的开户行不再受理银行承兑汇票的委托收款，但收款人或持票人可持有关证明文件直接向承兑银行提示付款。

步骤二：承兑汇票到期兑付

承兑银行收到寄来的银行承兑汇票的委托收款凭证后，对相关债务证明及时审核。承兑银行如果对委托收款的款项拒绝付款的，需要自收到委托收款及债务证明的次日起3日内出具拒绝证明连同有关债务证明、凭证寄给被委托银行，转交收款人。

若承兑银行审核后同意付款，及时通知出票人兑付票款。若出票人账户于汇票到期日无款或不足支付的，由承兑银行无条件兑付票款给收款人或持票人，并将出票人尚未支付的汇票金额转入出票人的逾期贷款账户，按每日0.5‰计收利息。

案例分析2-2

现有的电子商业汇票系统（ECDS）是由中国人民银行牵头开发完成的典型的中心化模式的登记和数据交换系统，其他银行或者企业通过直连或网银代理的方式接入，所有的票据承兑、交易、托收等环节都需要在此完成。它不仅是集中式数据存储平台，更是第三方的认证和资源交互平台。

区块链技术结合现有的电子票据模式，产生出一种全新的票据展现形式。区块链去中心化的分布式结构，改变了现有的系统存储和传输结构，建立了更加安全的"多中心"模式。通过时间戳完整反映票据从产生到消亡的过程，具有可追溯历史的特性，这种模式具有全新的连续"背书"机制，真实反映了票据权利的转移过程。

问题：与电子票据相比，数字票据有哪些核心优势呢？

任务实施

下面针对广州市五环彩印有限公司开立银行承兑汇票的案例，进行银行承兑汇票办理实训操作。

步骤一：开立公司保证金账户

首先为广州市五环彩印有限公司建立单位客户档案，录入公司基本信息（如图2-26所示）；其次，为其开立公司结算账户（如图2-27所示）。因开立银行承兑汇票需要缴纳保证金，还需要再开立一个公司保证金账户（如图2-28所示），用来存放开票保证金。

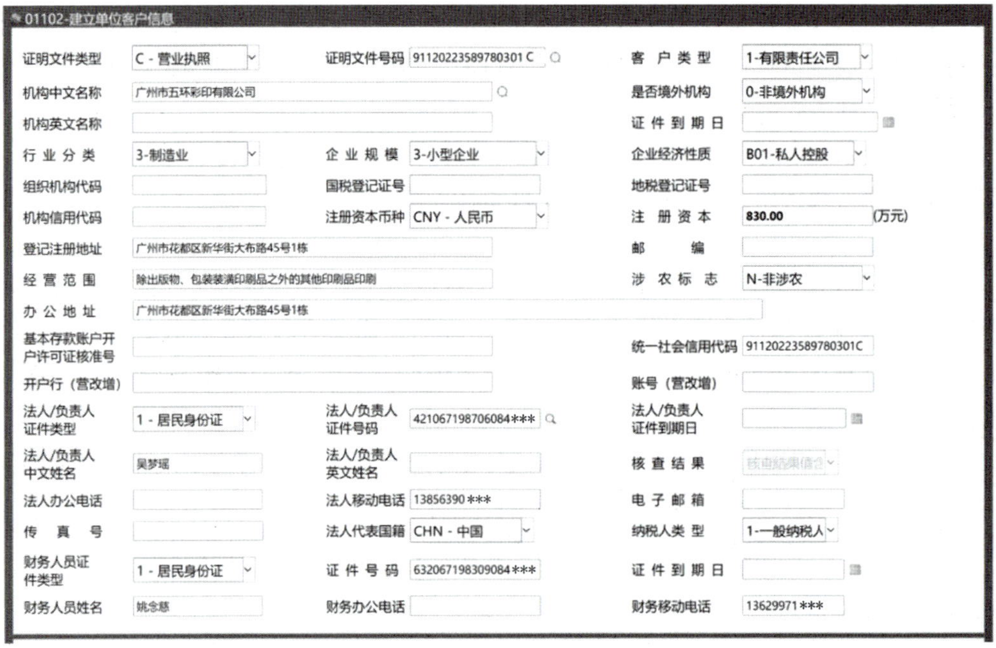

图2-26 录入公司基本信息

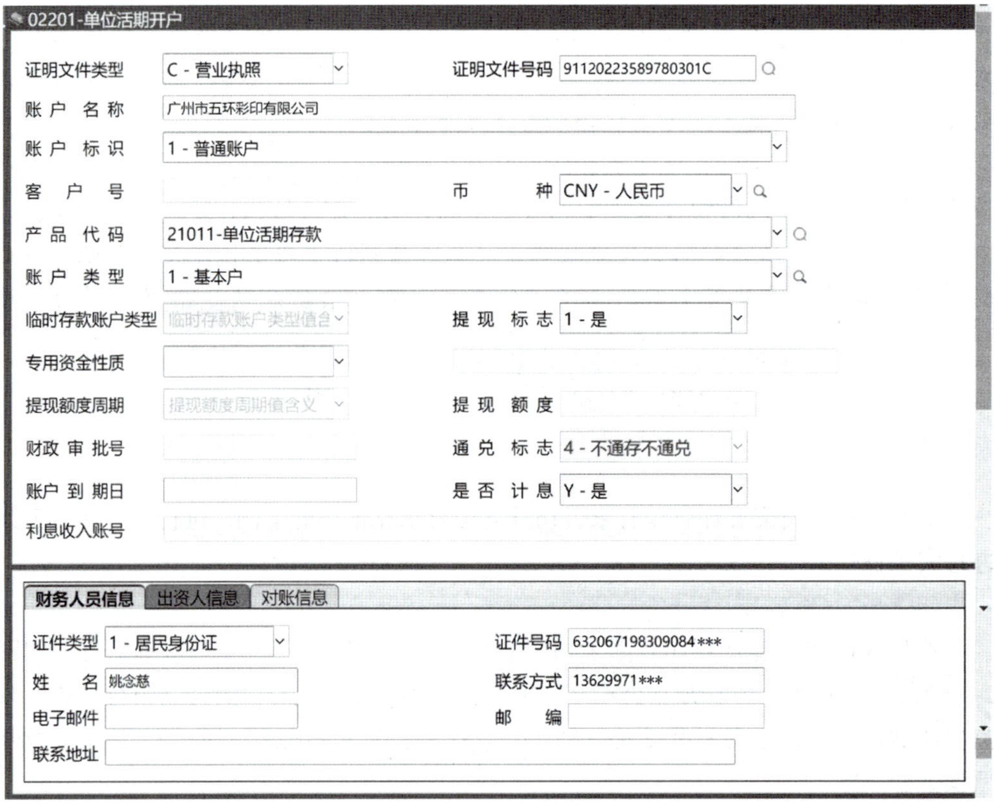

图2-27 开立公司结算账户

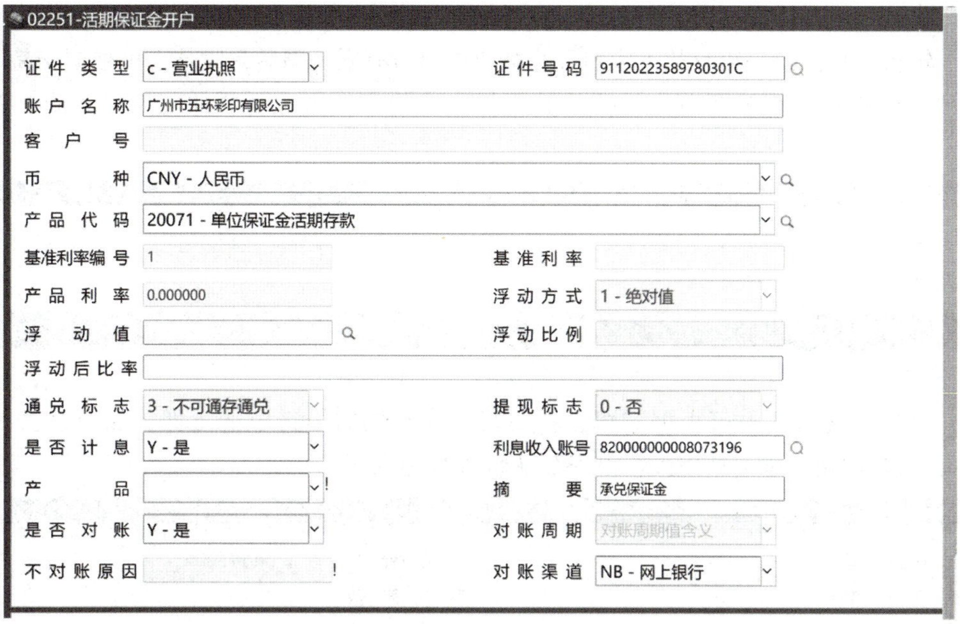

图2-28 开立公司保证金账户

步骤二：出具银行承兑汇票

广州市五环彩印有限公司向银行申请出具银行承兑汇票（如图2-29所示）；银行审核后对银行承兑汇票进行承兑操作（如图2-30所示）。

微课2-14

银行承兑汇票出票实训操作

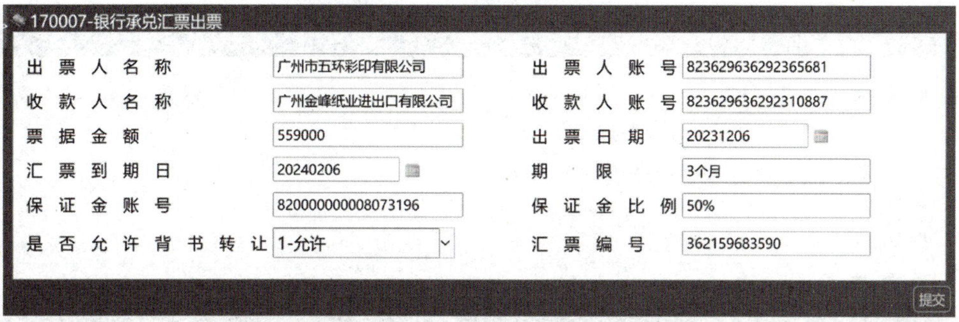

图2-29 出具银行承兑汇票

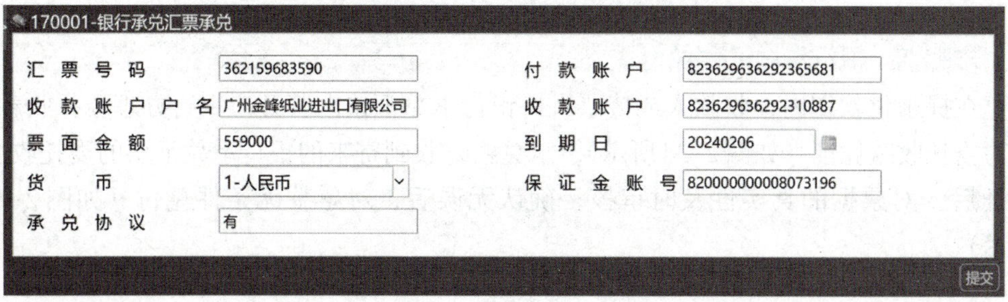

图2-30 银行承兑汇票承兑

步骤三：银行承兑汇票流转

银行承兑汇票交给收款人广州金峰纸业进出口有限公司后，收款人可根据交易的需要，将银行承兑汇票背书转让给其债权人广州市欧冠原材料加工厂（如图2-31所示）。

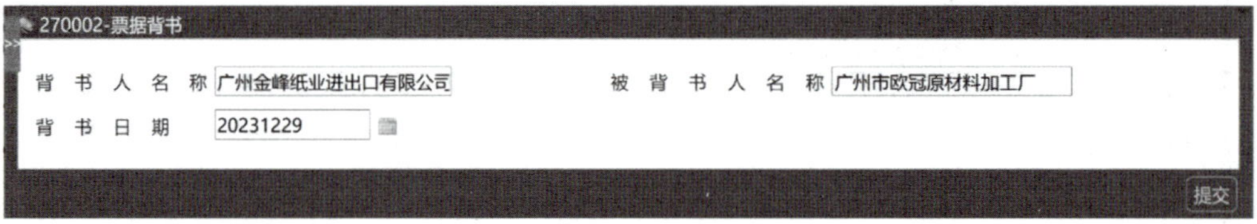

微课2-15

银行承兑汇票流转实训操作

图2-31　银行承兑汇票背书转让

收款人或持票人可根据需要，持银行承兑汇票向银行申请质押（如图2-32所示）；或者向银行申请贴现以获得资金（如图2-33所示）。

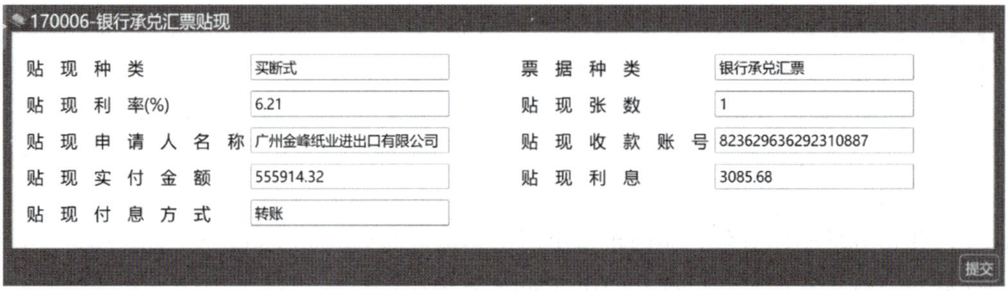

图2-32　银行承兑汇票质押申请

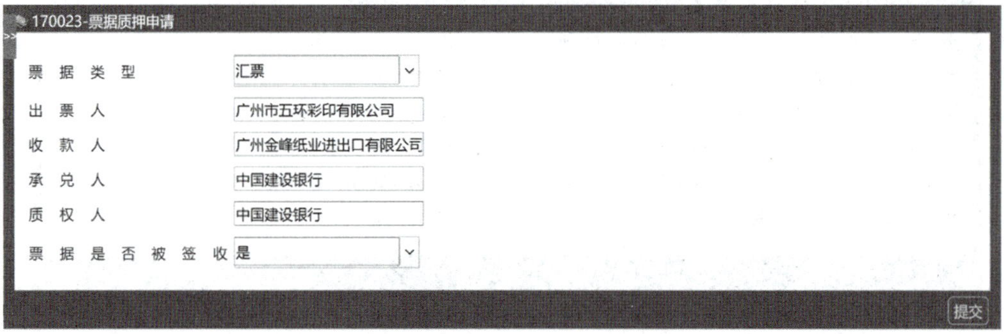

图2-33　银行承兑汇票贴现申请

步骤四：银行承兑汇票兑付

在提示付款期内，收款人或持票人持银行承兑汇票向其开户银行办理委托收款，填写委托收款凭证（如图2-34所示）；承兑银行收到寄来的银行承兑汇票的委托收款凭证后，对票据的真实性及时审核；确认无误后，对票款无条件兑付（如图2-35所示）。

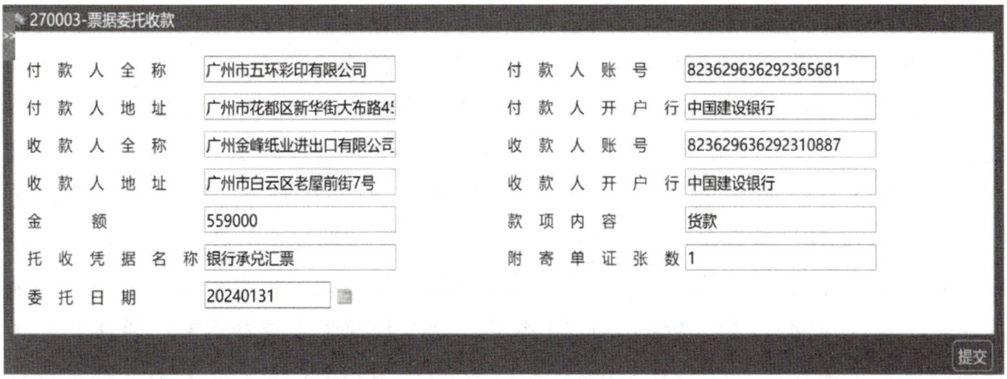

270003-票据委托收款

付款人全称	广州市五环彩印有限公司	付款人账号	823629636292365681
付款人地址	广州市花都区新华街大布路4!	付款人开户行	中国建设银行
收款人全称	广州金峰纸业进出口有限公司	收款人账号	823629636292310887
收款人地址	广州市白云区老屋前街7号	收款人开户行	中国建设银行
金额	559000	款项内容	货款
托收凭据名称	银行承兑汇票	附寄单证张数	1
委托日期	20240131		

提交

图2-34　银行承兑汇票委托收款

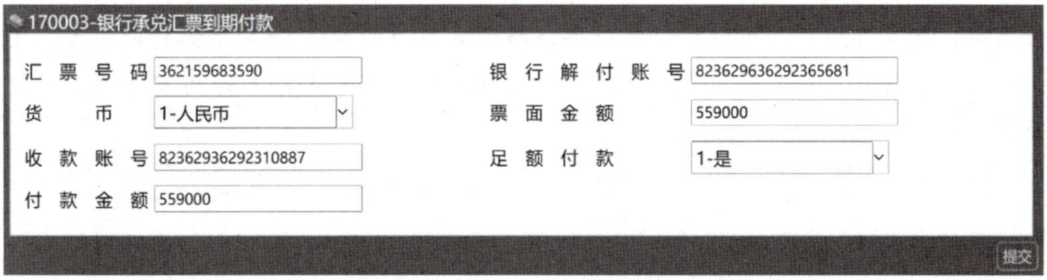

170003-银行承兑汇票到期付款

汇票号码	362159683590	银行解付账号	823629636292365681
货币	1-人民币	票面金额	559000
收款账号	82362936292310887	足额付款	1-是
付款金额	559000		

提交

图2-35　银行承兑汇票到期付款

【岗位说明】

综合柜员要根据客户的支付需求，为客户选择合适的支付结算工具，做好票据出票、背书、流转及提示付款工作，并做好票据及债务证明的审核工作，帮助公司实现便捷支付。

【赛题测试 2-3】

1. 电子商业汇票业务

任务说明：广州繁博文化科技有限公司与我行签约电子商业汇票业务。（1）该公司联系人为周湧胜，联系人手机号码为18126547***；（2）签约完成后，广州繁博文化科技有限公司出票了一张不可再转让的电子商业汇票，票据金额为1 256 000元，期限为1年，承兑人为智盛模拟商业银行股份有限公司，收票人为广州博业家具有限公司，收票人开户行账号为101684000604；（3）持票人来我行办理提示承兑申请业务，交易合同编号为201911080000001，发票号码为20190001，票据已被签收；（4）持票人来我行办理提示收票申请业务，票据已被签收；（5）1个月后，持票人来我行办理提示付款申请，票据申请标识为票据当事人自己签章，票据未被签收；（6）次日，持票人来我行办理回复业务，代理回复标识为票据当事人自己签章，票据被拒绝签收；（7）10天后，持票人持票向付款人进行追索，我行为其办理追索通知业务，追索已被签收；（8）次日，付款人同意付款，票据已被签收，我行柜员为其办理追索同意清偿申请。

2.纸质商业汇票业务

任务说明：现有一张商业承兑汇票纸票需要进行承兑登记业务，出票人为武汉联胜科技有限公司，收款人为武汉兴领航网络技术有限公司，承兑人为武汉联胜科技有限公司。武汉兴领航网络技术有限公司前来办理票据贴现业务。（1）票据金额为 5 000 000 元，期限为 6 个月，承兑日期与出票日期相同，合同号码为 202003160000001，发票号码为 20180002；（2）票据到期前 3 个月，持票人申请贴现，柜员为其进行贴现登记，贴现利率为 5.85‰，登记之后，票据进行放款，放款金额等于贴现余额；（3）票据到期前 1 个月，贴入行因资金周转困难，再次将此张票据贴现给中国人民银行，再贴现利率为 7.85‰；（4）再贴现登记之后的票据进行回购再贴现，以及回购再贴现之后的票据进行转回交易，柜员首先为其办理贴现转出业务，其次办理已转出贴现转回业务，转回类型为回购；（5）票据到期当天，票据进行委托收款之后，柜员进行委托收款登记；（6）因承兑人拒绝付款，票据进行拒付登记。

资料来源　2023年智慧金融技能大赛题库。

任务小结

本任务以银行承兑汇票为例，详细介绍了银行承兑汇票的办理流程，包括银行承兑汇票出票申请、银行承兑汇票承兑审核、银行承兑汇票承兑出票、银行承兑汇票流通使用及银行承兑汇票到期处理。完整的操作流程如图2-36所示。

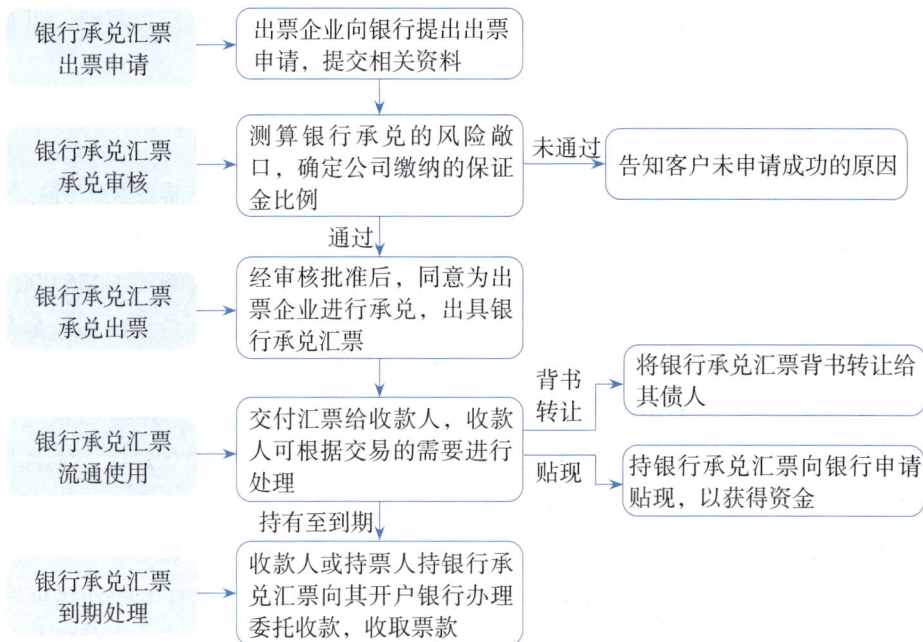

图2-36　银行承兑汇票操作流程

项目总结

综合柜员主要负责为个人及企业做好存款、结算业务。存款是最基本也最重要的金融行为或活动，是银行最重要的信贷资金来源，优质的存款产品、存款营销服务能帮助商业银行吸引客户存款，使银行吸收更多资金，进而增加银行收益；规范的支付结算业务操作流程能帮助客户快速完成商品交易，提升企业运营效率。

项目测试

一、选择题

（一）单项选择题

1.单位通知存款的最低起存金额为（　　　）。

A.人民币20万元

B.人民币50万元

C.人民币30万元

D.人民币25万元

2.根据我国《存款保险条例》，以下说法不正确的是（　　　）。

A.单位与个人存入的本外币存款在保障范围内

B.在同一个银行存款本息50万元以内均能得到全额赔付

C.存款保险的保费由存款人承担

D.所有经银保监会批准的银行均在存款保险范围之内

3.下列关于借记卡的表述，不正确的是（　　　）。

A.不能透支

B.不可以预借现金

C.有存款利息

D.申办须进行资信审查

4.下列有关信用卡说法，不正确的是（　　　）。

A.信用卡是由银行发行的

B.信用卡在规定的透支期限内不支付利息

C.信用卡有"先存款，后消费"的特点

D.我国各发卡行发行的信用卡其存款余额按活期存款计息

5.甲公司向乙银行支付35万元，申请签发银行汇票向丙公司付款。这份汇票的当事人为（　　　）。

A.出票人乙银行、付款人甲公司、收款人丙公司

B.出票人甲公司、付款人甲公司、收款人丙公司

C.出票人乙银行、付款人乙银行、收款人丙公司

D.出票人甲公司、付款人乙银行、收款人丙公司

6.下列关于银行本票的说法中，正确的是（　　）。

A.填明"现金"字样的银行本票可用于支取现金

B.申请人或收款人为个人的，银行不予签发现金银行本票

C.通用性强，灵活方便，使用范围不限

D.银行本票的出票人是经国家金融监管总局批准办理银行本票业务的银行机构

7.根据支付结算法律制度的规定，关于支票的下列表述中，不正确的是（　　）。

A.支票的基本当事人包括出票人、付款人、收款人

B.支票的金额和收款人名称可以由出票人授权补记

C.支票的付款人是出票人的开户银行

D.出票人不得在支票上记载自己为收款人

(二) 多项选择题

1.整存整取定期存款的特点有（　　）。

A.可约定转存

B.可提前支取

C.可质押贷款

D.可流通转让

2.银行、单位、个人办理结算，都必须遵守的结算原则包括（　　）。

A.恪守信用、履约付款

B.谁的钱进谁的账，由谁支配

C.银行不垫款

D.不准出租出借账户

3.支票可以分为（　　）。

A.划线支票

B.现金支票

C.转账支票

D.普通支票

4.（　　）是见票即付的票据。

A.银行承兑汇票

B.银行汇票

C.银行本票

D.支票

5.以下关于银行承兑汇票的说法，正确的有（　　）。

A.在指定日期无条件支付确定的金额给收款人或持票人

B.以真实的商品交易为基础

C.属于银行的表内资产业务

D.出票人为银行

二、判断题

1.实行差别存款准备金率制度可以制约资本充足率不足且资产质量不高的金融机构的贷款扩张。　　　　　　　　　　　　　　　　　　　　　　（　　）

2.居民储蓄存款是商业银行最稳定的资金来源。　　　　　　　　　　（　　）

3.Ⅰ类账户可作为日常消费账户和投资账户使用。　　　　　　　　　（　　）

4.金额较小、消费记账日离最后还款日很近，且能在较短时间内偿还的欠款可采用信用卡分期。　　　　　　　　　　　　　　　　　　　　　　　　（　　）

5.银行承兑汇票属于银行汇票。　　　　　　　　　　　　　　　　　　（　　）

三、思考题

1.阐述大额可转让定期存单的特点。

2.阐述借记卡的功能。

3.阐述银行承兑汇票的特点。

四、案例分析题

银行承兑汇票套利乱象

2024年10月中旬，甲公司用1 000万元购买了期限为6个月的结构性存款，然后以该结构性存款作为质押物，同时提供了与乙公司贸易相关合同资料后，经A银行审核，向乙公司开具了2 000万元的银行承兑汇票。随后，乙公司便将银行承兑汇票背书转让给与付款人在同一城市的丙公司。

11月23日，丙公司作为持票人到当地B银行申请贴现，B银行审查了丙公司与乙公司的购货合同和增值税发票后，当日给予贴现。后经查实，办理银行承兑汇票和票据贴现所提供的购货合同和增值税发票都是假的。甲、乙、丙公司为关联公司，贴现资金最后回流至甲公司。

请问：出票人甲公司进行虚假交易的目的是什么？

项目三　客户经理岗位业务

　　本项目将对商业银行客户经理岗位涉及的主要业务进行详细介绍。客户经理是银行与客户交流的桥梁，在维护客户、挖掘客户潜力、拓展客户、提升客户忠诚度等方面具有重大作用。客户经理主要负责办理客户贷款融资及其他中间业务，并负责维护客户关系，要具备强烈的服务意识、较强的公关能力和能够调动商业银行的各项资源为客户提供全方位、一体化的服务能力。

学习目标

知识目标	1.了解融资产品特点及适用对象； 2.熟悉住房贷款额度的计算方法； 3.熟悉判断偿债能力的财务指标； 4.掌握信贷流程及风险控制措施； 5.了解不良贷款分类及处置方法。
技能目标	1.能够根据客户资金需求，出具住房贷款方案； 2.能够根据公司融资需求，配置合适的融资产品； 3.能够根据公司财务数据，判断公司的偿债能力； 4.能够根据公司信用状况，甄别信贷风险并进行风险控制。
素养目标	1.形成客户经理的工作思维，培养勤勉尽责的职业素养，树立风险意识； 2.自主深入分析借款企业的经营、财务、管理情况，有效控制银行信贷风险。

项目三　客户经理岗位业务

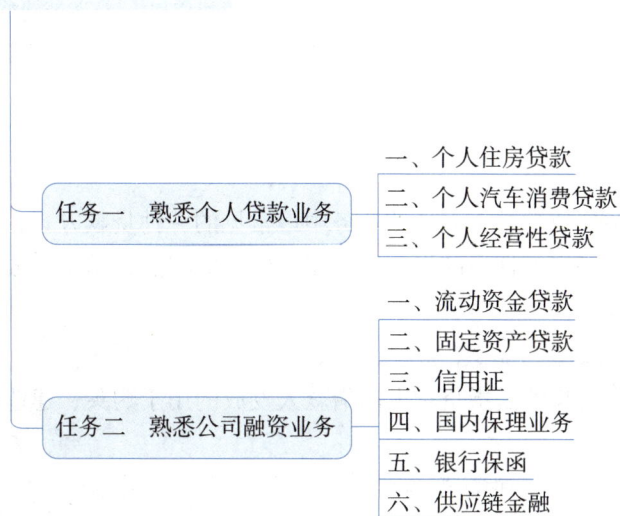

任务一　熟悉个人贷款业务
- 一、个人住房贷款
- 二、个人汽车消费贷款
- 三、个人经营性贷款

任务二　熟悉公司融资业务
- 一、流动资金贷款
- 二、固定资产贷款
- 三、信用证
- 四、国内保理业务
- 五、银行保函
- 六、供应链金融

任务一　熟悉个人贷款业务

任务导入

于政璘在南京已工作四年，准备年底和女朋友订婚。他想在订婚前买套房，房屋建筑面积是114平方米，房屋总价是350万元，首付两成。2023年9月14日，他向银行申请住房抵押贷款。

作为一名银行客户经理，请思考如何帮助个人解决购房资金短缺问题？在贷款业务操作过程中如何做到专业胜任、防范信贷风险？

如今房价居高不下，大部分家庭需要按揭贷款购房，因此，我们需要充分了解房贷的政策规定，以便有效地解决客户在买房过程中遇到的资金短缺问题。为此，我们需要熟练办理个人住房贷款业务，帮助购房家庭实现优居生活。

知识准备

个人贷款业务主要包括个人住房贷款、个人消费贷款及个人经营性贷款（如图3-1所示）。

个人住房贷款业务类别图：

个人贷款业务
- 个人住房贷款
  - 个人住房商业性贷款
  - 个人公积金贷款
  - 个人住房组合贷款
- 个人消费贷款
  - 汽车消费贷款
  - 旅游消费贷款
  - 家庭装修贷款
- 个人经营性贷款

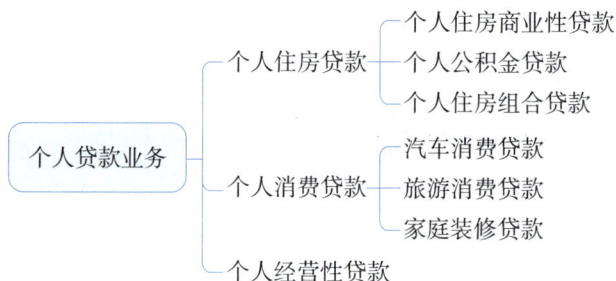

图3-1　个人贷款业务类别

一、个人住房贷款

个人住房贷款是个人贷款业务中最常见的一种贷款方式，具有贷款期限长、贷款金额大、以房产抵押为前提、风险相对较低的特点，是家庭或个人在购买住房时首选的融资方式。

（一）个人住房贷款的定义

个人住房贷款是指贷款人向借款人发放的用于购买、建造和大修理各类型住房的贷款。

（二）个人住房贷款的种类

1.自营性个人住房贷款

自营性个人住房贷款是指商业银行用信贷资金向在中国大陆境内城镇购买、建造、大修理自用普通住房的自然人发放的贷款。

2.个人住房公积金贷款

个人住房公积金贷款是指商业银行接受各地公积金管理中心委托，利用委托人提供的住房资金，根据委托协议向购买、建造、大修理房屋的职工发放的个人住房贷款。

3.个人住房组合贷款

个人住房组合贷款是指按时足额缴存住房公积金的职工在购买、建造、大修理住房时，可以同时申请个人住房公积金贷款和商业性个人住房贷款而形成的特定贷款组合。

（三）个人住房贷款的要素

1.适用对象

个人住房贷款的适用对象是具有完全民事行为能力的中国自然人及在中国大陆有居留权的境外、国外自然人，并且具有良好的信用记录和还款意愿。

申请个人住房公积金贷款的借款人必须符合住房公积金管理部门有关住房公积金贷款的规定。

微课3-1
个人住房公积金贷款

微课3-2
个人住房组合贷款

☑ 小知识3-1　　　　　个人住房公积金贷款的办理条件

借款人应具备的基本条件：

（1）具有本市常住户口或有效居留身份，且有完全民事行为能力；

（2）已连续足额缴存规定时间的住房公积金；

（3）有稳定的经济收入，信用良好，有偿还贷款本息的能力；

（4）有合法有效的购买、大修住房的合同、协议以及贷款行要求提供的其他证明文件；

（5）有当地住房公积金管理部门规定的最低额度以上的自筹资金，并保证用于支付所购（大修）住房的首付款；

（6）有符合要求的资产进行抵押或质押，或（和）有足够代偿能力的法人、其他经济组织或自然人作为保证人；

（7）符合当地住房公积金管理部门规定的其他借款条件。

资料来源　佚名. 申请公积金贷款应具备哪些条件［EB/OL］.［2024-10-19］. https：//www.66law.cn/laws/212873.aspx.

2. 贷款期限

自营性个人住房贷款的期限由银行根据实际情况合理确定，最长期限不超过30年，借款人年龄与贷款期限之和最长不超过75年，且不超过所购住房的剩余使用年限。

个人住房公积金贷款的最长期限不超过30年，且贷款期限不得超过借款人距法定退休年龄的时间。

3. 贷款利率

自营性个人住房贷款的贷款利率自2019年起采用贷款市场报价利率（LPR），各商业银行按照人民银行有关贷款利率管理规定执行存量及新增的首套住房、二套住房的贷款利率。

截至目前，中国人民银行发布了两次住房公积金贷款利率下调的通知。

自2022年10月1日起，下调首套个人住房公积金贷款利率0.15个百分点，5年以下（含5年）和5年以上利率分别调整为2.6%和3.1%。第二套个人住房公积金贷款利率政策保持不变，即5年以下（含5年）和5年以上利率分别不低于3.025%和3.575%。

自2024年5月18日起，下调个人住房公积金贷款利率0.25个百分点，5年以下（含5年）和5年以上首套个人住房公积金贷款利率分别调整为2.35%和2.85%，5年以下（含5年）和5年以上第二套个人住房公积金贷款利率分别调整为不低于2.775%和3.325%。

个人住房组合贷款中，公积金贷款部分按照个人住房公积金贷款利率执行，自营性个人住房贷款部分按照个人住房贷款利率执行。

4. 贷款额度

自营性个人住房贷款的贷款额度最高为所购住房评估价值或交易价格（以两者较低额为准）的80%，若相关监管规定中个人商业住房贷款限额有变化，则从其规定。

个人住房公积金贷款的最高额度按照当地住房公积金管理部门的有关规定执行。

个人住房组合贷款中，个人住房公积金贷款和自营性个人住房贷款合计额度最高为所购住房销售价格或评估价值（以两者较低额为准）的80%。

☑ 小知识3-2　　　　　　　个人住房公积金贷款的额度测算

公积金贷款额度的计算，要根据房价成数、住房公积金账户余额、贷款最高限额和家庭还贷能力四个条件来确定。

按照房价成数计算的贷款额度

根据借款申请人所购住房产权性质不同及是否为二套住房，最低首付款比例是不相同的，首付比例从20%到80%不等，房价的剩余部分可以采取公积金贷款。

计算公式为：贷款额度=房屋价格×贷款成数

按照住房公积金账户余额计算的贷款额度

根据借款申请人在住房公积金中心缴存的账户余额确定贷款额度，由各地住房公积金中心规定不高于借款人、配偶和共同借款人各自住房公积金账户余额的倍数确定的贷款限额。

计算公式为：贷款额度=借款人、配偶和共同借款人住房公积金账户余额的倍数合计数

按照贷款最高限额计算的贷款额度

各地住房公积金中心都规定了贷款最高限额，公积金贷款的贷款额度不能突破这个最高限额。

按照家庭还贷能力计算的贷款额度

借款人、配偶和共同借款人的月还款额（其他债务合并计算）不超过家庭月工资收入的50%~60%。

四个条件算出的最小值就是借款人最高可贷数额。

资料来源　佚名. 公积金贷款能贷多少怎么算［EB/OL］.［2024-08-22］. https://www.64365.com/zs/776311.aspx.

二、个人汽车消费贷款

个人汽车消费贷款是个人贷款业务中较为常见的一种贷款方式，具有贷款期限较短、贷款金额小、手续简便、费率较低的特点，是家庭或个人在买车或换车时首选的融资方式。

（一）个人汽车消费贷款的定义

个人汽车消费贷款是指贷款人向借款人发放购买汽车（自用车或商用车）的贷款业务。自用车是指借款人申请汽车贷款购买的、不以营利为目的的汽车；商用车是指借款人申请汽车贷款购买的、以营利为目的的汽车。

（二）个人汽车消费贷款的要素

1.适用对象

个人汽车消费贷款的适用对象是具有完全民事行为能力的自然人，年龄在18（含）至60（含）周岁之间。外国人以及港澳台居民为借款人的，应在中华人民共和国境内连续居住满一年并有固定居所和职业，并提供一名当地联系人。

2.贷款期限

个人汽车消费贷款的贷款期限根据购置用途不同，贷款期限有所不同。所购车辆为自用车，最长贷款期限不超过5年；所购车辆为商用车，贷款期限不超过3年。

3.贷款利率

个人汽车消费贷款的贷款利率按照人民银行有关贷款利率管理规定执行，不低于相应期限贷款市场报价利率（LPR）。

☑ 小知识3-3　　　汽车分期业务零利率费率低

汽车分期业务是指客户向银行或汽车金融公司申请一定金融的专项分期额度，用以支付商户购买汽车的费用，经过审批后，由银行或汽车金融公司向商户一次性全额垫付客户所需分期支付款项，由客户向银行或汽车金融公司分期支付本金及手续费。汽车分期业务具有一定的优势。

手续简便

汽车分期业务采用纯信用模式，审批较快，免担保、免抵押，手续简便。

费率较低

汽车分期业务不收取利息，各家银行或汽车金融公司会推出手续费打折活动，部分合作车型甚至是"0利息0手续费"。

轻松购车

部分银行或汽车金融公司首付比例最低为净车价的15%，分期还款期限最长可达5年。商户可以实现轻松购车，提前享受有车生活。

分期偿还

汽车分期业务审批通过后本金分期偿还，部分银行或汽车金融公司手续费一次性收取，部分银行或汽车金融公司手续费也可分期偿还。但是若有提前还款的需求，已收取的手续费不予退还。

资料来源　佚名. 汽车分期付款：实用指南与优势分析［EB/OL］.［2023-12-23］. https：//jia-meng.baidu.com/content/detail/315588906250? from=search.

4.贷款额度

由于购置用途不同，个人汽车消费贷款的贷款额度有所差异。所购车辆为自用车，贷款金额不超过所购汽车价格的80%；所购车辆为商用车，贷款金额不超过所购汽车价格的70%，其中，商用载货车贷款金额不得超过所购汽车价格的60%。

三、个人经营性贷款

个人经营性贷款是近年来增长较快的一类贷款业务，符合国家支持小微企业发展的政策，能帮助小微企业主快速获得资金支持，是小微企业主在资金短缺时首选的融资方式。

(一) 个人经营性贷款的定义

个人经营性贷款是指贷款人向从事合法生产经营的小微企业主发放的，用于借款人流动资金周转、购置或更新经营设备、支付租赁经营场所租金、商用房装修等合法生产经营活动的贷款。

(二) 个人经营性贷款的要素

1.适用对象

个人经营性贷款的适用对象是具有完全民事行为能力的中华人民共和国公民，且属于从事合法生产经营的个人独资企业出资人、个人合伙企业合伙人和个体工商户。

2.贷款期限

个人经营性贷款采用一般用款方式的，原则上贷款期限不超过3年；循环类额度期限最高10年，单笔期限不超过1年。

☑ 小知识3-4　　　　循环授信与单笔授信的比较

循环授信的内涵

循环授信是指为方便客户融资，银行给客户审批一个最高额度，在这个最高额度下并在合同有效期内，客户根据资金需要可随时申请银行放款，并且在归还部分借款后还可以重复使用相应的额度。

单笔授信的内涵

单笔授信指的是无法循环使用，贷款审批下来后不能反复支用，贷款到期后需要还款，客户若想继续借款，需要重新进行申请的贷款。

循环授信的优势

(1) 提款次数不受限制：传统单笔授信贷款只能让客户提一次款，即使客户没有全额提出，剩下的额度也是无法使用的。而循环授信类的贷款不会限制用户提款的次数。

(2) 再次提款无须重复审核：通过循环授信的业务模式，仅需要客户首次申请时递交申请资料，再次申请时无须重复审核，简化了贷款申请及审批过程，提高了融资的及时性和方便性。

资料来源　李雄伟. 循环授信与单笔授信有何区别？[EB/OL].［2022-04-25］. https://jiameng.baidu.com/content/detail/315588906250? from=search.

3. 贷款利率

个人经营性贷款的贷款利率按照人民银行有关贷款利率管理规定执行。银行要根据借款人的个人征信报告、纳税情况、抵（质）押物等审批情况在 LPR 的基础上加上一定的基点。

4. 贷款额度

个人经营性贷款的贷款额度由各银行根据贷款风险管理相关原则确定，最高贷款额度不超过 1 000 万元。

业务实操

业务 3-1：出具住房贷款方案

因个人住房贷款是个人贷款业务中最常见的类型，现以个人住房贷款为例，详细介绍个人贷款的业务流程，了解客户经理的工作职责。

步骤一：个人住房贷款申请

在遵循各地房贷政策的前提下，凡是有按揭购房需求且符合贷款基本条件的借款人，即可向银行申请个人住房贷款。

政策聚焦 3-1

关于调整优化差别化住房信贷政策的通知（摘录）

为落实党中央、国务院决策部署，坚持房子是用来住的、不是用来炒的定位，适应我国房地产市场供求关系发生重大变化的新形势，更好满足刚性和改善性住房需求，促进房地产市场平稳健康发展，2023 年 8 月中国人民银行、国家金融监督管理总局决定调整优化差别化住房信贷政策。对于贷款购买商品住房的居民家庭，首套住房商业性个人住房贷款最低首付款比例统一为不低于 20%，二套住房商业性个人住房贷款最低首付款比例统一为不低于 30%。首套住房商业性个人住房贷款利率政策下限按现行规定执行，二套住房商业性个人住房贷款利率政策下限调整为不低于相应期限贷款市场报价利率加 20 个基点。

资料来源　摘自《关于调整优化差别化住房信贷政策的通知》。

政策解读：差别化住房信贷政策调整优化包括两方面内容：一是统一全国商业性个人住房贷款最低首付款比例政策下限。不再区分实施"限购"城市和不实施"限购"城市，首套住房和二套住房商业性个人住房贷款最低首付款比例政策下限统一为不低于 20% 和 30%。二是将二套住房利率政策下限调整为不低于相应期限贷款市场报价利率（LPR）加 20 个基点。首套住房利率政策下限仍为不低于相应期限 LPR 减20 个基点。各地可按照因城施策原则，根据当地房地产市场形势和调控需要，自主确定辖区内首套和二套住房最低首付款比例和利率下限。

借款人提交个人住房贷款申请，提供银行所需的相关资料，包括借款人的基本情况、收入情况、资产状况、首付款证明及个人信用报告（如图3-2、图3-3所示）、购房合同等。

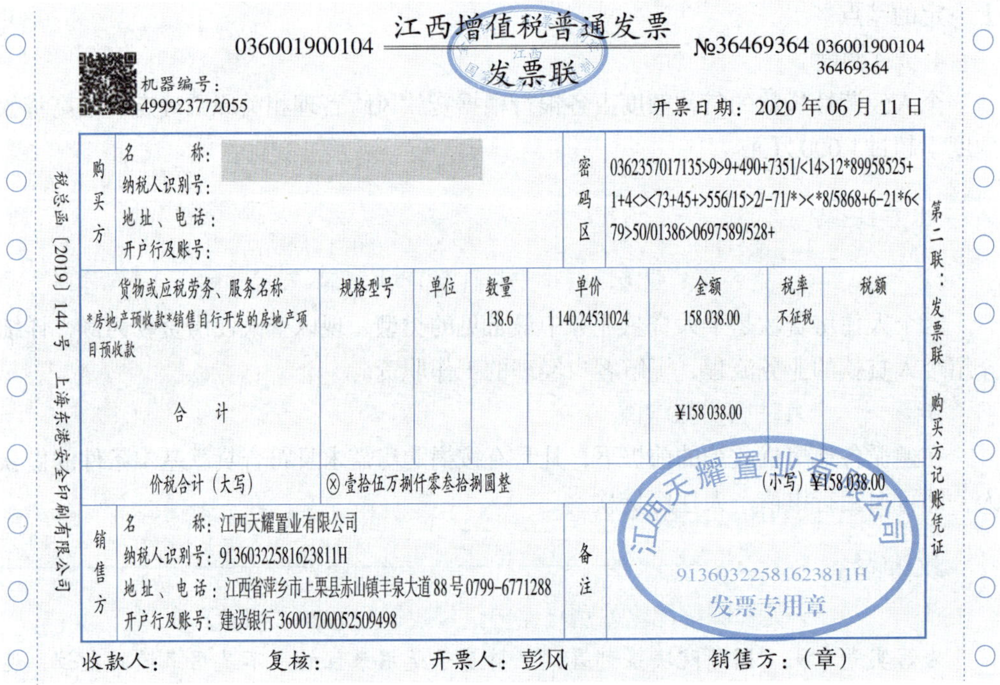

图3-2　借款人的购房首付款发票

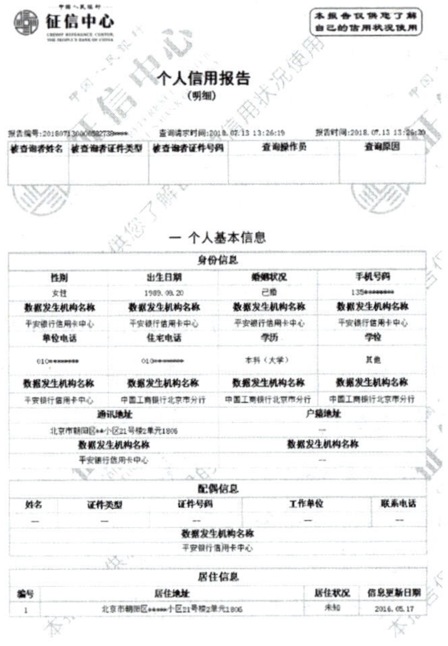

图3-3　借款人的个人征信报告

步骤二：个人住房贷款调查

银行在收到借款人的个人住房贷款申请后，客户经理会进行贷前调查，结合最新住房贷款政策及借款人的信用状况，判断借款人是否满足贷款条件，确定首付比例、贷款方式，出具住房贷款方案。

政策聚焦3-2

关于优化个人住房贷款中住房套数认定标准的通知（摘录）

为贯彻落实党中央、国务院决策部署，坚持房子是用来住的、不是用来炒的定位，因城施策用好政策工具箱，优化个人住房贷款中住房套数认定标准，更好满足居民刚性和改善性住房需求，2023年8月住房城乡建设部、中国人民银行和金融监管总局联合发布《关于优化个人住房贷款中住房套数认定标准的通知》。

居民家庭（包括借款人、配偶及未成年子女，下同）申请贷款购买商品住房时，家庭成员在当地名下无成套住房的，不论是否已利用贷款购买过住房，银行业金融机构均按首套住房执行住房信贷政策。

家庭住房套数由城市政府指定的住房套数查询或认定责任部门，根据居民家庭申请或授权，提供查询服务并出具查询结果或认定证明。

资料来源　摘自《关于优化个人住房贷款中住房套数认定标准的通知》。

政策解读：最受关注的是"认房不认贷"政策措施，认房不认贷是指不论是否曾经有过贷款，只要目前名下没有房产，均可以按首套按揭贷款享受首付比例和利率优惠。从"认房又认贷"到"认房不认贷"，体现出中国房地产市场供求关系的变化，以及政策层面适时调整优化的结果。

若借款人满足贷款条件，客户经理会结合借款人提交的住房贷款申请资料，对借款人的收入情况、财产状况及信用状况进行分析，对首付款证明、购房合同的真实性进行核查，办理房产抵押手续。

业务3-2：应对特殊还贷需求

步骤一：住房借款合同签订

个人住房贷款申请经审查批准后，应按照《中华人民共和国民法典》规定，签订个人住房借款合同。在个人住房借款合同中约定贷款种类、贷款用途、金额、利率、期限、还款方式、还款来源、违约责任等。

个人住房借款合同生效后，银行应按合同规定发放个人住房贷款。在发放贷款时，银行填写放款通知书，包括放款日期、放款金额等信息。借款人应妥善保存放款通知书。

☑️ **小知识3-5**　　　　**等额本金还款法与等额本息还款法的区别**

等额本息还款法是借款人每月按相等的金额偿还贷款本息，等额本金还款法是借款人每月偿还同等数额的本金和剩余贷款在该月所产生的利息。

区别一：月还款额不同

等额本息还款法月还款总额不变，其中利息逐步减少、本金逐步上升；而等额本金还款法月还款总额逐步下降，其中利息减少、本金不变。

区别二：总还款利息不同

等额本金还款法初期月还款额高于等额本息还款法，但是到还款后期有优势，总还款利息低于等额本息还款法。

区别三：适合人群不同

等额本息还款法适合工作年限较短，收入呈上升趋势的家庭，比如单身期、形成期家庭；等额本金还款法适合有一定积蓄，希望减少利息支出的家庭，比如成长期、成熟期家庭。

资料来源　佚名. 等额本金与等额本息有哪些区别［EB/OL］.［2022-09-06］. https: // www.66law.cn/laws/215952.aspx.

步骤二：住房贷款贷后检查

个人住房贷款发放后，客户经理应对借款人的贷款还款情况进行定期检查，判断个人住房贷款是否有逾期或者断供的风险，贷后检查中一旦发现风险预警信号，应当及时处理，尽量减少个人住房贷款的风险损失。

案例分析3-1

近年来，房地产市场受到了严格的监管，加上疫情的影响，许多购房者发现自己所购住房的价格大幅下跌，甚至低于房贷本金，有些楼盘因为房地产开发商资金周转问题，迟迟不能交付。一系列原因导致借款人考虑"弃房断供"。弃房断供意味着借款人不再按照借款合同约定还款，也不向银行支付违约金，这样的行为显然是违约行为，会对借款人的信用造成不良影响。

问题：若因房地产行业低迷导致的客户被动选择"弃房断供"，银行应如何处理逾期贷款？

因个人住房贷款期限较长，借款人会存在提前还贷、变更还贷方式的情况，客户经理也要及时跟进，帮助借款人规划还贷时机，重新计算剩余贷款本息，满足借款人的还贷需求。

┃ **小思考3-1** ┃ ┈┈┈┈┈┈┈┈┈┈┈┈┈┈┈┈┈┈┈┈┈┈

2022年下半年开始，提前还贷成为存量购房者讨论的话题，特别是不少购房者拿到年终奖后，也加入提前还款的队伍中。

"提前还贷"成为网络热搜词，大部分存量购房者想通过提前还贷节省还贷利息，那是不是对所有存量购房者来说，提前还贷都是更好的选择呢？

答：若想通过提前还贷节省还贷利息，选择等额本息还款法比较合理，因为等额本息还款法总还款利息高于等额本金还款法，通过提前还贷节息效果更为明显。但是提前还贷还要关注还贷时机，即使选择了等额本息还款法，若是还款周期已过半后再提前还贷也已经收不到节息效果了。

面对"提前还贷潮"，保持理性最为重要，不要盲目跟风。购房者要根据自己的实际情况，在充分考虑自身收入、未来预期以及贷款利率、期限后，理性谨慎作出提前还贷的决定。

任务实施

根据于政璘按揭购房案例，进行个人住房贷款实训操作。

步骤一：贷款申请

于政璘提交个人住房贷款申请（如图3-4所示），提供银行所需的相关资料。

操作	▲ ▣ ✕
客户申请编号：SQ00051300136	客户姓名：于政璘
申请金额：2800000	贷款利率：4%
贷款基准利率：4.2%	浮动比例：5%
贴息标准：	贴息比例：
申请还款方式：等额本息 ▽	贷款用途：购房
还款来源：工资收入	利率调整方式：浮动
提前还款收费值：	逾期利率：
楼宇名称：星海名城3期	建筑结构：
地址：南京市水佐岗35号星汉城市花园	座别：3栋
单元号：2单元	房号：3205室
建筑面积：114平方米	户型：平层
房产开发商名称：星汉地产	批准建房时间：

保存

图3-4 个人住房贷款申请

步骤二：贷前调查

客户经理查看于政璘的基本信息、贷款申请信息（如图3-5所示），填写贷前调查意见（如图3-6所示）。

微课3-3

个人住房贷
款贷前调查
实训操作

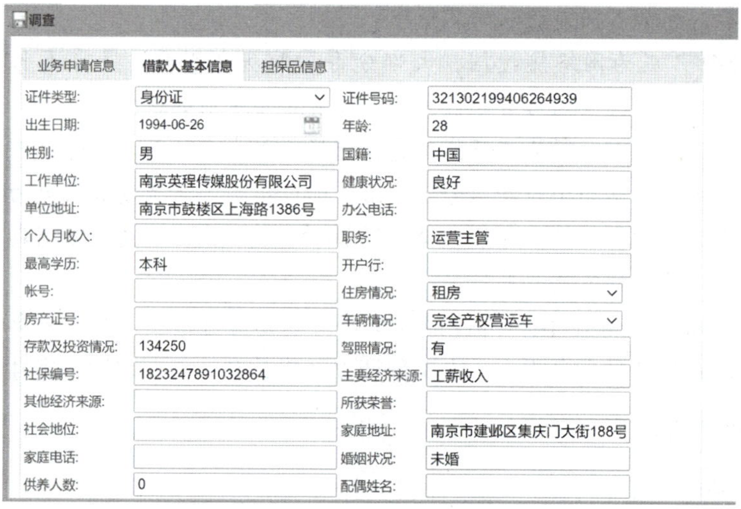

图3-5 借款人的基本信息

图3-6 填写贷前调查意见

步骤三：贷款审查

审查人员查看于政璘的贷款申请信息、基本信息及客户经理提交的调查报告，填写贷款审查意见（如图3-7所示）。

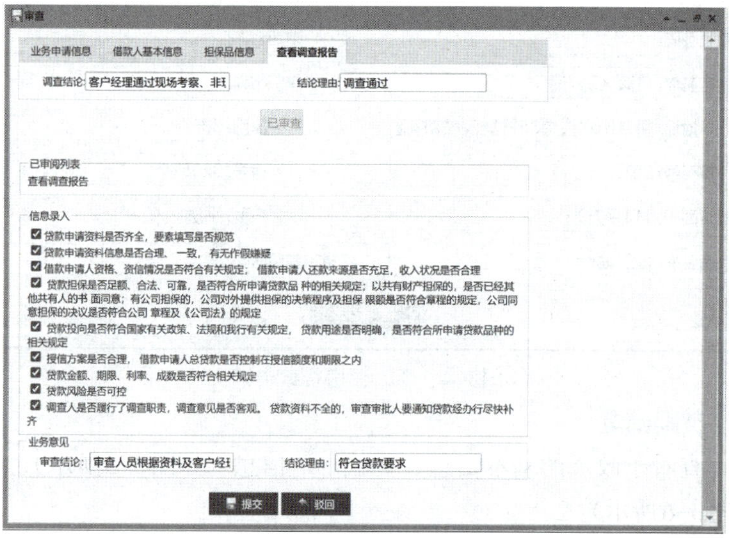

图3-7 填写贷款审查意见

步骤四：贷款审批

审批人员查看于政璘的贷款申请信息、基本信息、贷款调查报告及审查人员提交的审查报告，填写贷款审批意见（如图3-8所示）。

微课3-4

个人住房贷款贷中审批实训操作

图3-8 填写贷款审批意见

步骤五：签订合同

个人住房贷款审批通过后，银行和于政璘签订借款合同（如图3-9所示）。

图3-9 填写借款合同

微课3-5

个人住房贷款放贷实训操作

步骤六：发放贷款

签订借款合同后，发放个人住房贷款，填写放款通知书（如图3-10所示），打印放款通知书（如图3-11所示）。

图3-10 填写放款通知书

银行 **借款借据** 第一联借款回单

借款单位名称	于政璘	放款账号	6217996323000025336
		存款账号	6217996323000025336

借款金额（大写）	贰佰捌拾万元整	千	百	十	万	千	百	十	元	角	分
			2	8	0	0	0	0	0	0	0

约定还款日期	2023 年 10 月 12 日	借款种类	长期周转用	借款合同号码	GRXF00000943
展期到期日期	年 月 日				

借款直接用途	1. 购房	4.	还款记录	年	月	日	还款金额	余额
	2.	5.						
	3.	6.						

根据签订的借款合同和你单位申请借款用途，经审查同意发放上列全额贷款。

（银行转讫盖章）

批准人

年 月 日

银行编号：JJ00002444

立据 年 月 日

此联退交借款单位

微课3-6

个人住房贷款贷后管理操作

图3-11 打印的放款通知书

步骤七：贷后检查

在个人住房贷款发放后，客户经理应定期对于政璘的资信状况及贷款归还情况进行检查，填写贷款用途检查报告（如图3-12所示）。

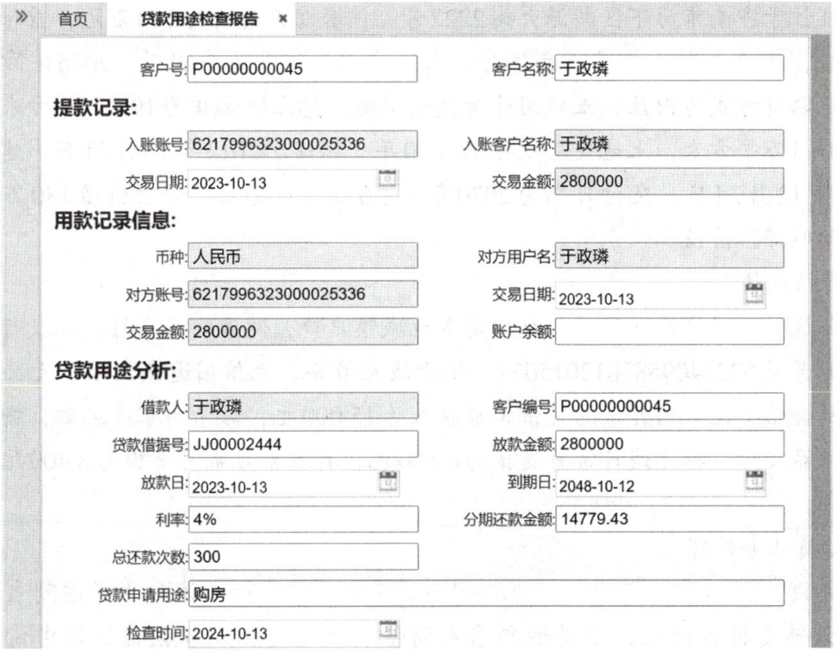

图3-12 填写贷款用途检查报告

【岗位说明】

客户经理认真调查住房贷款申请材料，帮助借款人确定贷款方式，出具住房贷款方案，选择还贷方式，落实住房抵押担保手续，发放贷款后进行定期贷后检查，尽量减少个人住房贷款的风险损失。

【赛题测试3-1】

1.录入客户基本信息

任务说明：客户杨开诚，未婚，高中毕业，健康状况良好，身份证号码为370102198305188***。2000年杨开诚高中毕业后便开始工作，在2010年与合伙人一同创立北方海瑞建材科技股份有限公司，现工作职位是副总经理，工作地址是山东省济南市历下区新泺大街2008号齐鲁软件园，手机号码为13583150***。杨开诚在2001年11月8日考取了驾照，拥有一台按揭轿车，现已还完贷款。杨开诚有60万元即将到期的定期存款，个人月收入为38 000元，社保编号为1875954851203587，主要经济来源是公司分红。杨开诚与父母一起居住于山东省济南市历下区宝利华庭3号楼402号，其父亲杨仁达任职于济南景达生物工程股份有限公司，工作职位为工程师，身份证号码为370102196310166***，手机号码为17850217***。

2.担保品信息录入

任务说明：客户杨开诚先生与父母居住的房子是一套70平方米二室一厅的小居室，现决定在交通方便的地方购买一套大一点的房子供父母居住。杨开诚于2020年6月7日在济南泰悦嘉园房地产开发有限公司购买一套三室两厅房产，面积为112平方米，地址位于济南市历下区新泺大街2222号。该套房产售价为180万元，首付款为售价的30%，房产类型为普通商品住房。土地使用权证号为济国用（2015）第080954号，土地取得方式为出让，土地用途为建设用地，总土地面积为19.9万平方米，建筑面积为16.3万平方米，土地使用权年限为70年，始建于2013年10月11日，建成日期为2017年12月24日，交付日期为2020年3月6日。该套房产评估价值180万元，确认价值按照评估价值。

3. 资信评估

任务说明：客户杨开诚，其户口是本地城镇户口，健康状况良好。在我行已开有账户，账号是6222409587012015054。杨开诚无债务、无信用逾期记录、无公共处罚记录，社会信誉优。杨开诚的父亲工资收入为15 000元，母亲为家庭主妇，杨开诚先生需要供养父母。杨开诚日常月支出为6 500元，其双亲日常月支出为8 400元，现家庭无债务。

4. 信贷业务处理

任务说明：（1）业务申请：2020年6月7日，客户杨开诚先生考虑到自身的存款情况只够支付首付款，于是他与家人商量后决定前往鹏睿模拟银行申请办理个人住房抵押贷款，以购买的房产作为抵押物。贷款期限为8年，贷款基准利率为6%，贷款利率为基准利率上再上浮9%，贷款金额为该套房产支付首付款后剩余部分。首期付款收据号为202006075874，房产证号为鲁房字第0200145207。杨开诚的还款来源于工薪收入。柜面当面审核客户资料，确认无误后，为客户杨开诚办理个人住房抵押贷款业务申请。（2）业务调查：调查人员通过现场考察、非现场的调查资料等手段，认定杨开诚具备主体资格；信用状况符合贷款要求；交易真实。调查通过，结论为符合贷款要求。（3）业务审查：审查人员审查相关资料及调查人员的反馈（所有条件符合贷款要求）。审查通过，结论为符合贷款要求。（4）业务审批：审批人员根据资料及调查、审查人员的书面报告和反馈，决定批准杨开诚的贷款申请，合同起期为2020年6月7日，合同止期为2028年6月6日，按照等额本息还款法还款，执行按基准利率6%，并在基准利率上再上浮9%的固定利率。其他信息可以参照资料。审批结论通过，结论是符合贷款要求。

5. 放贷管理

任务说明：（1）合同登记：根据审批批复书的内容进行录入，2020年6月7日签订合同，期限8年，杨开诚身份证号码为370102198305188***，其银行账号是6222409587012015054，借款用途是房屋贷款，住址是山东省济南市历下区宝利华庭3号楼402号。（2）放贷审核：客户经理交由放贷审核岗审核，审核结论为通过，理由是符合贷款要求。（3）贷款发放：根据系统所给出的内容，进行借据信息录入，贷款发放岗位进行发放。发放结论为通过，理由是符合发放要求。

资料来源 2023年智慧金融技能大赛题库。

任务小结

本任务以个人住房贷款为例，详细介绍了个人住房贷款的办理流程，包括个人住房贷款申请、贷前调查、贷中审批、贷款发放、贷后检查及贷款收回，完整操作流程如图3-13所示。

```
个人住房贷款申请 ──→ 客户提交个人住房贷款申请及贷款相关资料

个人住房贷款调查 ──→ 结合最新住房贷款政策及客户信用状况，判断是否满足住房贷款条件 ──未通过──→ 告知客户原因，退回申请材料
                              │通过
个人住房贷款审批 ──→ 对满足住房贷款条件的客户进行贷款审批 ──未通过──→ 退回客户经理处理
                              │通过
住房借款合同签订 ──→ 借贷双方签订借款合同

个人住房贷款发放 ──→ 填写借款借据，将贷款足额划入开发商账户

住房贷款贷后检查 ──→ 对借款人的贷款还款情况进行定期检查 ──出现断供──→ 客户经理及时处理
                              │没有问题
个人住房贷款收回 ──→ 贷款到期时是否能按期收回 ──否──→ 提前还贷、变更还贷方式
                              │是                              │
                          按期收回贷款            帮助借款人规划还贷时机，重新计算剩余贷款本息
```

图3-13　个人住房贷款操作流程

任务二　熟悉公司融资业务

任务导入

圣业股份有限公司位于辽宁省大连市沙河口区中山路608号，注册资金5 000万

元人民币，主要经营产品是建设经营人造景观等相关旅游服务，属于公共设施管理业。

2023年11月1日，圣业股份有限公司以抵押担保方式申请中期流动资金贷款，期限3年，申请金额是2 000万元人民币，贷款用于扩大经营，还款来源主要为经营收入。公司以自有土地使用权进行抵押，该土地使用权不是共有财产，之前无设定抵押，无租赁，坐落于大连市沙河口区中山路1000号，市场价值是4 000万元人民币。

作为一名银行客户经理，请思考：如何帮助企业解决资金短缺问题？在贷款业务操作过程中如何做到勤勉尽职，防范信贷风险？

企业在扩大经营过程中需要资金支持，为有效地解决公司客户在扩大经营过程中的资金需求问题，银行通常为企业提供中期流动资金贷款。银行客户经理需要熟练掌握流动资金贷款业务，帮助企业解决扩大经营过程中的资金不足问题。

知识准备

公司融资业务主要包括传统贷款融资和贸易金融服务（如图3-14所示）。

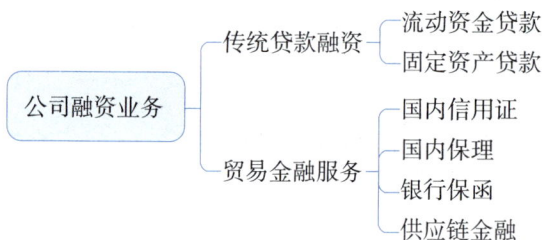

图3-14 公司融资业务类别

一、流动资金贷款

流动资金贷款作为一种高效实用的融资手段，具有贷款期限短、手续简便、周转性较强、融资成本较低的特点，是企业在解决生产经营过程中周转资金不足时首选的融资方式。

（一）流动资金贷款的定义

流动资金贷款是为满足企业在生产经营过程中周转资金需求或临时性资金需要，保证生产经营活动正常进行而发放的贷款。

（二）流动资金贷款的要素

1.适用对象

流动资金贷款的适用对象主要包括生产经营正常、有中短期生产经营周转资金需求的企业。

2.贷款期限

流动资金贷款期限主要根据借款企业的生产经营周期、还款能力，由借贷双方协商确定，一般不超过1年，最长期限不超过3年（含3年）。

3.贷款利率

流动资金贷款利率按照人民银行有关贷款利率管理规定执行。银行要根据借款企业的经营状况、财务状况、银行信誉记录、提供担保物情况等审批情况在LPR的基础上加上一定的基点。

4.贷款额度

流动资金贷款额度应根据企业的流动资金缺口确定，即基于企业日常生产经营所需营运资金与现有流动资金的差额来确定。一般来讲，影响流动资金需求的关键因素为存货（原材料、半成品、产成品）、现金、应收账款和应付账款。同时，流动资金贷款额度还会受到企业所属行业、经营规模、发展阶段、谈判地位等重要因素的影响。

☑ **小知识3-6** **流动资金贷款额度测算**

银行应根据企业当期财务状况和业务发展预测，测算企业的流动资金缺口，从而估算出新增的流动资产贷款额度。

估算企业营运资金量

$$营运资金量 = 上年度销售收入 \times \left(1 - 上年度销售毛利率\right) \times \left(1 + 预计销售收入年增长率\right) / 营运资金周转次数$$

其中：

$$营运资金周转次数 = 360 / \left(存货周转天数 + 应收账款周转天数 - 应付账款周转天数 + 预付账款周转天数 - 预收账款周转天数\right)$$

周转天数=360/周转次数

应收账款周转次数=销售收入/平均应收账款余额

预收账款周转次数=销售收入/平均预收账款余额

存货周转次数=销售成本/平均存货余额

预付账款周转次数=销售成本/平均预付账款余额

应付账款周转次数=销售成本/平均应付账款余额

估算新增的流动资金贷款额度

新增流动资金贷款额度=营运资金量-借款人自有资金-现有流动资金贷款-其他渠道提供的营运资金

资料来源 摘自《流动资金贷款管理办法》。

二、固定资产贷款

固定资产贷款主要用于解决企业在固定资产投资时的资金需求。固定资产再生产活动较一般产品的生产活动具有资金投入大、生产周期长的特点，因此，固定资产贷款的金额较大、期限较长、融资成本较高。

（一）固定资产贷款的定义

固定资产贷款是为企业提供的主要用于与固定资产项目投资相关的基本建设、设备购置、技术改造及其相应配套设施建设的中长期贷款。

（二）固定资产贷款的要素

1.适用对象

固定资产贷款的适用对象主要包括生产经营正常，有固定资产融资需求，且拟投资的固定资产贷款项目符合国家产业政策、信贷政策的企业。

2.贷款期限

固定资产贷款期限主要根据借款企业的项目建设周期、项目建设需要、还款能力，由借贷双方协商确定，一般不超过10年。

3.贷款利率

固定资产贷款利率按照人民银行有关贷款利率管理规定执行。银行要根据借款企业的经营状况、财务状况、银行信誉记录、贷款项目的可行性和综合收益等审批情况在LPR的基础上加上一定的基点。

4.贷款额度

固定资产贷款额度的确定主要取决于贷款项目规模的大小，需要根据贷款项目的可行性和综合收益分析来确定。

（1）贷款项目的可行性主要取决于市场需求、竞争能力及其发展趋势。若市场需求旺盛、竞争能力强、发展趋势好，贷款项目的前景和可行性就越好，资金需求量也越大。

（2）贷款项目的综合收益主要考虑项目运营后的经济效益和社会效益，若经过测算后发现贷款项目运营后产生的经济效益和社会效益明显，贷款项目的回收周期就越短，贷款风险就越小，贷款额度可以适当放宽。

三、信用证

微课3-7

信用证

信用证适用于商品采购、劳务、运输等交易双方结算，客户只需缴纳一定的手续费、保证金，就可取得一笔资金的使用权。使用信用证可以减少客户自身的资金占用，由银行作为承兑人能够让企业信誉大大提高，有利于客户资金融通。因此，信用证成为贸易双方结算时首选的融资方式。

（一）信用证的定义

信用证是指由开证银行依照申请人的申请向受益人开出的有一定金额、在一定期限内凭信用证规定的单据支付款项的书面承诺。信用证具有以下特点：

（1）信用证是一项自足文件。信用证不依附于买卖合同，开证行在审核单据时强调的是信用证与基础贸易相分离的书面形式上的认证。

（2）信用证是纯单据业务。信用证是凭单付款，不以货物为准，只要单据相符，开证行就应无条件付款。

（3）开证银行负首要付款责任。信用证是一种银行信用，开证行对其承担担保责任，对支付有首要付款的责任。

（二）信用证的种类

1.以信用证项下的汇票是否附有货运单据为标准划分

（1）跟单信用证是指凭跟单汇票或仅凭单据付款的信用证。单据指代表货物所有权的单据（如海运提单等）或证明货物已交运的单据（如铁路运单、航空运单、邮包收据）。目前所使用的信用证绝大部分是跟单信用证。

（2）光票信用证是指凭不随附货运单据的光票付款的信用证。银行凭光票信用证付款，也可要求受益人附交一些非货运单据（如发票、垫款清单等）。

2.以开证行所负的责任为标准划分

（1）不可撤销信用证是指信用证一经开出，在有效期内，未经受益人及有关当事人的同意，开证行不能片面修改和撤销，只要受益人提供的单据符合信用证规定，开证行必须履行付款义务。

（2）可撤销信用证是指开证行不必征得受益人或有关当事人同意有权随时撤销的信用证，应在信用证上注明"可撤销"字样。由于可撤销信用证并未使受益人真正得到付款保证，受益人一般不接受可撤销信用证。

3.根据付款时间不同划分

（1）即期信用证是指开证行或付款行收到符合信用证条款的跟单汇票或装运单据后，立即履行付款义务的信用证。

（2）远期信用证是指开证行或付款行收到信用证的单据时，在规定期限内履行付款义务的信用证。

（三）国内信用证的要素

1.适用对象

国内信用证的适用对象主要包括具有真实贸易背景的、有延期付款需求的各类单位。

2.开证期限

远期信用证的有效期一般为3个月或6个月，但不得超过1年。申请人和受益人可以根据实际情况灵活调整信用证的有效期。

3.主要当事人

国内信用证操作中涉及的主要当事人包括开证人、受益人、开证行、通知行及议付行等。

开证人是有付款需求的一方。

受益人是信用证指定的有权使用该证的合法享受人。

开证行是指接受开证人委托，开立信用证的银行。

通知行是指受开证行的委托，将信用证转交或通知受益人的银行。

议付行是指愿意买入受益人交来跟单汇票的银行。

案例分析3-2

国内信用证的操作流程如图3-15所示。

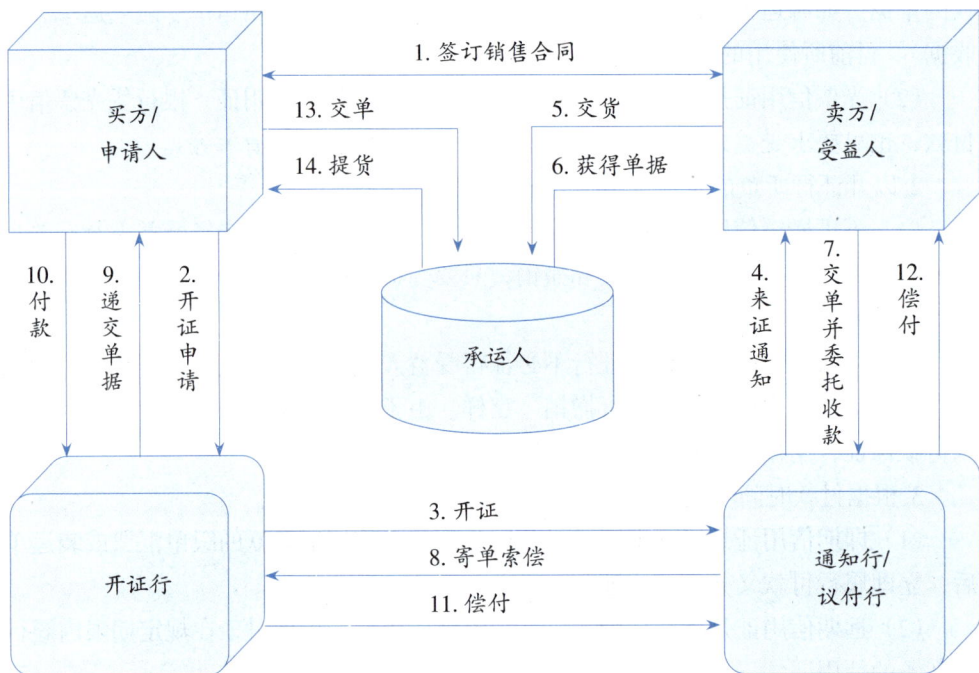

图3-15 国内信用证的操作流程图

问题：若买方恶意涂改或伪造信用证，卖方发假货，都会对买卖双方造成巨大损失，针对上述情况，请问银行应如何处理呢？

四、国内保理业务

国内保理业务是商业贸易中以托收、赊账方式结算货款时，卖方为了强化应收账款管理、增强流动性而采用的一种委托第三方（保理商）管理应收账款的行为。

（一）国内保理业务的定义

国内保理业务是以债权人转让其应收账款为前提，集应收账款催收、管理、坏账担保及融资于一体的综合性金融服务。

（二）国内保理业务的服务类别

债权人将其应收账款转让给银行，由银行向其提供下列服务中至少一项的，即为保理业务。

1.应收账款催收

商业银行根据应收账款账期，主动或应债权人要求，采取电话、函件、上门等方式或运用法律手段等对债务人进行催收。

微课3-8

国内保理业务

2.应收账款管理

商业银行根据债权人的要求，定期或不定期向其提供关于应收账款的回收情况、逾期账款情况、对账单等财务和统计报表，协助其进行应收账款管理。

3.坏账担保

商业银行与债权人签订保理协议后，为债务人核定信用额度，并在核准额度内对债权人无商业纠纷的应收账款提供约定的付款担保。

4.保理融资

以应收账款合法、有效转让为前提的银行融资服务。

（三）国内保理业务的要素

1.适用对象

国内保理业务主要适用于以赊销为付款方式且付款期限不超过180天（含）的货物贸易、服务贸易和工程类业务，适用于在赊销中可能担心债务人的信用风险或流动资金周转困难，希望控制风险、拓展业务的债权人。

2.融资期限

国内保理业务融资期限一般不超过12个月，最长不超过18个月（含1~6个月的宽限期）。

3.融资额度

国内保理业务融资金额根据应收账款的质量、结构和期限按一定的预付比率确定，一般不超过应收账款净值的80%。

4.融资费率

办理国内保理业务的手续费费率的高低取决于交易性质、金额、融资风险和服务内容等，一般为应收账款净额的0.1%~1%。

小思考3-2 ···

某家纺企业在业务往来中遇到了资金周转困难的问题，为了解决这一难题，该企业向银行申请国内保理业务，由银行为其提供应收账款融资服务。

请问：国内保理业务对于买卖双方来说都有哪些好处呢？

答：对于卖方而言，好处体现在以下四个方面：

（1）可以有效缓解营运资金压力，加快资金周转，缩短资金回收期，增强竞争力；

（2）将未到期的应收账款转换为销售收入，可以改善财务报表；

（3）资信调查、账务管理和账款追收等由银行负责，节约管理成本；

（4）成本较低，手续简便，卖方可随时根据买方需要和运输情况发货，把握商机。

对于买方而言，好处体现在以下两个方面：

（1）利用优惠的远期付款条件，加速资金周转，创造更大效益；

（2）节省开立银行承兑汇票、信用证等的费用。

国内保理业务对于企业来说具有重要意义，不仅能够帮助企业解决资金问题，降低财务风险，还能优化企业管理，促进贸易发展。

五、银行保函

微课3-9

银行保函

银行保函又称"银行担保书"，银行应委托人的要求向受益人开出保函，在委托人未能按规定履行其责任和义务时，由担保行代其支付一定金额或作出一定经济赔偿。

（一）银行保函的定义

银行保函是银行应委托人的要求向受益人开出的、保证委托人或被担保人履行与受益人签订的合同项下义务的书面承诺。银行保函具有以下特点：

（1）银行保函具有独立法律效力，虽依据商务合同开出，但开出后不依附于商务合同。

（2）银行保函有银行信用作为保证，容易被合同双方接受。

（二）银行保函的要素

1.适用对象

银行保函适用于卖方向买方作担保的场合，主要适用于工程承包、投标招标、借款贷款等业务。

2.开证期限

银行保函的期限一般是24个月，具体要根据合同的约定来确定。

3.主要当事人

银行保函的当事人主要包括委托人、受益人和担保行。

委托人是要求银行开立保函的一方。

受益人是收到保函并凭此向银行索偿的一方。

担保行是接受申请开立保函的银行。

六、供应链金融

微课3-10

供应链金融

传统贸易金融服务是针对买方或者卖方，与传统贸易金融服务相比，供应链金融是围绕核心企业，对供应链上下游企业提供综合金融服务。

（一）供应链金融的定义

供应链金融是指银行围绕核心企业，以真实贸易背景为前提，运用自偿性贸易融资的方式，通过应收账款质押登记、第三方监管等专业手段封闭资金流或控制物权，为供应链上下游企业提供的综合性金融产品和服务。

（二）供应链金融的类型

1.应收账款融资

应收账款融资是指基于供应链中的上游企业为获取流动性资金，以其与核心企业签订的真实合同产生的应收账款为基础，向银行申请以应收账款为还款来源的融资。

2.预付款融资

预付款融资是指基于供应链的下游企业以其与核心企业签订的真实合同为基础，向银行申请以销售收入为还款来源的融资，由银行向上游企业议付全额货款。

3.仓单融资

仓单融资是指下游企业将购入核心企业的贸易货物进行质押，获得银行融资，用于向核心企业支付货款，同时将质押物转交给具有合法保管存货资格的第三方仓库进行保管。

案例分析3-3

供应链金融依赖的是核心企业的控货能力和调节销售能力，银行出于风控的考虑，仅愿意对核心企业有直接应付账款业务的上游供应商（一级供应商）提供保理业务，或对其下游经销商（一级供应商）提供预付款或者存货融资。这就导致了有巨大融资需求的二级、三级等供应商/经销商的需求得不到满足，供应链金融的业务量受到限制，而中小企业得不到及时的融资容易导致产品质量问题，会伤害整个供应链体系。

区块链综合了P2P网络、共识算法、非对称加密、智能合约等新型技术，具有分布式对等、链式数据块、防伪造和防篡改、可追溯、透明可信和高可靠性的典型特征。

问题：区块链技术在供应链金融场景中应用后，如何解决供应链金融的痛点问题？

业务实操

业务3-3：分析公司融资需求

流动资金贷款是公司融资业务中最常见的类型。以流动资金贷款为例，详细介绍公司贷款的工作流程，了解客户经理的工作职责。

步骤一：流动资金贷款申请

凡是符合流动资金贷款借款条件的企业，在正常经营过程中，因为消耗、存储各类产成品、半成品、生产经营所需的原材料，或者因为季节性原因而需要购买、储存生产经营所需的各类季节性物资等情形出现流动资金需求时，即可向银行申请流动资金贷款。借款企业提交流动资金贷款借款申请，说明贷款用途、借款金额、借款期限、还款资金来源等。

步骤二：企业实地走访面谈

银行在收到借款企业提交的借款申请后，客户经理会到企业进行实地走访调查，与企业实际经营者进行面谈，了解企业的基本情况、经营状况、贷款的实际用途等，并通过实地走访企业相关部门，了解企业的生产情况、销售情况等。通过实地走访调查，分析公司融资的真实需求，判断是否接受借款企业的借款申请，并将上述实地调查情况汇总成面谈记录表（如图3-16所示）。

法 人 贷 款 面 谈 记 录

（适用法人单位贷款或以个人名义贷款而实质用于企业）

一、面谈时间：_____年____月____日

二、面谈地点：_____

三、面谈双方人员：_____

借款单位或担保单位基本情况

公司名称				
公司注册地址				
公司性质	股份有限公司□　有限责任公司□　普通合伙企业□　个体工商户□　其他□			
公司经营范围				
公司注册资本		工商注册登记号		
组织机构代码		税务登记号		
公司股东及主要管理人员				
公司资产总额		公司负债总额		
年销售收入		年经营利润		
法定代表人姓名		性别	年龄	婚姻状况
身份证号码			联系方式	

图3-16　企业贷款面谈记录表

业务3-4：判断公司还款能力

步骤一：还款能力定性分析

通过实地调查后，若客户经理认为可以接受借款企业的借款申请，会要求企业提供贷款所需的相关资料，包括借款企业的基本情况、对外担保情况、企业征信报告（如图3-17所示）和企业实际经营者个人征信报告及企业近三年财务报表（如图3-18所示）等，用于判断借款企业的还款意愿和还款能力，从而判定贷款风险。

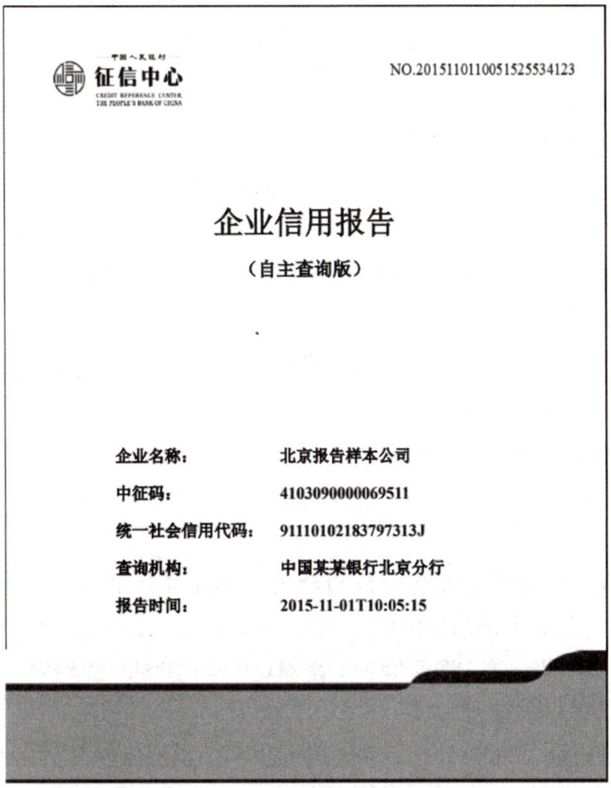
中国人民银行 征信中心 CREDIT REFERENCE CENTER THE PEOPLE'S BANK OF CHINA

NO.2015110110051525534123

企业信用报告

（自主查询版）

企业名称：北京报告样本公司

中征码：4103090000069511

统一社会信用代码：91110102183797313J

查询机构：中国某某银行北京分行

报告时间：2015-11-01T10:05:15

图3-17　借款企业的企业征信报告

资产负债表列表

序号	财务报表类型	会计年份	操作
1	通用财务报表	2018	查看
2	通用财务报表	2017	查看
3	通用财务报表	2016	查看

利润表列表

序号	财务报表类型	会计年份	操作
1	通用财务报表	2018	查看
2	通用财务报表	2017	查看
3	通用财务报表	2016	查看

现金流量表列表

序号	财务报表类型	会计年份	操作
1	通用财务报表	2018	查看
2	通用财务报表	2017	查看
3	通用财务报表	2016	查看

图3-18　借款企业近三年财务报表

银行通常会采用5C信用分析法从借款企业的品格、能力、资本、抵押及条件五个方面进行全面的定性分析，以判断借款企业的还款意愿和还款能力。

小知识3-7　　　　　　　5C信用分析法

1.品格（Character）

品格是指借款企业努力履行其偿债义务的可能性，是评估借款企业信用的首要指标。因而，通常认为品格是信用分析最为重要的因素。

2.能力（Capacity）

能力是指借款企业运用借入资金获取利润并偿还贷款的能力。

3.资本（Capital）

资本是指借款企业的财务实力和财务状况，表明借款企业可能偿还债务的背景。

4.抵押（Collateral）

抵押是指借款企业拒付款项或无力支付款项时能被用作抵押的资产，一旦收不到借款企业的还款，便以抵押品抵补，这是为银行贷款提供一种保护。

5.条件（Condition）

条件是指可能影响借款企业还款能力的内外部经济环境。

资料来源　佚名．信用5C分析法MBA智库百科［EB/OL］．［2019-11-21］．https：//wiki.mbalib.com/wiki/%E4%BF%A1%E7%94%A85C%E5%88%86%E6%9E%90%E6%B3%95.

步骤二：还款能力定量分析

对借款企业进行还款能力分析，判断贷款风险，既要进行定性分析，更要注重定量分析。要在定性分析的基础上，运用财务比率分析等定量分析方法对借款企业的财务状况和还款能力作出准确的估计。

银行通常会通过偿债能力、盈利能力和营运能力三方面指标进行全面的定量分析，据此评判借款企业的还款能力。

（一）偿债能力指标

偿债能力是指企业偿还到期债务的承受能力或保证程度，包括偿还短期债务和长期债务的能力。

1.短期偿债能力

短期偿债能力是指企业以流动资产对流动负债及时足额偿还的保证程度，即企业以流动资产偿还流动负债的能力，反映企业偿付日常到期债务的能力，是衡量借款企业当前财务能力，特别是流动资产变现能力的重要指标。借款企业短期偿债能力的衡量指标主要有流动比率、速动比率和现金比率。

（1）流动比率是流动资产对流动负债的比率，是衡量借款企业短期偿债能力的最常用指标。其计算公式如下：

$$流动比率 = \frac{流动资产}{流动负债}$$

一般来说，流动比率越高，说明借款企业资产的变现能力越强，短期偿债能力亦

越强；反之则弱。一般认为流动比率应在2以上比较合适。

（2）速动比率是速动资产对流动负债的比率。速动资产是企业的流动资产减去存货和预付费用后的余额，主要包括现金、短期投资、应收票据、应收账款等项目。速动比率的计算公式如下：

$$速动比率 = \frac{速动资产}{流动负债}$$

存货的流动性最差，且受残损变质、价格涨落和不易销售等因素的影响，速动比率比流动比率更能够反映借款企业的短期偿债能力。一般认为速动比率应保持在1以上比较合适。

（3）现金比率是现金资产对流动负债的比率。现金资产包括现金及有价证券，现金是指库存现金和银行存款，有价证券是指高流动性的交易性金融资产。现金比率的计算公式如下：

$$现金比率 = \frac{现金 + 有价证券}{流动负债}$$

现金比率越高，说明借款企业即期偿债能力越强。一般认为现金比率应保持在5%以上比较合适。

2. 长期偿债能力

长期偿债能力是指企业偿还长期负债的能力。借款企业长期偿债能力的衡量指标主要有负债比率和偿付比率。

（1）负债比率是借款企业全部负债与全部资金来源的比率，用以表明企业负债占全部资金的比重，具体指标包括资产负债率、产权比率和财务杠杆比率。计算公式如下：

$$资产负债率 = \frac{总负债}{总资产}$$

$$产权比率 = \frac{总负债}{股东权益}$$

$$财务杠杆比率 = \frac{总资产}{股东权益}$$

一般来说，总负债在总资产中占比越低，贷款风险就越小。资产负债率、产权比率、财务杠杆比率越低，借款企业的长期偿债能力就越强。

（2）偿付比率是借款企业支付债务、偿付利息的能力，具体指标包括利息保障倍数和固定费用偿付比率。计算公式如下：

$$利息保障倍数 = \frac{息税前利润}{利息支出}$$

$$固定费用偿付比率 = \frac{息税前利润 + 经营租赁费用}{利息支出 + 经营租赁费用}$$

一般来说，利润越高，借款企业支付贷款利息的能力越强。利息保障倍数、固定费用偿付比率越高，借款企业的长期偿债能力就越强。

微课3-13

长期偿债
能力

(二) 盈利能力指标

盈利能力是指借款企业获取利润的能力,通常表现为一定时期内借款企业收益数额的多少及其水平的高低。借款企业盈利能力的衡量指标主要有销售回报率和投资回报率。

1.销售回报率

销售回报率是测算借款企业从销售额中获取利润的效率指标,具体指标包括毛利率、营业利润率和净利率。计算公式如下:

$$毛利率 = \frac{毛利润}{销售收入}$$

$$营业利润率 = \frac{营业利润}{销售收入}$$

$$净利率 = \frac{净利润}{销售收入}$$

一般来说,利润越高,借款企业销售回报越高。毛利率、营业利润率、净利率越高,借款企业的盈利能力就越强。

2.投资回报率

投资回报率是借款企业通过投资而应得到的经济回报,具体指标包括资本回报率和净资产收益率。资本回报率体现了借款企业每单位资产所赚取的利润,净资产收益率体现了借款企业每单位股东权益所赚取的利润。计算公式如下:

$$资本回报率 = \frac{净利润}{平均总资产}$$

$$净资产收益率 = \frac{净利润}{平均股东权益}$$

☑ 小知识3-8   杜邦分析法

杜邦分析法是利用几种主要的财务比率之间的关系来综合地分析企业的财务状况的方法。

$$净资产收益率 = \frac{净利润}{平均股东权益}$$

$$= \frac{净利润}{总销售额} \times \frac{总销售额}{总资产} \times \frac{总资产}{股东权益}$$

$$= 净利率 \times 资产周转率 \times 财务杠杆比率$$

净资产收益率取决于净利率和资产周转率的高低。

资产周转率反映总资产的周转速度

对资产周转率进行分析,离不开对影响资产周转的各因素进行分析,以判明影响企业资产周转的主要问题在哪里。

净利率反映销售收入的收益水平

扩大销售收入、降低成本费用是提高企业销售利润率的根本途径,而扩大销售,也是提高资产周转率的必要条件和途径。

财务杠杆比率反映企业的负债程度

资产负债率高，财务杠杆比率就大，说明企业负债程度高，企业会有较多的杠杆利益，但风险也高；反之，资产负债率低，财务杠杆比率就小，说明企业负债程度低，企业会有较少的杠杆利益，但相应所承担的风险也低。

资料来源 佚名. 财务数据人一定要懂的分析方法——杜邦分析法〔2023-12-06〕. https：// www.zhihu.com/tardis/bd/art/401308988? source_id=1001.

一般来说，净利润越高，借款企业资本回报率越高。净利润越高，资产周转速度越快，财务杠杆比率越低，借款企业净资产收益率越高。

（三）营运能力指标

营运能力是指借款企业营运资产的效率与效益，企业营运资产的效率主要指资产的周转率或周转速度。借款企业营运能力的衡量指标主要有存货周转率、应收账款周转率、应付账款周转率和总资产周转率。

1.存货周转率

存货周转率是借款企业一定时期销货成本与平均存货余额的比率，用于反映存货的周转速度及管理效率，计算公式包括：

$$存货周转率 = \frac{销售成本}{平均存货额}$$

$$存货周转天数 = \frac{365}{存货周转率}$$

存货周转率反映了存货的出货次数，存货周转天数反映了存货从采购入库到销售出库的时间。存货周转率越高，周转速度越快，借款企业的运营能力越强。

2.应收账款周转率

应收账款周转率是借款企业在一定时期内赊销净收入与平均应收账款余额的比率，用于反映应收账款的周转速度及管理效率，计算公式包括：

$$应收账款周转率 = \frac{赊销额}{平均应收账款}$$

$$应收账款周转天数 = \frac{365}{应收账款周转率}$$

应收账款周转率反映了应收账款的收款次数，应收账款周转天数反映了应收账款从产生到被收回的时间。应收账款周转率越高，周转速度越快，借款企业的运营能力越强。

3.应付账款周转率

应付账款周转率是借款企业在一定时期内赊购额与平均应付账款余额的比率，反映了借款企业应付账款的流动程度，计算公式包括：

$$应付账款周转率 = \frac{赊购额}{平均应付账款}$$

微课3-15

营运能力
指标

$$应付账款周转天数 = \frac{365}{应付账款周转率}$$

应付账款周转率反映了应付账款的偿付次数，应付账款周转天数反映了应付账款从产生到被偿付的时间。应付账款周转率越低，周转速度越慢，借款企业的运营能力越强。

4.总资产周转率

总资产周转率是借款企业一定时期内销售收入净额与平均资产总额的比率，反映了借款企业全部资产的管理质量和利用效率，计算公式包括：

$$总资产周转率 = \frac{销售收入}{平均总资产}$$

$$总资产周转天数 = \frac{365}{总资产周转率}$$

总资产周转率反映了总资产创造收入的效率。总资产周转率越高，周转速度越快，借款企业的运营能力越强。

业务 3-5：办理公司融资业务

步骤一：贷款授信额度审批

在对借款企业的还款能力、贷款风险进行深入细致的调查研究的基础上，客户经理提交贷款申请资料，通过线上系统授信模型或者线下人工审查审批的方式，根据企业的流动资金缺口进行流动资金贷款授信额度审批。

信贷制度 3-1　　　　　　　　授信管理制度

授信管理制度是指银行根据客户资金需求情况、信用程度和偿还能力，核定客户最高综合授信额度，统一控制客户融资风险总量的管理制度。在对借款企业进行尽职调查并授予相应的授信额度后，在授信额度有效期内，只要借款人的授信余额不超过对应业务的授信额度，就可便捷地循环使用银行的短期授信资金，从而满足借款企业对金融服务快捷性和便利性的要求。

资料来源　佚名．授信管理百度百科［EB/OL］．［2024-12-06］．https：//baike.baidu.com/item/授信管理/483865？fr=ge_ala.

制度解读：对满足信贷准入条件的客户申请信贷业务坚持"先评级、后授信、再用信"的原则。在授信决策过程中，授信工作人员要遵循客观、公正的原则，独立发表决策意见，不受任何外部因素的干扰。

信贷制度 3-2　　　　　　审贷分离、分级审批制度

审贷分离制度是指在办理信贷业务过程中，将调查和审查环节进行分离，分别由不同层次机构和不同部门（岗位）承担，以实现相互制约并充分发挥信贷审查人员专业优势的信贷管理制度。具体而言，信贷调查人员负责贷款调查评估，承担调查失误和评估失准的责任；信贷审查人员负责贷款风险的审查，承担审查失误的责任；信贷

检查人员负责贷款发放后的检查和清收，承担检查失误、清收不力的责任。

分级审批制度是指银行应当根据业务量大小、管理水平和贷款风险度确定各级分支机构的审批权限，超过审批权限的贷款，应当报上级审批。

资料来源 摘自《中华人民共和国商业银行法》。

制度解读：审贷分离制度将信贷业务各环节相互分离，使得信贷工作人员相互制约、相互监督，增强贷款决策的科学性，避免决策的盲目性和主观性，减少贷款风险。分级审批制度可以保证银行信贷资产的质量，避免人情贷款、以贷谋私等危及贷款安全的行为。信贷审查人员应按照"审贷分离、分级审批"的贷款审批制度进行贷款审查。

步骤二：企业贷款合同签订

流动资金贷款申请经审查批准后，应按照《中华人民共和国民法典》的规定，签订流动资金贷款借款合同（如图3-19所示）。在流动资金贷款借款合同中约定贷款种类、贷款用途、金额、利率、期限、还款方式、还款来源、违约责任等。

流动资金贷款合同生效后，银行应按合同规定发放流动资金贷款。在发放贷款时，银行填写放款通知书，包括放款日期、放款金额等信息，借款人应妥善保存放款通知书。

商业银行借款合同参考模板

立合同单位：

_____（以下称贷款方）

_____（以下称借款方）

_____（以下称保证方）

为明确责任，恪守信用，特签订本合同，共同信守。

一、贷款种类：

二、借款金额（大写）：

三、借款用途：

四、借款利率：借款利率为月息千分之_____按季收息，利随本清。

如遇国家调整利率，按调整后的规定计算。

五、借款期限：

借款时间自20____年__月__日，至20____年__月__日止。借款实际发放和期限以借据为凭，分次或一次发放和收回，借据应作为合同附件，同本合同具有同等法律效力。

六、还款资金及还款方式：

1.还款资金：_____

2.还款方式：_____

七、保证条款：

图3-19 银行流动资金借款合同

业务3-6：应对不良贷款处置

步骤一：企业贷款贷后检查

流动资金贷款发放后，检查人员应对借款企业的资信情况进行定期检查，填写贷后调查表。检查的主要内容包括借款企业的担保情况、经营状况、财务状况、信用状况、还款意愿有无变动以及借款企业是否按贷款合同规定的用途使用贷款。

贷后检查后要对贷款进行分类，判断贷款是否有逾期风险。按照中国人民银行发布的《商业银行金融资产风险分类办法》，依据借款企业的实际还款能力进行贷款质量的五级分类。

☑ 小知识3-9　　　　　　　五级贷款分类法

1.正常贷款

债务人能够履行合同，没有客观证据表明本金、利息或收益不能按时足额偿付。

2.关注贷款

虽然存在一些可能对履行合同产生不利影响的因素，但债务人目前有能力偿付本金、利息或收益。

3.次级贷款

债务人无法足额偿付本金、利息或收益，或贷款已经发生信用减值。

4.可疑贷款

债务人已经无法足额偿付本金、利息或收益，贷款已发生显著信用减值。

5.损失贷款

在采取所有可能的措施后，只能收回极少部分贷款，或损失全部贷款。

资料来源　摘自《商业银行金融资产风险分类办法》。

步骤二：不良贷款贷后处置

次级贷款、可疑贷款和损失贷款统称为不良贷款，对于已经出现风险信号的不良贷款，银行应采取有效措施尽可能控制风险的扩大，减少风险损失，并对已经产生的风险损失作出妥善处理。不良贷款处置措施包括贷款催收、贷款重组、不良资产证券化、法院诉讼等。在采取了一系列处置措施后仍不能收回的贷款，应进行呆账认定并进行呆账核销。

（一）贷款催收

对于已经到期而未能偿还的贷款，银行要敦促借款企业尽快归还贷款。如借款企业仍未还本付息，或以各种理由为借口拖延还款，银行应主动派人上门催收。必要时，可从企业在银行的账户上扣收贷款。

（二）贷款重组

贷款重组是指在借款企业发生及预见其可能发生财务困难致使其不能按时偿还银行贷款的情况下，银行为维护债权和减少损失，在切实加强风险防范的前提下，与借款企业达成修改贷款偿还条件的协议，对借款企业、担保方式、还款期限、适用利率、还款方式等要素进行调整。

1.贷款展期

借款企业在贷款期间不能按期偿还贷款本金，且符合展期规定的条件，一般情况下，提前30个工作日向贷款银行申请展期。贷款展期不得低于原贷款条件，短期贷款展期不得超过原贷款期限，中期贷款展期不得超过原贷款期限的一半，长期贷款展期最长不得超过3年。

2.借新还旧

借新还旧是指贷款到期（含展期后到期）后不能按时收回，又重新发放贷款用于归还部分或全部原贷款的行为。新贷款仅用于偿还前一笔到期借款，借款企业只需继续向银行支付利息。这相当于给借款企业的前一笔借款予以了延期，而且借款企业不需要支付因借款逾期而产生的较高的利息。

3.追加担保

银行在贷后检查中发现借款企业提供的抵押品或质押物的抵押权益尚未落实，或担保品的价值由于市场价格的波动或市场滞销而降低，由此造成超额押值不充分，或保证人保证资格或能力发生不利变化，可以要求借款企业落实抵押权益或追加担保品。

4.债转股

国家组建金融资产管理公司，收购银行的不良资产，把原来银行与借款企业间的债权、债务关系，转变为金融资产管理公司与借款企业间的股权、产权关系。债权转为股权后，原来的还本付息就转变为按股分红。金融资产管理公司实际上成为借款企业阶段性持股的股东，依法行使股东权利，参与公司重大事务决策，但不参与借款企业的正常生产经营活动。在借款企业经济状况好转以后，通过资产重组、上市、转让或借款企业回购形式回收这笔资金。

（三）不良资产证券化

不良资产证券化是指资产拥有者将一部分流动性较差的资产经过一定的组合，使这组资产具有比较稳定的现金流，再经过提高信用，从而转换为在金融市场上流动的证券的一项技术和过程。

小思考3-3

自2016年不良资产证券化重启以来，信用卡不良资产证券化成为助力金融机构化解表内零售类资产不良压力的热门渠道。中国资产证券化分析网统计表明，2023年有15家银行发行了共计64期基础资产为信用卡贷款的不良资产证券化，发行金额合计165.07亿元，创近5年来新高。

不良资产证券化可以实现银行批量处置不良资产的效果，对银行而言有哪些好处呢?

答:首先,不良资产证券化有利于提高商业银行资产的流动性。通过证券化,可以将流动性较差的不良资产转化为在市场上交易的证券,在不增加负债的前提下,商业银行可以获得一处资金来源,加快银行资产的周转,提高资产的流动性。

其次,不良资产证券化有利于提高商业银行资本充足率。按照《巴塞尔协议》和《商业银行法》的规定,一个稳健经营的商业银行,其资本充足率应不低于8%。将高风险权重的不良资产变为风险权重相对较低的证券,一定程度上能够降低风险资产的比例。

(四)法院诉讼

借款企业不能按期偿还贷款,或经过银行努力催收后仍不能收回贷款本息的,且银行对贷款重组没有信心时,银行可以依靠法律武器追偿贷款。银行应依法处分贷款抵(质)押物,或追究保证人的担保责任,由处分抵(质)押物的收入或保证人的收入归还贷款本息。如果抵(质)押物的收入或保证人的收入仍不足以还贷,银行应当对借款企业或贷款保证人提起诉讼,请求法院予以解决。

(五)呆账核销

在采取了一系列处置措施后仍不能收回的贷款,应进行贷款呆账认定,使用提取的贷款呆账准备金进行呆账核销。

任务实施

根据圣业股份有限公司申请流动资金贷款案例,进行流动资金贷款实训操作。

步骤一:贷款申请

圣业股份有限公司提交流动资金贷款借款申请(如图3-20所示),说明申请金额、贷款种类、贷款用途、还款来源等。

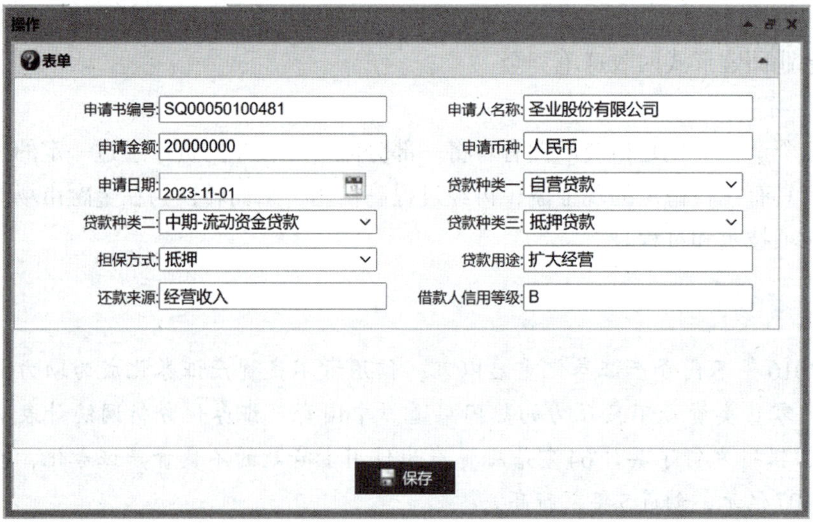

图3-20 流动资金贷款申请

步骤二：财务分析

客户经理根据圣业股份有限公司的财务数据，进行企业财务指标分析，分析企业的偿债能力（如图3-21所示）、营运（运营）能力（如图3-22所示）和盈利（获利）能力（如图3-23所示）。

一、偿债能力指标：

一、流动比率表

流动比率计算表金额 单位:万元

项目	期初数	期末数
流动资产	7493	7509
流动负债	4346	5347
流动比率	172.41%	140.43%

公式：流动比率=流动资产÷流动负债×100（百分比）

一般认为流动比率应在2：1以上,流动比率2：1，表示流动资产是流动负债的两倍，即使流动资产有一半在短期内不能变现，也能保证全部的流动负债得到偿还;

二、速动比率表

速动比率计算表金额 单位:万元

项目	期初数	期末数
流动资产	7493	7509
存货	5512	5359
预付账款	34.88	46.52
一年内到期的非流动资产	71.40	63.34
其他流动资产	75.44	77.97
速动资产	1829.28	1962.17
流动负债	4346	5347
速动比率	42.09%	36.70%

公式：速动比率=速动资产÷流动负债×100（百分比）

其中：速动资产=流动资产-存货-预付账款-一年内到期的非流动资产-其他流动资产

速动比率，是指速动资产对流动负债的比率。它是衡量企业流动资产中可以即变现用于偿还流动负债的能力。速动比率的高低能直接反映企业的短期偿债能力强弱，它是对流动比率的补充，并且比流动比率反映得更

图3-21　借款企业偿债能力分析

二、运营能力指标:

应收账款周转率

应收账款周转率计算表金额单位:万元

项目	2022 年	2021 年
营业收入	3627	3158
应收账款期末余额	479	322.3
平均应收账款余额	400.65	
应收账款周转率（次）	9.05	
应收账款周转期（天）	39.78	

公式：应收账款周转率（周转次数）＝营业收入÷平均应收账款余额

应收账款周转期（周转天数）＝平均应收账款余额×360÷营业收入

其中：平均应收账款余额＝（应收账款期初余额＋应收账款期末余额）÷2

应收账款周转率比上期提高，周转次数提高，周转天数缩短。说明公司的运营能力有所增强，而且对流动资产的变现能力和周转速度也会起到促进作用。反之，结果则相反。

存货周转率

存货周转率计算表金额单位:万元

项目	2022 年	2021 年
营业成本	3381	2859
存货期末余额	5359	5512
平均存货余额	5435.5	
存货周转率（次）	0.62	
存货周转期（天）	580.65	

公式：存货周转率（周转次数）＝营业成本÷平均存货余额

存货周转期（周转天数）＝平均存货余额×360÷营业成本

其中：平均存货余额＝（存货期初余额＋存货期末余额）÷2

一般来讲，存货周转速度越快，存货的占用水平越低，流动性越强，存货转换为现金或应收账款的速度越快。因此，提高存货周转率可以提高企业的变现能力。存货周转率反映了企业销售效率和存货使用效率。在正常情况下，如果企业经营顺利，存货周转率越高，说明企业存货周转得越快，企业的销售能力越强。营运资金占用在存货上的金额也会越少。

图3-22　借款企业营运能力分析

三、获利能力指标

营业净利率		
营业净利率计算表金额单位:万元		
项目	2022 年	2021 年
净利润	302	300.3
营业收入	3627	3158
营业净利率	8.33%	9.51%
公式：营业净利率=净利润÷营业收入×100（百分比）		
营业净利率是企业销售的最终获利能力指标，比率越高，说明企业的获利能力越强。但是它受行业特点影响较大，通常来说，越是资本密集型企业，营业净利率就越高；反之，资本密集程度较低的企业，营业净利率也较低。		

销售毛利率		
销售毛利率计算表金额单位:万元		
项目	2022 年	2021 年
销售成本	3381	2859
销售收入	3627	3158
销售毛利率	7.28%	10.46%
公式：销售毛利率=（销售收入-销售成本）÷销售收入×100（百分比）		
如果销售毛利率很低，表明企业没有足够多的毛利额，补偿期间费用后的盈利水平就不会高；也可能无法弥补期间费用，出现亏损局面。通过本指标可预测企业盈利能力。		

图3-23　借款企业获利能力分析

步骤三：贷前调查

客户经理完成财务分析后，根据圣业股份有限公司的基本信息（如图3-24所示）、担保品信息（如图3-25所示）、贷款申请信息，填写贷前调查意见。

微课3-16
流动资金贷款贷前调查实训操作

调查

业务申请信息　借款人基本信息　借款人经济档案　担保品信息

企业代码:	911101178029362067	客户名称:	圣业股份有限公司
贷款卡编码:		地址:	辽宁省大连市沙河口区中山路6
法定代表人:	刘达	本行帐号:	6222021001116245702
营业执照号码:	911101178029362067	税务登记证:	110117802936206
组织机构代码:	7802936206	营业执照日期:	2004-01-23
公司章程:	有	注册资本币种:	人民币
注册资本:	50000000	地区:	辽宁省大连市
企业所有制:	国有企业		
银行开户情况:			
开户行名:	国赛模拟银行	帐号:	6222021001116245702
联系人情况:			
联系人姓名:	张晴	职务:	财务总监
联系电话:			
法定代表人情况:			
法定代表人姓名:	刘达	职务:	总经理
联系电话:	18124697007	地址:	
主要经营产品:			
产品名称:	建设经营人造景观等相关旅游胆	种类:	
主要股东情况:			
股东名称:	大连星海投资管理股份有限公Ξ	入股资金:	500000000

图3-24　借款企业的基本信息

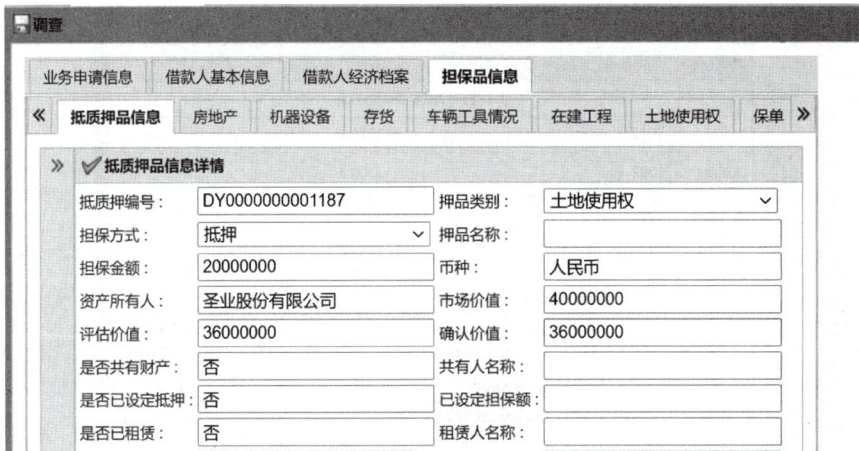

图3-25 借款企业的担保信息

步骤四：贷款审查

审查人员查看圣业股份有限公司的贷款申请信息、基本信息、担保品信息及客户经理提交的调查报告，提出贷款审查意见（如图3-26所示）。

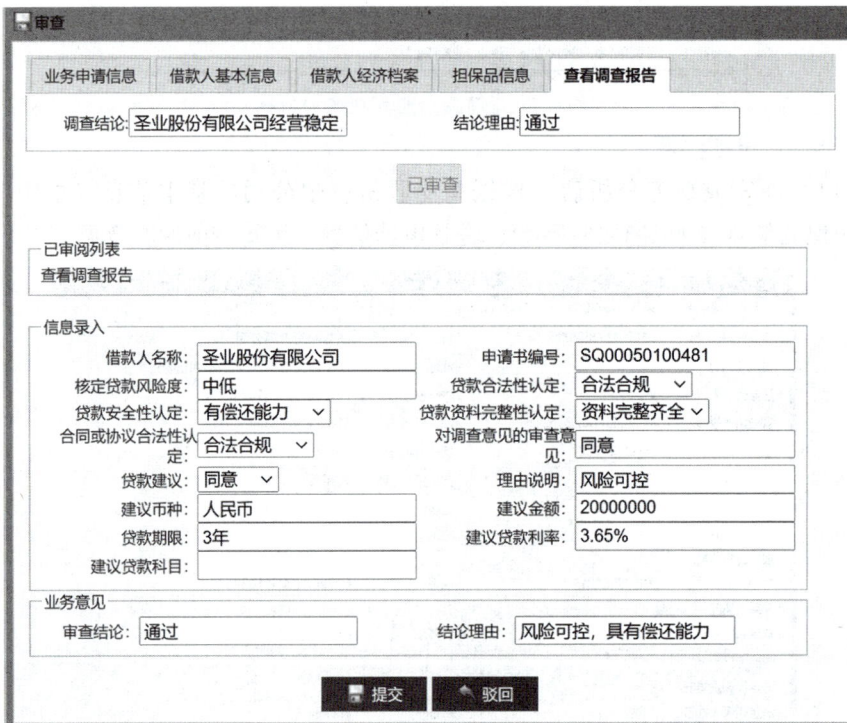

图3-26 填写贷款审查意见

步骤五：贷款审批

审批人员查看圣业股份有限公司的贷款申请信息、基本信息、担保品信息、贷款调查报告及审查人员提交的审查报告，提出贷款审批意见（如图3-27所示）。

微课3-17

流动资产贷款贷中审批实训操作

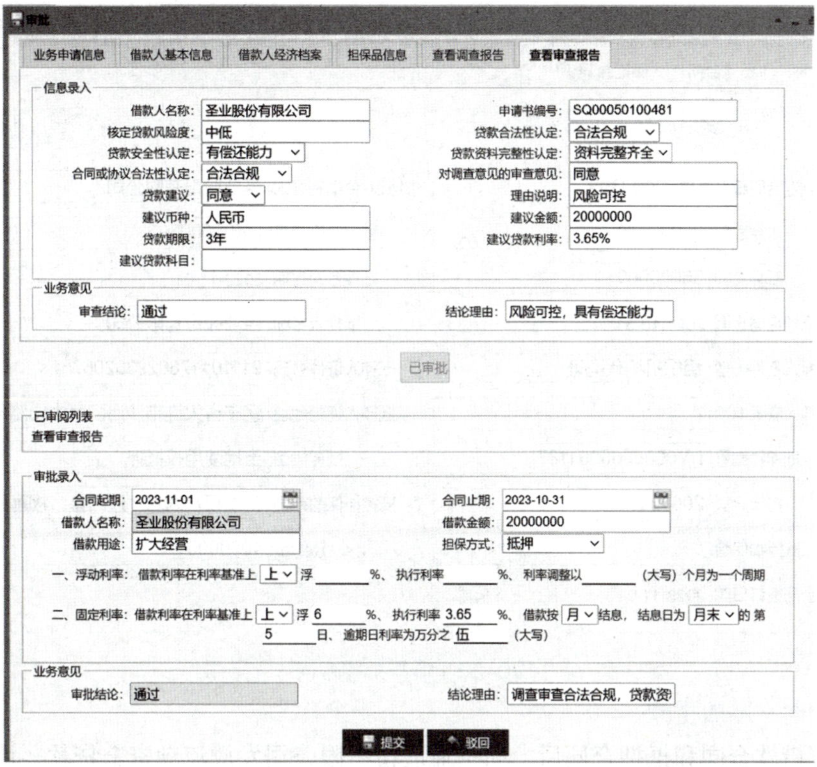

图3-27 填写贷款审批意见

步骤六：签订合同

流动资金贷款审批通过后，银行与圣业股份有限公司签订借款合同（如图 3-28 所示）和抵押合同（如图 3-29 所示）。

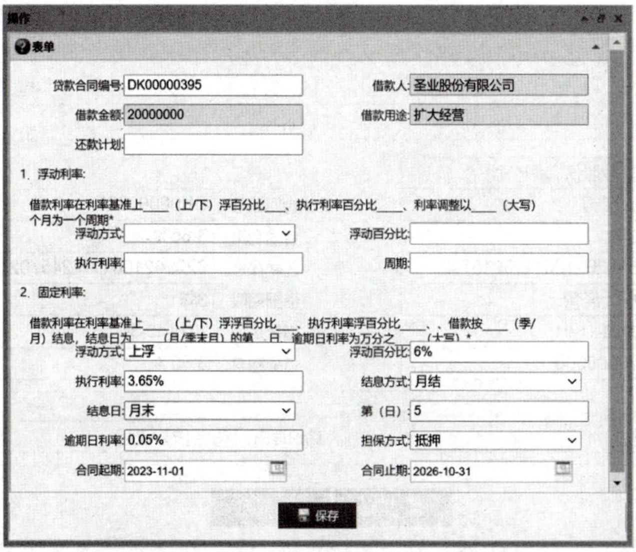

图3-28 填写借款合同

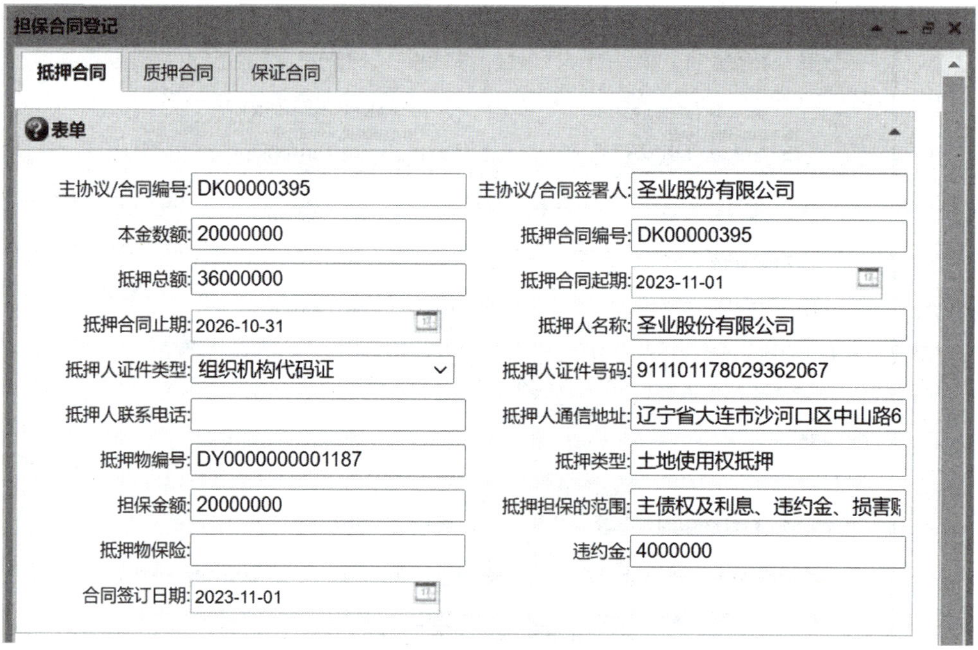

图3-29 填写抵押合同

步骤七：发放贷款

签订借款合同和抵押合同后，向圣业股份有限公司发放流动资金贷款，填写放款通知书（如图3-30所示），打印放款通知书（如图3-31所示）。

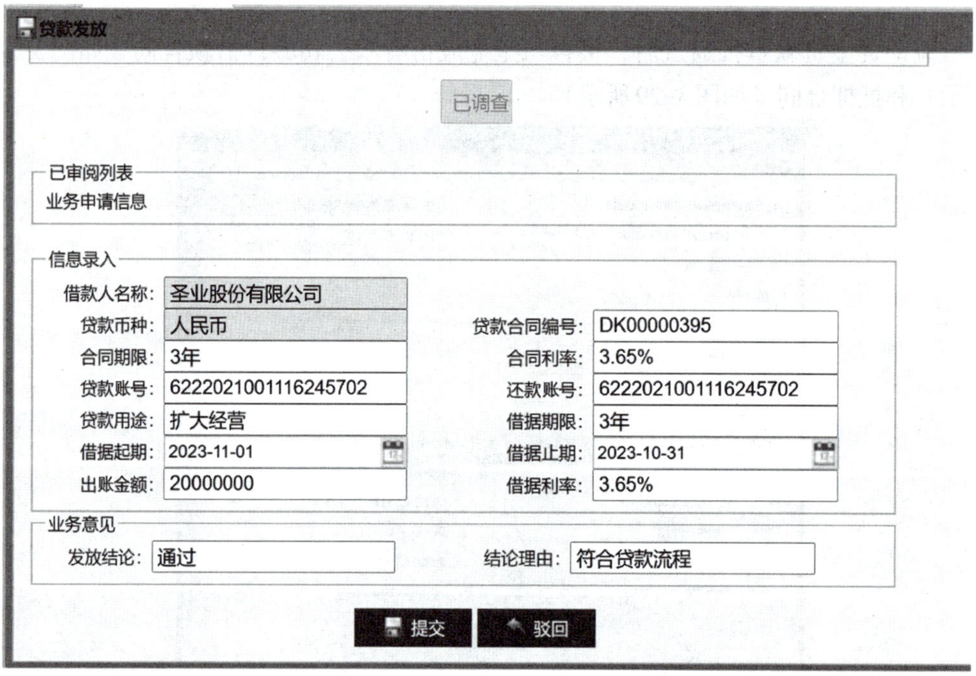

微课3-18

流动资金贷
款放贷实训
操作

图3-30 填写放款通知书

银行　**借款借据**　第一联借款回单

借款单位名称	圣业股份有限公司	放款账号				6220021001116245702					
		存款账号				6220021001116245702					

借款金额（大写）	贰仟万元整	千	百	十	万	千	百	十	元	角	分
		2	0	0	0	0	0	0	0	0	0

约定还款日期	2023 年 10 月 31 日	借款种类	长期周转用	借款合同号码	DK00000395
展期到期日期	年　月　日				

借款直接用途	1. 扩大经营	4.	还款记录	年	月	日	还款金额	余额
	2.	5.						
	3.	6.						

根据签订的借款合同和你单位申请借款用途，经审查同意发放上列全额贷款。

（银行转讫盖章）

批准人　　　　　　　　　　　　　　　　　　　年　月　日

银行编号：JJ00002445　　　　　　　　　　　　　　　立据　年　月　日

此联退交借款单位

图3-31　打印放款通知书

步骤八：贷后检查

在流动资金贷款发放后，客户经理应定期对圣业股份有限公司进行贷后检查，填写贷款用途检查报告（如图3-32所示）。

步骤九：贷款处置

若圣业股份有限公司的流动资金贷款到期未能正常归还，需要进行不良贷款处置管理，若通过催收收回部分贷款，填写逾期贷款收回信息（如图3-33所示）；若银行向法院提起诉讼，填写法院诉讼信息（如图3-34所示）；若通过一系列措施无法收回，启动呆账认定申报、审查、审批及处置，对该笔贷款进行呆账核销（如图3-35所示）。

微课3-19

流动资金贷款贷后管理实训操作

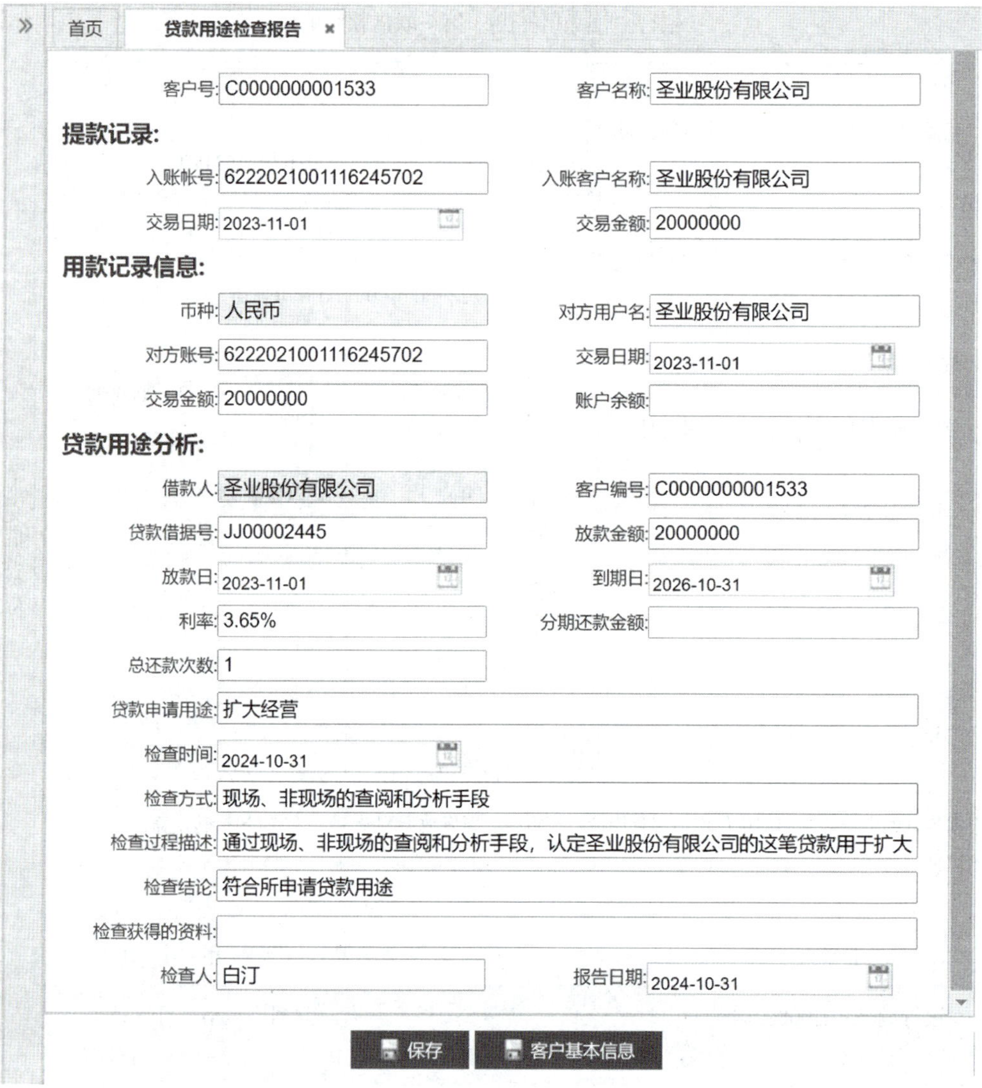

| 》 | 首页 | 贷款用途检查报告 | ✕ |

客户号: C0000000001533　　　客户名称: 圣业股份有限公司

提款记录:

入账帐号: 6222021001116245702　　　入账客户名称: 圣业股份有限公司

交易日期: 2023-11-01　　　交易金额: 20000000

用款记录信息:

币种: 人民币　　　对方用户名: 圣业股份有限公司

对方账号: 6222021001116245702　　　交易日期: 2023-11-01

交易金额: 20000000　　　账户余额:

贷款用途分析:

借款人: 圣业股份有限公司　　　客户编号: C0000000001533

贷款借据号: JJ00002445　　　放款金额: 20000000

放款日: 2023-11-01　　　到期日: 2026-10-31

利率: 3.65%　　　分期还款金额:

总还款次数: 1

贷款申请用途: 扩大经营

检查时间: 2024-10-31

检查方式: 现场、非现场的查阅和分析手段

检查过程描述: 通过现场、非现场的查阅和分析手段，认定圣业股份有限公司的这笔贷款用于扩大

检查结论: 符合所申请贷款用途

检查获得的资料:

检查人: 白汀　　　报告日期: 2024-10-31

保存　客户基本信息

图3-32　填写贷款用途检查报告

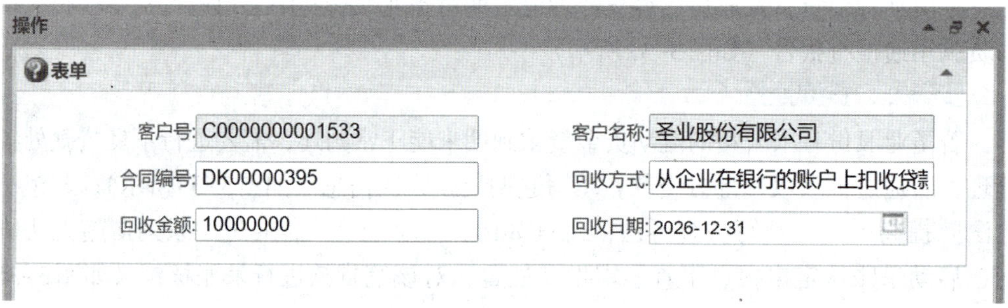

操作

表单

客户号: C0000000001533　　　客户名称: 圣业股份有限公司

合同编号: DK00000395　　　回收方式: 从企业在银行的账户上扣收贷款

回收金额: 10000000　　　回收日期: 2026-12-31

图3-33　登记逾期贷款收回信息

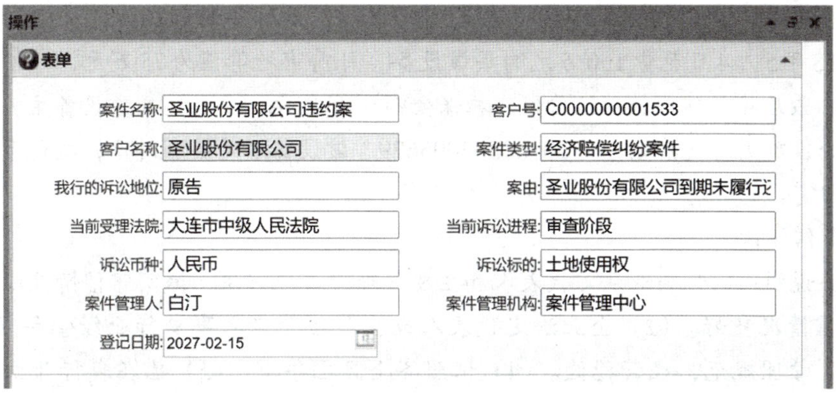

图3-34 登记法院诉讼信息

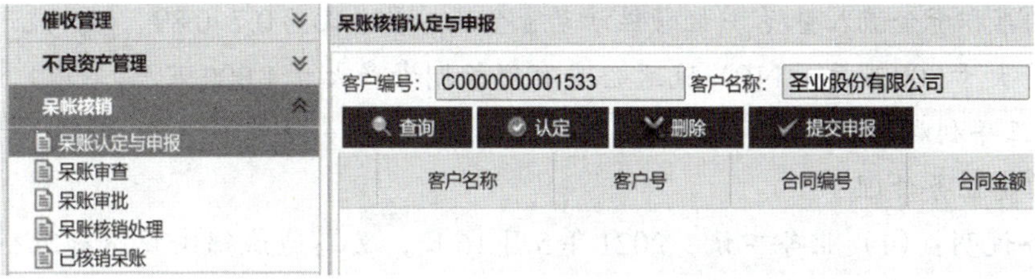

图3-35 进行呆账核销申报

【岗位说明】

客户经理认真走访借款企业，了解借款企业经营状况、贷款用途，测算和评估借款企业还款能力及信用状况。根据企业的流动资金缺口对流动资金贷款进行授信额度测算，对贷款申请进行审查审批，按合同规定发放流动资金贷款。进行定期贷后检查，对贷款进行分类，尽量减少流动资产贷款的风险损失。

【赛题测试3-2】

1.客户基本信息录入

任务说明：义乌迪诚锦纶股份有限公司（以下简称为"公司"）注册地为浙江省义乌市北苑街道雪峰西路628号，公司属于制造业企业，主要经营的产品是锦纶纤维。公司的证照齐全，营业执照号码为9153011MA6GC51L46T，纳税人识别号和组织机构代码与营业执照号码一致，营业执照的日期为2002年4月23日，注册资金1 000万元，有公司章程。公司的法定代表人和总经理为丁迪民，出生于1978年10月5日，从事这行已有12年，身份证号码为320330197810052***，联系电话是13576256***。公司的联系人是总经理秘书黄衿苇，联系电话为18236291***；公司主要股东是曾隽觅，入股资金600万元。

2.担保品信息录入

任务说明：义乌迪诚锦纶股份有限公司现因为资金周转的需要，以公司的名义向我行进行申请50万元抵押贷款，担保金额为75万元。该笔业务使用公司的设备——锦纶加弹机作为抵押物，抵押类别为机器设备。该设备编号为TTZA001，由浙江伟峰机械有限公司生产，型号为WF-50，重量为1 200kg，出厂日期是2018年4月20日。公司于2018年5月4日花费100万元购买该设备，目前市场价值为75万元，评估价值是75万元，最后按评估价值确认价值，担保金额为75万元。公司购买该设备主要是用来加工锦纶，购买的发票编号为20180504095629。该设备不是共有财产，之前无设定抵押、无租赁。

3.资信评估

任务说明：（1）企业法定代表人和主要管理者遵纪守法、诚实守信情况以及其关联人守信情况良好。（2）企业法定代表人或主要经营者从事本行业经营年限大于3年。（3）管理规范，经营稳健。（4）证照齐全且已年审。（5）已在我行开立基本账户。（6）没有中间业务。（7）公司在我行存贷比大于40%。（8）客户在本行开立对公账户期间的累积资金流入量/客户经营性活动资金流入量之比为0.7~0.89。（9）流通企业实有净资产大于800万元。（10）流通企业有形长期资产大于1 000万元。（11）无欠息。（12）近三年利润总额连续两年增长。

4.信贷业务处理

任务说明：（1）业务申请：2021年5月16日，义乌迪诚锦纶股份有限公司以抵押申请短期自营贷款，申请金额是50万元，用于资金周转，还款来源主要为经营收入。（2）业务调查：根据信贷人员和客户经理双人双岗原则对公司进行了调查，调查结论为通过，理由是义乌迪诚锦纶股份有限公司经营稳定，行业风险较为可控，未来有稳定现金流进行偿还。（3）业务审查：审查人员经过详细了解并进行资料核对后，认定义乌迪诚锦纶股份有限公司有偿还能力，贷款申请资料完整，该笔贷款合法合规，建议金额为50万元，期限1年，参照最新贷款基准利率5.2%，上浮15%，利率调整以六个月为一个周期。审查结论为通过，理由是义乌迪诚锦纶股份有限公司经营稳定，风险可控，具有偿还能力。（4）业务审批：审批人员审批完毕，认定贷款调查和审查合法，决定对义乌迪诚锦纶股份有限公司进行贷款，最终决定借款金额为50万元，担保方式是抵押，根据最新贷款基准利率5.2%，上浮15%，利率调整以六个月为一个周期。合同的起止时间为2021年5月16日到2022年5月15日。审批结论为通过，理由是调查、审查合法合规，贷款资料完整真实，企业具有偿还能力。

5.放贷管理

任务说明：（1）合同登记：根据最终审批意见，登记主合同和担保合同，客户签订合同的时间是2021年5月16日，合同有效期至2022年5月15日，抵押合同编号是202105161833，抵押总额为75万元，借款金额为50万元。主合同的签署人是义乌迪诚锦纶股份有限公司的法定代表人丁迪民，抵押人名称是义乌迪诚锦纶股份有限公司，通讯地址即为公司地址，抵押类型是机器设备抵押，担保金额与借款金额一致，担保范围包括主债权及利息、违约金、损害赔偿金和实现抵押权的费用，违约金为借款金额的20%。（2）放贷审核：签订合同后，交放贷审核岗审核，在经过核定后，予以发放，审核结论为通过，理由是符合贷款要求。（3）贷款发放：根据系统提供的信息，完成贷款信息录入，贷款账号和还款账号同为6217998823000025637。发放结论为通过，理由是符合贷款流程。

资料来源 2023年智慧金融技能大赛题库。

任务小结

本任务以流动资金贷款为例，详细介绍了公司融资的工作流程，具体包括公司融资申请、实地走访企业、贷前调查、贷款审批、发放贷款、定期贷后检查及收回贷款或不良贷款处置。完整操作流程如图3-36所示。

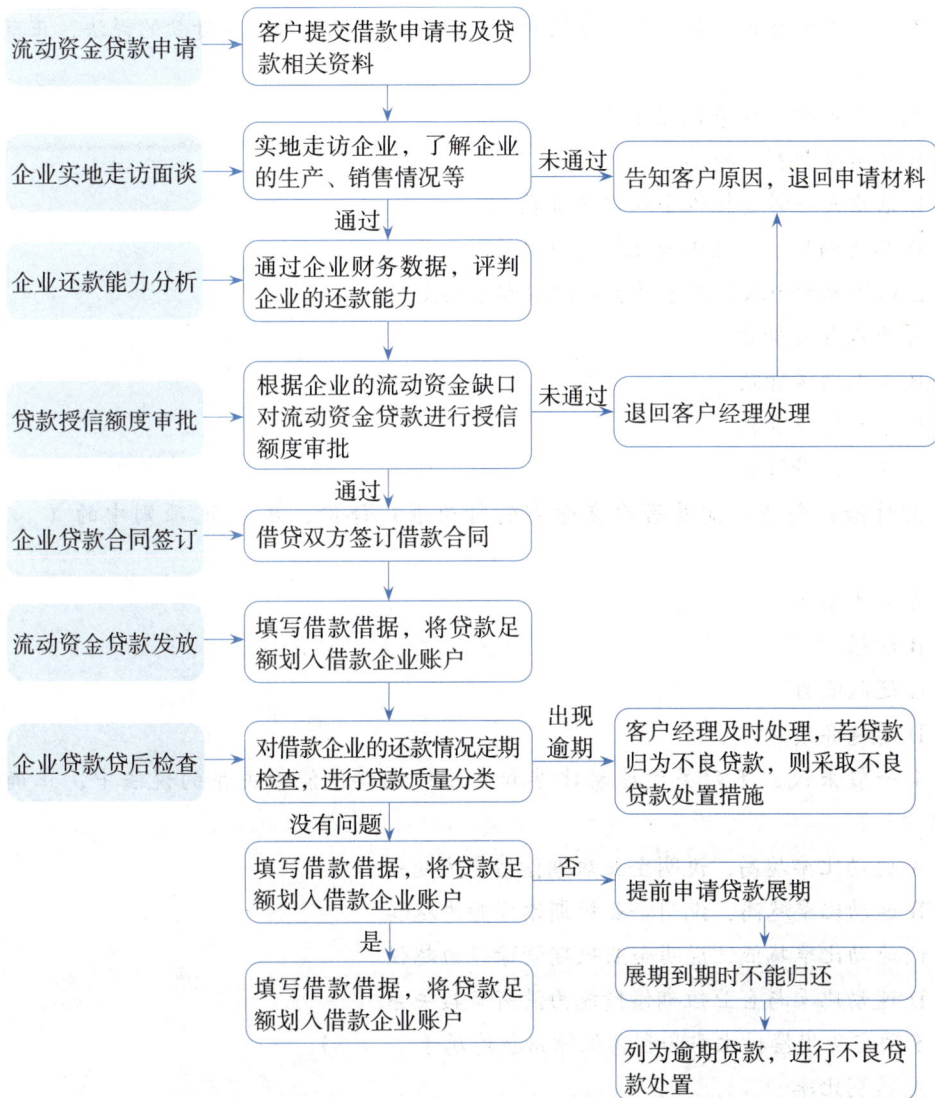

图3-36 流动资金贷款操作流程

项目总结

客户经理主要负责为个人及企业做好信贷服务。信贷业务的风险控制和效益实现得益于规范的操作流程，它能帮助商业银行鉴别信用良好的有效客户，降低不良贷款的发生概率，保证信贷资金的安全性和效益性。

项目测试

一、选择题

（一）单项选择题

1.下列关于公积金个人住房贷款和商业银行自营性个人住房贷款的说法，正确的是（ ）。

A.前者的申请对象范围更广

B.前者贷款利率较高

C.后者是一种委托性个人住房贷款

D.后者的信贷风险由商业银行自身承担

2.以下属于个人贷款中最主要组成部分的是（ ）。

A.个人住房贷款

B.个人助学贷款

C.个人消费贷款

D.个人经营贷款

3.对借款企业之前是否存在逾期的行为进行评价，属于5C原则中的（ ）原则。

A.资本实力

B.担保

C.还款能力

D.道德品质

4.一般来说，下列关于速动比率和企业短期偿债能力关系的说法中，正确的是（ ）。

A.速动比率越高，说明企业短期偿债能力越强

B.速动比率越高，说明企业短期偿债能力越弱

C.速动比率越低，说明企业短期偿债能力越强

D.速动比率与企业短期偿债能力没有直接关系

5.固定费用偿付比率和利息保障倍数均属于（ ）。

A.盈利比率

B.资产比率

C.杠杆比率

D.偿付比率

6.按贷款质量划分，质量最差的一类贷款是（　　　）。

A.关注贷款

B.损失贷款

C.可疑贷款

D.次级贷款

7.关于债转股的下列表述中，不正确的是（　　　）。

A.可以降低银行的不良贷款率

B.可以改善贷款企业的经营状况

C.可以减轻贷款企业的还贷压力

D.可以减轻税务负担

(二) 多项选择题

1.个人住房贷款包括（　　　）。

A.个人住房组合贷款

B.自营性个人住房贷款

C.公积金个人住房贷款

D.个人消费贷款

2.个人住房公积金贷款的额度测算取决于（　　　）。

A.房价成数

B.住房公积金账户余额

C.贷款最高限额

D.还贷能力

3.汽车分期业务的优势有（　　　）。

A.纯信用贷款，免除办理抵押手续

B.汽车分期业务不收取利息，手续费较低

C.购车首付比例较低

D.分期偿还借款金额，减轻买车压力

4.流动资金贷款具有（　　　）特点。

A.贷款期限短

B.手续简便

C.周转性较强

D.融资成本较低

5.国内保理业务是一项集（　　　）于一体的综合性金融服务。

A.应收账款催收

B. 应收账款管理

C. 坏账担保

D. 保理融资

6. 供应链金融的模式有（　　）。

A. 应收账款融资

B. 预付款融资

C. 仓单融资

D. 质押融资

7. 衡量长期偿债能力的负债比率包括（　　）。

A. 资产负债率

B. 产权比率

C. 财务杠杆比率

D. 利息保障倍数

8. 贷款重组措施包括（　　）。

A. 贷款展期

B. 借新还旧

C. 追加担保

D. 法院诉讼

二、判断题

1. 在个人住房贷款中，借款人归还借款采取的还款方式在贷款期内不得变更。（　　）

2. 保函与跟单信用证相比，其特征是在保函业务关系中，担保函通常是第一付款人。（　　）

3. 供应链金融是解决供应链上中小企业融资难题的重要路径。（　　）

4. 借款企业资产的周转速度越快，企业营运效率越高。（　　）

5. 不良资产证券化有利于提高商业银行资产的流动性。（　　）

三、思考题

1. 阐述个人住房贷款的操作流程。

2. 阐述贷款审批中的信贷制度。

3. 阐述信用证的特点。

4. 阐述保函的特点。

5. 阐述供应链金融的定义。

四、案例分析题

科创企业"软资产"　银行风控"硬手段"

"轻资产""高风险""缺营收"，这些标签的叠加让初创型科技企业从银行获得融资困难重重。在传统信贷模式难以适用时，如何突破创新，将科技企业"软资产"变成用于风险控制的"硬手段"，是对银行科技金融服务能力，特别是信用评价能力的考验。

　　某公司是一家以人工智能和自动驾驶技术为核心业务的科技型企业，已率先将自动驾驶技术应用到城市环卫领域。2022年，当私募基金向上海农商银行推荐该企业时，正是企业两轮股权融资中间的空档期，企业急需采购资金。上海农商银行了解相关情况后，立即对企业展开多轮尽调及认股权条款沟通，同步组织专业力量对智能驾驶行业进行深入研究。工作人员发现，该行业具有工作效率高、作业规范、成本控制好及安全性强等特点，是自动驾驶商业化较为理想的使用场景，且市场还是一片蓝海。但是传统的短期流动资金贷款和融资租赁为主的常规授信不适合该科技型企业。

　　请问：针对科技型初创企业"轻资产""高风险""缺营收""有前景"的标签，银行如何在控制信贷风险的前提下做好信贷服务？

项目四　理财经理岗位业务

本项目将对商业银行理财经理岗位涉及的主要业务进行详细介绍。理财经理是帮助客户管理财富的金融从业人员，主要负责拓展客户、了解客户理财需求并向其营销金融产品，要求具备以客户为中心的服务意识和扎实的金融专业知识。

学习目标

知识目标	1.熟知银行代销产品类型、特点； 2.了解代销业务的办理流程； 3.掌握客户风险偏好、风险承受能力的评估方法； 4.掌握理财产品风险等级划分标准。
技能目标	1.能够向适合的客户推荐代销金融产品； 2.能够为客户进行风险偏好测试和风险承受能力评估； 3.能够根据客户风险综合评估结果，进行理财产品配置。
素养目标	形成理财经理的工作思维，培养勤勉尽职的职业素养，树立"以客户为中心"的服务理念。

项目导图

项目四　理财经理岗位业务

任务一　熟悉代销业务
- 一、基金代销
- 二、代理保险
- 三、代售国债
- 四、代理贵金属
- 五、代理信托

任务二　熟悉理财业务
- 一、理财产品按币种分类
- 二、理财产品按收益类型分类
- 三、理财产品按风险等级分类
- 四、理财产品按投资领域分类

任务一　熟悉代销业务

任务导入

夏婉儿女士独自经营一家茶馆，其手机号码15559571***。夏女士希望能购买一份寿险作为保障，于是来到银行咨询银行代理的相关保险产品。

作为一名银行理财经理，请思考如何帮助家庭或个人在本行代理的相关保险产品中挑选出满足客户需要的保险产品？在代销过程中如何做到勤勉尽职、树立"以客户为中心"的服务理念？

知识准备

代销业务是银行代理销售由基金公司、保险公司、信托公司等其他机构设计并承担主要责任的产品。在代销业务中，银行扮演代理人角色，收取代理手续费，不承担产品的投资、兑付和风险管理责任。目前常见的银行代销产品包括基金、保险、信托、国债及贵金属等（如图4-1所示）。

一、基金代销

基金代销可以帮助客户节约时间、降低投资风险。银行提供专业的财务咨询服务及信息服务，能够让客户对基金投资更加清楚，在申购基金产品时更加明智。

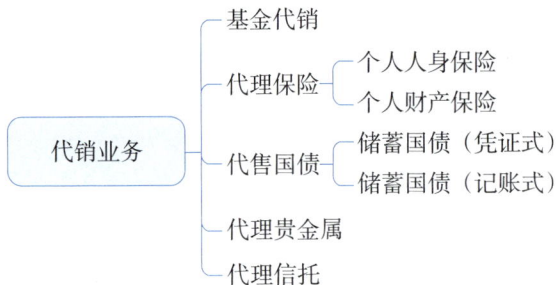

图4-1　代销业务类别

（一）基金代销的定义

基金代销是指金融机构接受基金管理人的委托，签订书面代销协议，代理基金管理人销售开放式基金，受理客户开放式基金认购、申购和赎回等业务申请，同时提供配套服务的一项投资业务。

开放式基金一般不在交易所挂牌交易，它通过基金管理公司及其指定的代销网点销售，而银行是开放式基金最常用的代理销售渠道。客户可以到这些网点办理开放式基金的申购和赎回。

（二）开放式基金的分类

开放式基金可分为股票基金、债券基金、混合基金、货币市场基金、期货基金、期权基金、认股权证基金等。

1.股票基金

股票基金是指以股票为投资对象的投资基金，股票投资占比在80%以上。

2.债券基金

债券基金是指以债券为投资对象的投资基金，债券投资占比在80%以上。

3.混合基金

混合基金是指同时投资于股票、债券和货币市场等工具，没有明确的投资方向的基金，股票和债券投资占比介于以上两类基金之间，是可以灵活调控的基金。

4.货币市场基金

货币市场基金是指以国库券、大额银行可转让存单、商业票据、公司债券等货币市场短期有价证券为投资对象的投资基金。

5.期货基金

期货基金是指以各类期货品种为主要投资对象的投资基金。

6.期权基金

期权基金是指以能分配股利的股票期权为投资对象的投资基金。

7.认股权证基金

认股权证基金是指以认股权证为投资对象的投资基金。

☑ 小知识4-1　　　　　　　开放式基金适合四类投资者购买

把证券投资作为副业，又没有时间关注的投资者

证券市场上的绝大部分投资者都有自己的主要工作，证券交易的开市时间也是他们本职工作最忙的时间。投资者购买的开放式基金可以交给专业的机构去打理。

有意进行证券投资，但缺乏证券知识的投资者

多数投资者由于缺乏证券知识，没有能力对证券市场和上市公司进行深入细致的研究，使得投资带有盲目性，不如委托专业的机构去运作。

风险能力承受能力较弱的证券投资者

活跃在证券市场中的多数是小额投资者，他们的资金如果集中购买一二只股票，则风险过于集中，如果投资过于分散，则牵扯精力过多，投资成本上升，得不偿失。基金则将小额资金汇聚成巨额资金，可以从容地进行组合投资，既分散了风险，又便于管理。

期望获取较为长期稳定收益、不追求暴富的投资者

不同的基金，投资风格会有不同，但都推崇长期理性投资。追求超额的利润，就要冒加倍的风险。在这个证券市场中，基金代表机构投资者的主流，投资回报率不是最高的，但会比较稳定。

资料来源　佚名. 哪些投资者适合购买开放式基金？——平安基金 [EB/OL]. [2024-11-29]. https：//www.pingan.com/official/ques-5712-18285163.

（三）基金定投服务

除了一次性购买银行代销的基金之外，银行还提供基金定投服务，分为普通基金定投和智能基金定投。

普通基金定投是指在一定的投资期间内，客户以固定金额申购银行代销的某只基金产品的业务。

智能基金定投是对现有每月首个工作日、固定金额的普通基金定投产品的升级，提供了两种投资方式：一种是定时定额定投，即客户每月固定日期、固定金额进行定投；另一种是定时不定额定投，客户每月固定日期，并根据证券市场指数的走势，不固定金额进行定投，实现对基金投资时点和金额的灵活控制。

☑ 小知识4-2　　　　　　　　　基金定投的优点

利用平均成本法摊薄投资成本，降低投资风险

基金定投的最低申购额每月仅需200元。基金净值下跌，所能购买的基金份额就多；基金净值上升，所能购买的基金份额就少，由此平摊了投资成本、降低了投资风险。

积少成多，小钱也可以做大投资

坚持储蓄，积少成多；专家理财，受益良多；银行服务，便利更多。

复利效果长期可观

基金定投的复利效应高于各种储蓄存款和国债，而且客户通过基金定投获得的投资收益完全免税。

资料来源　佚名．基金定投［EB/OL］．［2024-10-19］．https：//www.icbc.com.cn/icbc/个人金融/个人服务/投资理财/基金定投．

(四) 基金代销的运作方式

基金代销的运作方式通常分为三个步骤：产品推广、产品销售和售后服务。

1.产品推广

理财经理会推广代销的开放式基金产品，并向客户介绍基金产品的特点和优势。

2.产品销售

理财经理协助客户购买他们所推介的基金产品，提供与基金产品相关的信息和服务；客户根据自身的资金量和风险偏好，选择合适的基金产品。客户购买后，银行向基金公司发起申购份额，客户进行基金份额确认。

3.售后服务

理财经理还会为客户提供基金产品的售后服务，包括账户管理、纠错和信息反馈等，为客户提供市场动态分析研究报告，针对市场行情变动提供投资建议。

二、代理保险

微课4-1

代理保险

随着保险公司和银行合作的深入，客户可以享受到方便、快捷和满意的银行保险服务。对保险公司来说，利用银行密集的网点代销保险产品可以提高销售并且降低成本，从而以更低的价格为客户提供更好的产品；利用银行的客户资源和信誉，再配合保险公司的优质服务，可以树立良好的品牌形象，开拓更多的客源。

(一) 代理保险的定义

代理保险是指银行受保险公司委托，并与保险公司签订协议，为其代理推销保险产品，主要包括代理个人人身保险和代理个人财产保险业务。

(二) 银行代理保险的分类

银行代理的保险产品往往兼具投资和保险保障功能，购买保险不仅能获得保险保障，而且已经成为家庭投资理财不可或缺的一个重要组成部分。在银行购买保险，已经成为保险代理人销售之外的一个重要渠道。

银行代理保险业务有个人人身保险和个人财产保险。个人人身保险分为定期寿险、意外伤害险、重大疾病险、年金保险；个人财产保险分为家庭财产保险和运输工具保险。

1.个人人身保险

（1）定期寿险是指在保险合同约定的期间内，如果被保险人死亡或全残，则保险公司按照约定的保险金额给付保险金，若保险期限届满被保险人健在，则保险合同自然终止，保险公司不再承担保险责任，并且不退还保险费。

定期寿险的保险期限一般有10年、15年、20年、30年或保到50岁、60岁、70岁等约定年龄多项选择。定期寿险提供的仅是固定期限内单纯的风险保障，属于消费型保险，具有"低保费、高保障"的优点，适合事业刚刚起步的年轻人或者收入较少的人群，以较低的保费获得最大的保障。

（2）意外伤害险是指被保险人在合同期间内，如不幸发生意外身故或者伤残，保险公司按照约定给付保险金的一种保险。意外伤害险保障的内容通常为身故、意外伤残、意外医疗责任等。意外伤害险的危险事故的发生必须是外来的、不可抗拒的、偶然的，保险公司才负赔偿责任。投保人或被保险人本人所致的伤害，属于除外责任。

意外伤害险是短期险，具有短期性、灵活性、保费低的特点，通常以一年期居多，也有几个月或更短的，一般不具备储蓄功能，在保险期终止后，即使没有发生保险事故，保险公司也不退还保险费。意外伤害险一般保费较低，保障较高。

（3）重大疾病险是指由保险公司经办的以特定重大疾病（如恶性肿瘤、心肌梗死、脑溢血等）为风险发生时，当被保人达到保险条款所约定的重大疾病状态后，由保险公司根据保险合同约定支付保险金的商业保险行为。

重大疾病险通常为定额给付型，只要被保险人达到合同规定理赔条件，被保险人即可获得赔付。由于重大疾病的治疗费用较高，重大疾病险通常提供较高的保额，以确保被保险人在罹患重大疾病时能够得到足够的经济支持。而且，重大疾病险的保障期限较长，通常提供长期的保障，可以覆盖被保险人的整个人生阶段。

（4）年金保险是指投保人或被保险人一次或按期交纳保险费，保险人以被保险人生存为条件，按年、半年、季或月给付保险金，直至被保险人死亡或保险合同期满。

年金保险可以有确定的期限，也可以没有确定的期限，但均以年金保险的被保险人的生存为支付条件。在年金受领者死亡时，保险人立即终止支付。目前在保险市场上，年金保险多数为养老金保险，即客户在年轻时节约闲散资金缴纳保费，投保年金保险，年老之后就可以按期领取固定数额的保险金，可以使晚年生活得到经济保障。

2.个人财产保险

（1）家庭财产保险是个人和家庭投保的最主要险种。凡存放、坐落在保险单列明的地址，属于被保险人自有的家庭财产，都可以向保险人投保家庭财产保险。家庭财产保险的投保范围一般包括房屋及房屋装修、衣服、卧具、家具、燃气用具、厨具、乐器、体育器械、家用电器；附加险有盗窃、抢劫和金银首饰、钞票、债券保险以及第三者责任保险等。

被保险人所有、使用或保管的、坐落于保险单列明的地址的房屋内的财产，可以约定范围向保险人投保家庭财产保险。家庭财产保险为居民或家庭遭受的财产损失提供及时的经济补偿，有利于居民生活安定，保障社会稳定。

（2）运输工具保险是指以各种运输工具为保险标的的保险。银行代理最常见的是机动车辆保险，是对机动车辆由于自然灾害或意外事故所造成的人身伤亡或财产损失负赔偿责任的一种商业保险。交通事故发生频繁，很容易发生碰撞及其他意外事故，造成人身伤亡或财产损失，所以机动车辆保险业务量大、投保率高，出险率也较高，已成为银行代理的财产保险中最大的险种。

机动车辆保险分为基本险和附加险两部分。基本险包括机动车辆损失险、机动车交通事故责任强制保险和机动车商业第三者责任保险。附加险因各保险公司的条款规定不同而有所差异。机动车辆保险主要保障机动车辆遭受自然灾害、意外事故、道路事故等造成车辆本身损失、本车人员、被保险人以外的受害人的人身伤亡、财产损失等。

(三) 代理保险的相关当事人

在银行代理保险业务中，银行是保险代理人，即根据保险人的委托授权，代理其经营保险业务，并收取代理费用的人。除了保险代理人之外，保险的相关当事人还包括保险人、被保险人、投保人和受益人。

1.保险人

保险人是指与投保人订立保险合同，并承担赔偿或给付保险金责任的保险公司。保险人是法人，公民个人不能作为保险人。

2.被保险人

被保险人是指根据保险合同，其财产利益或人身受保险合同保障，在保险事故发生后，享有保险金请求权的人。如果投保人以自己为被保险人进行投保，投保人与被保险人就是同一人。

3.投保人

投保人是指与保险人订立保险合同，并按照保险合同负有支付保险费义务的人。投保人可以是自然人也可以是法人，但必须具有民事行为能力。

4.受益人

受益人是指人身保险合同中由被保险人或者投保人指定的享有保险金请求权的人，投保人、被保险人可以为受益人。如果投保人或被保险人未指定受益人，则他的法定继承人为受益人。

(四) 代理保险的运作方式

代理保险的运作方式主要分为三个步骤：了解客户需求、保险产品推荐和售后服务。

1.了解客户需求

理财经理需要与客户进行沟通，了解其保险需求和风险承受能力，只有了解客户的需求，才能更好地为其提供适合的保险产品。

2.保险产品推荐

理财经理会根据客户的需求和风险承受能力，向其推荐适合的保险产品。在销售过程中，理财经理需要向客户详细介绍产品的特点、保障范围、费用等信息，并解答客户的疑问。若客户决定购买保险产品，理财经理会帮助客户填写相关申请表格，并办理相应的手续。

3.售后服务

银行还会提供保险产品售后服务。在理赔时，理财经理需要协助客户填写理赔申请表，并收集相关的证明材料，将客户的理赔申请提交给保险公司进行审核。一旦保险公司确认理赔申请符合条件，银行会协助客户领取赔偿款项。此外，银行还会向客户提供理赔指导和咨询，以帮助他们更好地理解和处理理赔事宜，以确保客户能够顺利享受保险的保障。

政策聚焦4-1

国家金融监督管理总局关于规范银行代理渠道保险产品的通知（摘录）

为进一步规范银行代理渠道业务，严格落实按规定使用经备案的产品条款和费率的监管要求，要求保险公司通过银行代理销售的产品，应当审慎合理地确定费用假设，结合公司实际，根据发展水平、盈利状况、管理能力等，细化完善费用结构。鼓励各保险公司探索佣金费用的递延支付，通过与业务品质挂钩，实现销售激励的长期可持续性。各保险公司通过银行代理销售的产品，在产品备案时，应当按监管规定在产品精算报告中明确说明费用假设、费用结构，并列示佣金上限，各公司应据实列支向银行支付的佣金费用，佣金等实际费用应与备案材料保持一致。

资料来源　摘自《关于规范银行代理渠道保险产品的通知》。

政策解读：鼓励保险公司探索创新佣金费用支付形式，重点提及"递延支付""与业务品质挂钩"等，实际上是希望保险公司在与银行的合作中能体现更多的主动性，实现银保生态的良性循环。

严令银保渠道"报行合一"，一方面要求在产品备案时，在产品精算报告中进行明确说明，且不仅要说明费用假设、费用结构，还要列示佣金上限；另一方面要求在财务处理方面"据实列支"，"佣金等实际费用应与备案材料保持一致"。这意味着保险公司在备案产品时，一旦明确佣金上限，后续在实际销售过程中就不能正面或变相突破这一规定。否则，监管部门就有可能利用该项规定对其进行处罚，目的是彻底堵死"小账"生存空间，让一切都阳光化、透明化。

三、代售国债

银行代售的是储蓄国债。储蓄国债是财政部在国内发行，由国家财政信誉作担保，信誉度非常高，历来有"金边债券"的美称，满足长期储蓄性投资需求，较多偏重储蓄功能而设计发行的一个债券品种。

（一）代售国债的定义

代售国债是指银行代理财政部发行的一种债务凭证，通过银行柜台或网上银行向

微课4-2

代售国债

个人投资者销售，客户可以在银行购买、兑付、查询储蓄国债的业务。

（二）代售储蓄国债的类型

由银行代售的储蓄国债包括凭证式和电子式两种。

1.储蓄国债（凭证式）

储蓄国债（凭证式）以纸质国库券收款凭证记录债权，其票面形式类似银行定期存单，利率通常比同期银行存款利率高。储蓄国债（凭证式）以百元为起点并按百元的整数倍发售，按年度、分期次发行，存期一般为二年、三年、五年，储蓄国债（凭证式）只能在银行柜台购买。作为记名国债，可以挂失，但不得更名，不可流通转让，可以提前兑取，提前兑取时按照兑付本金的1‰收取手续费。

2.储蓄国债（电子式）

储蓄国债（电子式）与储蓄国债（凭证式）一样，不可上市流通转让，但是以电子方式记录债权，既可以在银行柜台购买，还可以通过网上银行、手机银行购买，但各渠道不可以相互混用。储蓄国债（电子式）与储蓄国债（凭证式）两种国债交替发行。

☑ 小知识4-3　储蓄国债（凭证式）与储蓄国债（电子式）的区别

起息日不同

储蓄国债（凭证式）从投资者购买之日开始起息，储蓄国债（电子式）从发行期开始日起息。

付息周期不同

储蓄国债（凭证式）到期一次还本付息，储蓄国债（电子式）每年付息一次，到期偿还本金并支付最后一次利息。

提前兑取付息方式不同

储蓄国债（凭证式）提前兑取按实际持有时间和相对应的分档利率计付利息，储蓄国债（电子式）提前兑取，持有国债不足6个月不计息，持有6~24个月扣180天利息，持有24~36个月扣90天利息，持有36~60个月扣60天利息。

资料来源　佚名. 储蓄国债（凭证式）与储蓄国债（电子式）的主要特点［EB/OL］.［2015-06-15］. http://chengdu.pbc.gov.cn/chengdu/129375/129973/2387065/index.html.

四、代理贵金属

贵金属的稳定性、安全性使其成为全球性的抵御通货膨胀、保值和投资的工具，在经济不景气时表现较好，可以用来对抗通货膨胀，以实现资产的保值增值。贵金属可以作为投资组合的一部分来帮助投资者实现资产多样性。

（一）代理贵金属的定义

代理贵金属分为代理实物贵金属和代理账户贵金属两大类。

代理实物贵金属是指银行与供应商合作，双方签订代理销售协议后，在银行营业网点或银行手机银行渠道代理销售贵金属实物类产品。

代理账户贵金属是指银行与个人客户和法人客户建立代理关系，为客户提供金交所贵金属委托买卖、资金清算和实物交割等服务，协助客户投资交易，赚取手续费。

（二）贵金属交易的类型

在银行代理的贵金属包括实物贵金属和账户贵金属两种。

1.实物贵金属

实物贵金属包括金银投资产品，如金条、金币、银条、银币等。客户购买实物贵金属需要支付一定的溢价费用，即超过金银本身市场价的费用。相对于账户贵金属交易而言，实物贵金属交易量较大，但灵活性较差，需要承担保管和储存的费用，交易手续较复杂，且实物交割需要一定的物流和安全保障措施。

2.账户贵金属

账户贵金属是以数字形式进行交易的金银投资产品。账户贵金属的交易是以现金结算为主，无须实物交割，客户可以在银行的贵金属交易平台上进行交易。在交易过程中，客户只需支付少量的手续费用即可买入或卖出，且交易量较小、灵活性强。

账户贵金属还分为现货实盘交易业务和现货延期交收业务。现货实盘交易业务又称"纸黄金""纸白银"，客户通过银行柜面网点、网上银行、手机银行等渠道办理贵金属的即时交易，通过买卖差价赚取收益，客户无须提取贵金属实物，免于支付储藏、运输、鉴别等各项费用，交易成本低。客户可以一天内多次交易，交易资金实时清算，方便快捷。

现货延期交收业务是以分期付款方式进行交易，客户可以选择合约交易日当天交割，也可以延期至下一交易日进行交割，同时引入延期补偿费机制来平抑供求矛盾。Au（T+D）（代理实物黄金递延）是黄金延期交收业务中的一种，客户通过银行参与上海黄金交易所 Au（T+D）业务，实现委托申报、交割申报、中立仓申报及注册变更等功能。该交易采用保证金交易，投资门槛较低，通过杠杆效应为客户提供"以小博大"和获取高投资回报率的机会。客户可在价格上涨时采取"先买进后卖出"的方式获利，也可以在价格下跌时运用"先卖出后买进"的方式获利。

☑ 小知识4-4　　　　　　"智能型"黄金投资产品

积存金是中国工商银行与世界黄金协会联合推出的"智能型"黄金投资产品，它是全国首款以"日均价格灵活积蓄"的权益凭证式低风险黄金投资产品。

操作流程

客户在工行开立积存金账户，并签订积存协议，采取定期积存（约定每月扣款金额）或主动积存的方式，按确定金额购入工行以黄金资产为依托的黄金资产权益（积存金），该权益可以赎回或兑换贵金属产品实物。

由于投资者长期分批小额买入黄金，因而可降低在不当时候作出大额投资的风险，投资者可于合约期（通常最少一年）内任何时候，或在结束账户时，选择兑换实物贵金属产品，若投资者决定出售积存金，便可按当日积存金价格变现。

特色优势

通过"定期定额投资法"投资策略，帮助客户实现"日平均价格"，适当规避价格波动风险，享受黄金长期投资的收益；主动积存、赎回、兑换提金、定期协议（修改或终止），客户充分享有产品自主权；赎回便捷快速；兑换品种丰富。

适用客群

积存金非常适合希望以少量资金配置黄金资产，需要长线稳健投资，但没有精力或经验判断黄金市场的个人投资者，如工薪一族、年轻夫妇、中老年群体以及希望尽早进行财富积累的三口之家等。

举例说明

以2019年12月（共22个工作日）为例，按每日定期积存价格计算，投资10 000元（日均投资约455元）购买积存金。同样投资10 000元，在当月最高价和最低价两个不同时点采取主动积存方式，与定投的积存结果比较见表4-1：

表4-1 积存方式比较

积存方式	积存价格（元/克）	购买黄金量（克）
定投	335.18（平均）	29.8375
按最高价主动积存	342.12	29.2295
按最低价主动积存	329.97	30.3058

从对比结果可以看出，定投的积存结果介于按最低价主动积存和按最高价主动积存的结果之间；定投可以使黄金投资变得方便、省心，降低高价位投资风险。

资料来源 佚名. 积存金业务知识问答［EB/OL］.［2024-09-19］.［EB/OL］. https://www.icbc.com.cn/page/721854323272482828.html.

五、代理信托

信托是信用委托，有"受人之托，代人理财"的意思。信托是一种理财方式，也是一种特殊的财产管理制度和法律行为。信托是指委托人基于对受托人的信任，将其财产权委托给受托人，由受托人按委托人的意愿以自己的名义，为受益人的利益或特定目的进行管理和处分的行为。

（一）代理信托的定义

代理信托是指银行接受信托公司的委托，通过对信托产品进行审核以及风险评级，选择相应的信托产品，向合适的客户代理推介。

（二）代理信托的相关当事人

在银行代理信托业务中，银行是信托代理人，即根据信托公司的委托授权，代理其经营信托业务，并收取代理费用的人。信托业务一般涉及三方面当事人，即投入信

微课4-3

信托业务

用的委托人，受信于人的受托人，以及受益于人的受益人。

1.委托人

委托人是信托关系的创设者，应是具有完全民事行为能力的自然人、法人或依法成立的其他组织。委托人提供信托财产，确定谁是受益人以及受益人享有的受益权。委托人指定受托人，并有权监督受托人实施信托。

2.受托人

受托人承担着管理、处分信托财产的责任。受托人是具有完全民事行为能力的自然人或法人，必须恪尽职守，履行诚实、信用、谨慎、有效管理的义务。受托人应当遵守信托文件的规定，为受益人的最大利益处理信托事务。在我国，受托人是特指经国家金融监管总局批准成立的信托公司。

3.受益人

受益人是在信托中享有信托受益权的人，可以是自然人、法人或者依法成立的其他组织，不包括未出生的胎儿。

小思考4-1

2012年11月20日，龙湖地产董事会主席、中国女首富吴亚军离婚案为中国家族企业利用家族信托处理类似事件树立了一个榜样。龙湖地产当时市值高达764亿港元，几百亿港元的身家分割，龙湖地产的股价和经营并没有因为这场离婚案受到太大影响。

信托财产相较于其他金融资产具有特殊性，主要表现为独立性，具体体现在哪些方面呢？

答：（1）信托财产与委托人未建立信托的其他财产相区别。

建立信托后，委托人死亡或依法被解散，依法被撤销，或被宣告破产时，当委托人是唯一受益人时，信托终止，信托财产作为其遗产或清算财产；当委托人不是唯一受益人的，信托存续，信托财产不作为其遗产或清算财产。

（2）信托财产与受托人固有财产（受托人所有的财产）相区别。

受托人必须将信托财产与固有财产区别管理，分别记账，不得将其归入自己的固有财产。

（3）信托财产独立于受益人的自有财产。

受益人虽然对信托财产享有受益权，但这只是一种利益请求权，在信托存续期内，受益人并不享有信托财产的所有权。

可见，信托除了对财富进行管理，努力让财富增值外，还可以更好地帮助委托人实现保护和传承财富的目的。

（三）代理信托的运作方式

代理信托的运作方式主要分为三个步骤：信托风险评级、信托产品认购和信托财产分配。

1.信托风险评级

银行接受信托公司的委托，需要对信托产品进行审核及风险评级，确定信托产品风险及收益情况。

2.信托产品认购

理财经理会对客户进行个人风险测评，保证个人风险测评结果与信托产品对应的风险评级一致。在产品认购之前，理财经理会向客户讲解对应信托产品的特点，保证客户充分了解产品风险及收益情况，代理信托公司与客户签订《风险揭示书》和《信托合同》等相关资料，然后进行信托产品认购。

3.信托财产分配

银行还会提供信托财产分配服务。信托到期后，根据《信托合同》的相关约定，信托财产按期由受托人划至银行，由银行根据对应信托财产的份额划拨到客户账户上。

业务实操

业务 4-1：代理推介合适客户

代理保险是代销业务中最常见的类别，下面详细介绍代理保险的工作流程，说明理财经理的工作职责。

步骤一：接受客户保险咨询

客户可以通过银行柜台、网上银行、电话银行等渠道咨询保险产品的详情和购买方式。理财经理为客户提供专业的保险知识和建议，帮助客户了解代理的保险产品特点，客户在咨询过程中还可以了解到银行与保险公司的合作情况、保险公司的信誉度等信息。

步骤二：保险产品精准推荐

理财经理除了要介绍代理的保险产品详情，还需要了解客户的基本情况、保险需求及财务状况等，以便帮助客户精准推荐保险产品，协助客户进行保险投保，包括解释保险产品说明书、保险产品条款和"代理个人保险产品投保提示"等文本内容，与客户核对保险保障范围、保险金额、保险期限、保费等基本信息，经客户确认后进行投保，指导客户完成投保单、保险合同的填写。

☑ 小知识4-5　　　　填写投保单时的注意事项

投保单是保险合同的重要组成部分，也是保险公司进行核保及核定给付、赔付的重要原始资料。投保人在填写投保单时应注意以下事项：

（1）对投保人、被保险人和受益人的姓名、性别、年龄、职业、地址、电话等内容按照投保时的实际情况填写，姓名和身份证号码要与身份证或户口簿上所登记的内容相符；在填写地址时，要详细写明地址全称。

（2）准确填写要求投保的产品名称、保险金额及相关信息。

（3）投保人及被保险人应如实回答投保单上所提的问题，对投保单上要求提供详细情况的问题，应在投保单备注栏中说明详情或提供相关的书面材料。

（4）投保人在填写完毕后，应对投保单内容进行复核，确认内容真实完整，并应亲笔签名确认。必要时，被保险人也需要亲笔签名确认（如签订以身故为保险金给付条件的合同时）。投保人、被保险人切勿在空白或未填写完整的投保单上签字。

资料来源　佚名. 什么是投保单？［EB/OL］.［2024-04-30］. https://www.shenlanbao.com/zhi-shi/5-608355.

业务 4-2：代销业务售后服务

步骤一：确认客户保单生效

保单购买完成后，理财经理要跟进确认客户投保是否成功，确认客户保单生效。保单生效时间一般为购买后的第二个工作日。在保单生效前，客户需要确保已经缴纳了足够的保费，并且填写的信息准确无误。保单生效后，客户就可以享受到相应的保障服务了。

保险存在"犹豫期"，即保险合同生效一定期限内，如投保人不同意保险合同内容，可以将合同退还保险公司并申请撤销，保险公司同意投保人的申请后，撤销合同并退还已收全部保费。在银行购买的保险犹豫期为15天，在此期间若有客户向银行提出退保申请，理财经理要询问退保原因，协助客户办理退保手续，全额退还保费。

> **小思考4-2**
>
> 2024年6月，客户张某致电保险公司客服热线，称为自己购买了一份保险产品，已交费2年，现在申请退保后发现退保金额低于所缴保费。得知中途退保会有损失后，张某情绪激动，要求保险公司全额退还所交保费。
>
> 若客户过了犹豫期后退保，是否能全额退还保费呢？
>
> 答：过了犹豫期退保，一般来说只能退回保单的现金价值。
>
> 保险的现金价值=投保人已交保费-保险公司的管理费用开支在该保单上分摊的金额-保险公司因为该保单向推销人员支付的佣金-保险公司已承担该保单保险责任所需要的纯保费+剩余保费所生利息
>
> 因此，保险现金价值大多无须投保人/被保险人自行计算，保险公司会在保单的最后一页附上现金价值表，上面会写明每一个保单年度对应的现金价值是多少，投保人/被保险人自行查阅就能了解可退回的保单现金价值。
>
> 客户在购买保险产品前，一定要仔细阅读保险条款、投保须知等内容，全方位地了解保险产品。重点要看保障范围、免责条款、交费期间、保险额度、保障期间等内

容，以免因自己的疏忽带来麻烦。

步骤二：协助客户办理理赔

保单生效后，如果客户遭遇意外事故或疾病，需要申请理赔，就需要填写理赔申请书，并提供相关证明材料，如医院诊断证明、警方报案证明等。理财经理协助客户将理赔申请书和证明材料提交给保险公司，并协助客户处理理赔事宜。一般情况下，保险公司会在10个工作日内完成理赔审核，并将理赔款打入客户的银行账户。

除了协助客户办理理赔之外，理财经理还需要做好其他售后服务工作，关注客户的其他需求。例如，在保险期限内，投保人与被保险人因工作变动，或其他原因导致同时发生居住地变迁，为方便交纳保费和申请理赔，会申请保单迁移，将保单由签发地转移到迁居地。

小思考4-3

小王购买了一份分红型保险，保险期限为20年，每年缴纳保费1万元。在保险期限内，分红型保险有保额分红和现金分红两种分红方式。

当保险期限结束时，分红型保险如何处理？

答：分红型保险就是一款可以拿到本金的保险，部分产品在提供收益的同时还有一定的保障效果。其分红形式是通过投保人所缴纳的保费进行资本运作，最后将保费所产生的收益返还给投保人。

分红型保险到期后，领取方式主要有以下几种：

现金领取：保单持有人可以到保险公司的营业网点，填写领取保险金申请书，保险公司会将现金直接支付给保单持有人。

银行转账：保单持有人可以在保险公司的营业网点办理银行转账手续，将保险金转入保单持有人指定的银行账户。

转换年金：保单持有人可以将保单转换为年金保险，每年领取一定的年金。

分红型保险的流动性相对较差，通常需要在保单到期后才能够领取保险金和分红。分红型保险的投资功能是通过保险公司的投资收益来实现的，但具体收益并不确定，受到市场风险和保险公司经营风险的影响，收益甚至可能几乎没有。

任务实施

微课4-4

根据夏婉儿保险案例，进行代销保险实训操作。

步骤一：接受保险咨询

客户夏婉儿向大堂经理咨询保险问题（如图4-2所示），大堂经理进行营销转介（如图4-3所示），客户进入理财经理室，进行保险咨询（如图4-4所示）。

代销保险实训操作

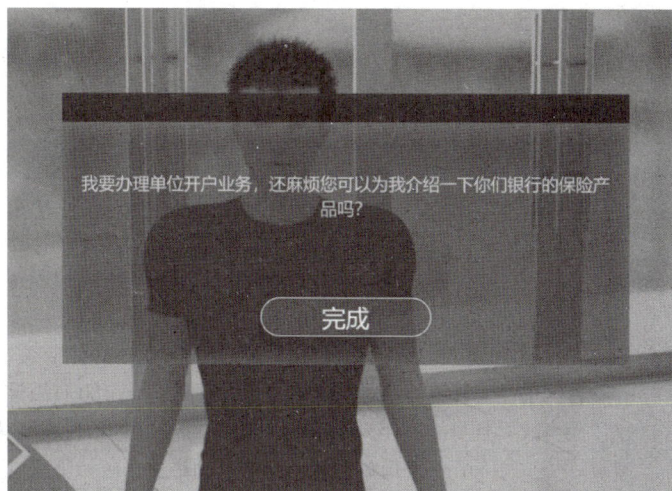

图4-2 咨询保险产品

图4-3 营销转介

图4-4 保险咨询

步骤二：推荐保险产品

理财经理根据夏婉儿的基本情况、保险需求及财务状况等，向夏婉儿精准推荐保险产品，介绍代理保险产品详情（如图4–5所示）。

保险名称		工银安盛人寿鑫福传家终身寿险 2023 版
投保规则	承保年龄	28 天~75 周岁
	保险期间	终身
	缴费期限	趸交、3/5/10/15/20/30 年交
保障内容	身故保险金	1. 年满 18 周岁前身故，给付已交标准保险费； 2. 年满 18 周岁（含）后身故，给付 100% 基本保险金额
	意外身故保险金	若因遭受意外伤害事故，并在事故发生之日起 180 日因该意外伤害事故而身故，且身故时年满 18 周岁（含）后，额外给付 50% 基本保险金额
保单权益		保单贷款、保费自动垫交、减额交清

图4–5　介绍代理保险产品

步骤三：完成保险投保

理财经理指导夏婉儿完成投保单的填写（如图4–6所示），协助客户进行保险投保（如图4–7所示）。

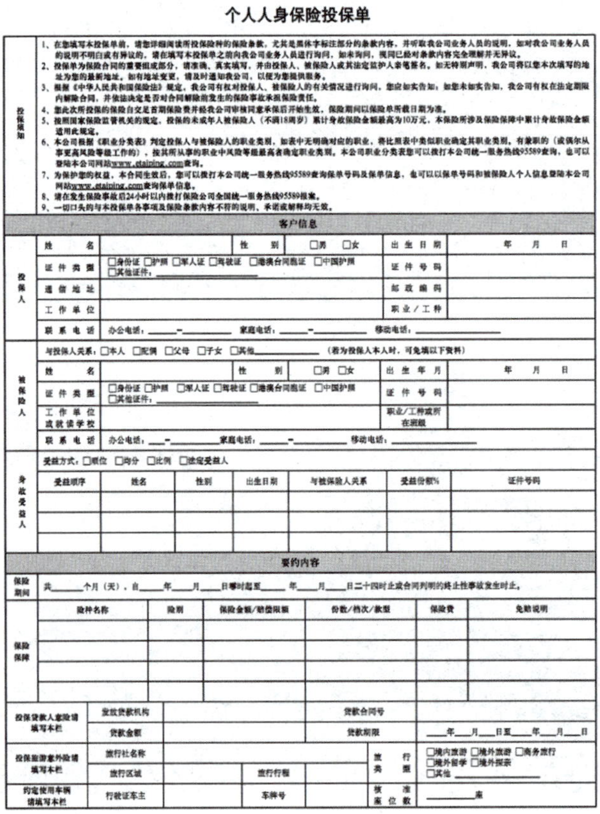

个人人身保险投保单

投保须知
1、在您填写本投保单前，请您详细阅读所投保险种的保险条款，尤其是黑体字标注部分的条款内容，并听取我公司业务人员的说明，如对我公司业务人员的说明不明白或有异议的，请在填写本投保单之前向我公司业务人员进行询问，如未询问，视同已经对条款内容完全理解并无异议。
2、投保单为保险合同的重要组成部分，请准确、真实填写，并由投保人、被保险人或其法定监护人亲笔签名。如无特别声明，我公司将以您本次填写的地址为您的最新地址，如有地址变更，请及时通知我公司，以便为您提供服务。
3、根据《中华人民共和国保险法》规定，我公司有权对投保人、被保险人的有关情况进行询问，您应如实告知；如您未如实告知，我公司有权在法定期限内解除合同，并依法决定是否对合同解除前发生的保险事故承担保险责任。
4、您此次所投保的保险自交足首期保险费并经我公司审核同意承保后开始生效，保险期间以保险单所载日期为准。
5、按照国家保险监管机关的规定，投保的未成年人被保险人（不满18周岁）累计身故保险金额最高为10万元，本保险所涉及保险保障中累计身故保险金额适用此规定。
6、本公司根据《职业分类表》判定投保人与被保险人的职业类别，如表中无明确对应的职业，将比照表中类似职业确定其职业类别。有兼职的（或偶尔从事更高风险等级工作的），按其所从事的职业中风险等级最高者确定职业类别。本公司职业分类表您可以拨打本公司统一服务热线95589查询，也可以登陆本公司网站www.etaiping.com查询。
7、为保护您的权益，本合同生效后，您可以拨打本公司统一服务热线95589查询保单号码及保单信息，也可以以保单号码和被保险人个人信息登陆本公司网站www.etaiping.com查询保单信息。
8、请在发生保险事故后24小时以内拨打保险公司全国统一服务热线95589报案。
9、一切口头的与本投保单各事项及保险条款内容不符的说明、承诺或解释均无效。

客户信息

投保人：姓名　性别 □男 □女　出生日期　年　月　日
证件类型 □身份证 □护照 □军人证 □驾驶证 □港澳台同胞证 □中国护照 □其他证件：　证件号码
通信地址　邮政编码
工作单位　职业/工种
联系电话　办公电话：　-　家庭电话：　-　移动电话：

被保险人：与投保人关系：□本人 □配偶 □父母 □子女 □其他　（若为投保人本人时，可免填以下资料）
姓名　性别 □男 □女　出生年月　年　月　日
证件类型 □身份证 □护照 □军人证 □驾驶证 □港澳台同胞证 □中国护照 □其他证件：　证件号码
工作单位或就读学校　职业/工种或所在班级
联系电话　办公电话：　-　家庭电话：　-　移动电话：

身故受益人：受益方式：□顺位 □均分 □比例 □法定受益人

受益顺序	姓名	性别	出生日期	与被保险人关系	受益份额%	证件号码

要约内容

保险期间：共＿个月（天），自＿年＿月＿日零时起至＿年＿月＿日二十四时止或合同列明的终止性事故发生时止。

保险保障：

险种名称	险别	保险金额/赔偿限额	份数/档次/款型	保险费	免赔说明

投保贷款人意险请填写本栏：发放贷款机构　贷款合同号　贷款金额　贷款期限 ＿年＿月＿日至＿年＿月＿日

投保旅游意外险请填写本栏：旅行社名称　旅行区域　旅行行程　旅行类型 □境内旅游 □境外旅游 □商务旅行 □境外留学 □境外探亲 □其他

约定使用车辆请填写本栏：行驶证车主　车牌号　核准座位数 ＿座

图4–6　填写投保单

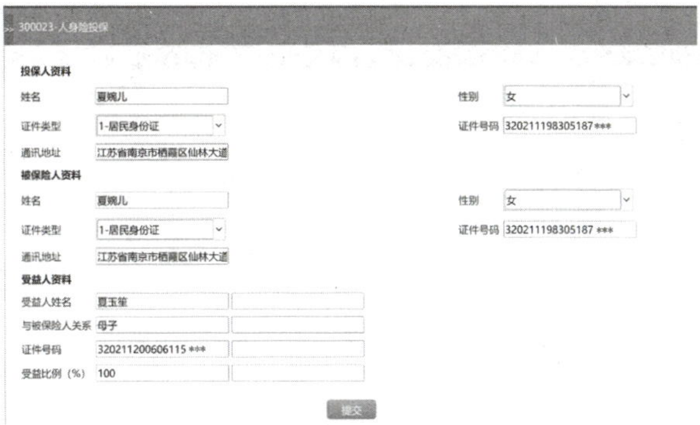

图4-7　保险投保

步骤四：保险理赔服务

在保险生效后，理财经理要做好代理保险的售后服务，关注夏婉儿的保费缴纳，以及在客户出险时，协助做好理赔工作（如图4-8所示），另外还需关注客户的其他需求，例如保单迁移（如图4-9所示）。

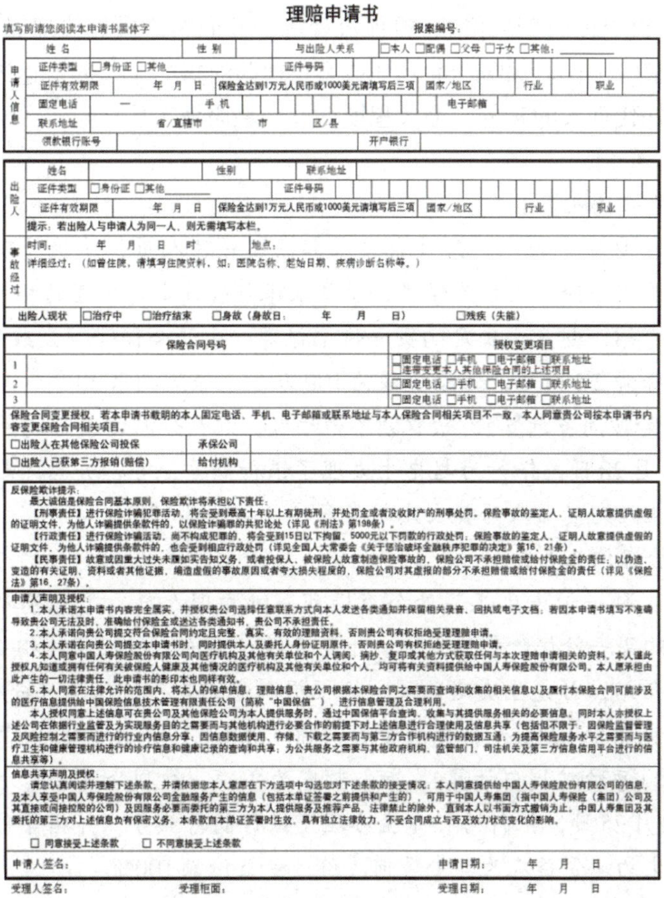

理赔申请书

填写前请您阅读本申请书黑体字　　　　报案编号：

申请人信息	姓 名		性 别		与出险人关系	□本人 □配偶 □父母 □子女 □其他：________
	证件类型	□身份证 □其他________			证件号码	
	证件有效期限	年 月 日	保险金达到1万元人民币或1000美元请填写后三项	国家/地区	行业	职业
	固定电话	—	手 机		电子邮箱	
	联系地址	省/直辖市 市 区/县				
	领款银行账号		开户银行			

出险人	姓名		性别		联系地址	
	证件类型	□身份证 □其他________			证件号码	
	证件有效期限	年 月 日	保险金达到1万元人民币或1000美元请填写后三项	国家/地区	行业	职业
	提示：若出险人与申请人为同一人，则无需填写本栏。					
事故经过	时间： 年 月 日 时			地点：		
	详细经过：（如曾住院，请填写住院资料，如：医院名称、起始日期、疾病诊断名称等。）					
出险人现状	□治疗中	□治疗结束	□身故（身故日： 年 月 日）	□残疾（失能）		

	保险合同号码	授权变更项目
1		□固定电话 □手机 □电子邮箱 □联系地址 □连带变更本人其他保险合同的上述项目
2		□固定电话 □手机 □电子邮箱 □联系地址
3		□固定电话 □手机 □电子邮箱 □联系地址

保险合同变更授权：若本申请书载明的本人固定电话、手机、电子邮箱或联系地址与本人保险合同相关项目不一致，本人同意贵公司按本申请书内容变更保险合同相关项目。

□出险人在其他保险公司投保	承保公司	
□出险人已获第三方报销(赔偿)	给付机构	

反保险欺诈提示：

最大诚信是保险合同基本原则，保险欺诈将承担以下责任：

【刑事责任】进行保险诈骗犯罪活动，将会受到最高十年以上有期徒刑，并处罚金或者没收财产的刑事处罚。保险事故的鉴定人、证明人故意提供虚假的证明文件，为他人诈骗提供条款件的，以保险诈骗罪的共犯论处（详见《刑法》第198条）。

【行政责任】进行保险诈骗活动，尚不构成犯罪的，将会受到15日以下拘留，5000元以下罚款的行政处罚；保险事故的鉴定人、证明人故意提供虚假的证明文件，为他人诈骗提供条款件的，也会受到相应行政处罚（详见全国人大常委会《关于惩治破坏金融秩序犯罪的决定》第16、21条）。

【民事责任】故意或因重大过失未履如实告知义务，或者投保人、被保险人故意制造保险事故的，保险公司不承担赔偿或给付保险金的责任；以伪造、变造的有关证明、资料或者其他证据，编造虚假的事故原因或者夸大损失程度的，保险公司对其虚报的部分不承担赔偿或给付保险金的责任（详见《保险法》第16、27条）。

申请人声明及授权：

1.本人承诺本申请书内容完全属实，并授权贵公司选择任意联系方式向本人发送各类通知并保留相关录音、回执或电子文档；若因本申请书填写不准确导致贵公司无法及时、准确给付保险金或送达各类通知书，贵公司不承担责任。

2.本人承诺向贵公司提交符合保险合同约定且完整、真实、有效的理赔资料，否则贵公司有权拒绝受理理赔申请。

3.本人承诺在向贵公司提交本申请书时，同时提供本人及委托人身份证明原件，否则贵公司有权拒绝受理理赔申请。

4.本人同意中国人寿保险股份有限公司向医疗机构及其他有关单位和个人调阅、摘抄、复印或其他方式获取任何与本次理赔申请相关的资料，本人谨此授权凡知道或拥有任何有关被保险人健康及其他情况的医疗机构及其他有关单位和个人，均可将有关资料提供给中国人寿保险股份有限公司。本人愿承担由此产生的一切法律责任，此申请书的影印本也同样有效。

5.本人同意在法律允许的范围内，将本人的保单信息、理赔信息、贵公司根据本保险合同之需要而查询和收集的相关信息以及履行本保险合同可能涉及的医疗信息提供给中国保险信息技术管理有限责任公司（简称“中国保信”），进行信息管理及合理利用。

本人授权同意上述信息可在贵公司及其他保险公司为本人提供服务时，通过中国保信平台查询、收集与其提供服务相关的必要信息。同时本人亦授权上述公司在依据行业监管及为实现服务目的之需要而与其他机构进行必要合作的前提下对上述信息进行合理使用及信息共享（包括但不限于：因保险监督管理及风险控制之需要而进行的行业内信息分享；因信息数据使用、存储、下载之需要而与第三方合作机构进行的数据互通；为提高保险服务水平之需要而与医疗卫生和健康管理机构进行的诊疗信息和健康记录的查询和共享；为公共服务之需要与其他政府机构、监管部门、司法机关及第三方信息信用平台进行的信息共享等）。

信息共享声明及授权：

请您认真阅读并理解下述条款，并请依据您本人意愿在下方选项中勾选您对下述条款的接受情况：本人同意提供给中国人寿保险股份有限公司的信息，及本人享受中国人寿保险股份有限公司金融服务产生的信息（包括本单证签署之前提供和产生的），可用于中国人寿集团（指中国人寿保险（集团）公司及其直接或间接控股的公司）及因服务必要而委托的第三方为本人提供服务及推荐产品，法律禁止的除外，直到本人以书面方式撤销为止。中国人寿集团及其委托的第三方对上述信息负有保密义务。本条款自本单证签署时生效，具有独立法律效力，不受合同成立与否及效力状态变化的影响。

□ 同意接受上述条款　　□ 不同意接受上述条款

申请人签名：　　　　申请日期：　年　月　日

受理人签名：　　　受理柜面：　　　受理日期：　年　月　日

图4-8　填写理赔申请书

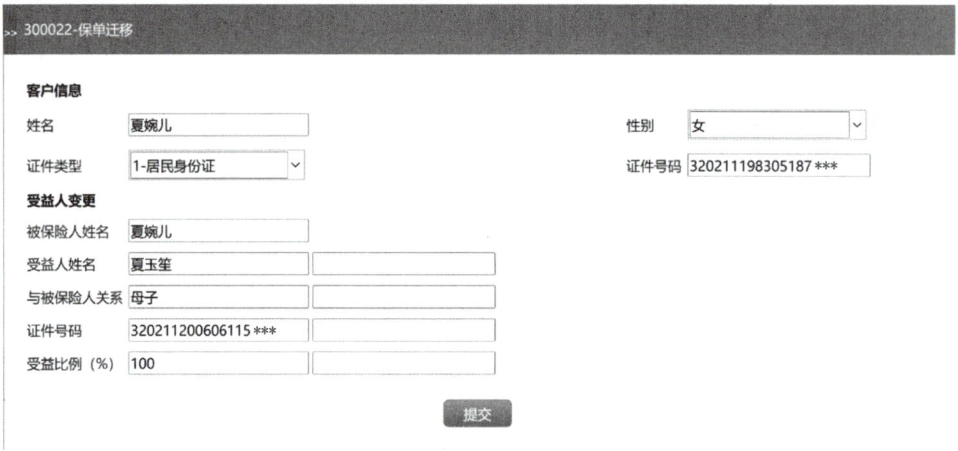

图4-9 保单迁移

【岗位说明】

理财经理要根据客户的基本情况、保险需求及财务状况等，为客户精准推荐保险产品，介绍代理的保险产品详情、投保流程等，并向客户做好代理保险相关的收益、理赔等问题的解答工作。保险产品到期或客户出险时做好本金收益返还或做好理赔协助工作，履行好代理人的义务，最大程度做好金融服务工作。

【赛题测试 4-1】

1.代理保险咨询业务1

任务说明：赵旭尧先生，某外企技术部高级管理人员，手机号码15536985***。赵先生希望能购买一份寿险作为保障，于是来银行咨询本行代理的相关保险产品。通过银行柜员的介绍，赵先生决定购买一份福禄寿一生两全保险（分红型），选择15年交费，每月交保费2 500元，保险金额为100万元，保险期限20年，年金领取起始年龄为55岁（年龄按周岁计算），领取频率为年领，红利分派方式为现金领取。

2018年11月28日，银行为赵先生办理了银行储蓄业务，并指导赵先生填写保险投保单。赵先生约定受益人为其女儿赵多多，受益份额100%。

2.代理保险咨询业务2

任务说明：孙一予先生，某外企市场部高级管理人员，手机号码15535981***。孙先生希望能购买一份保险作为保障，于是来银行咨询本行代理的相关保险产品。通过银行柜员的介绍，孙先生决定购买一份福禄满堂养老年金保险（分红型），选择15年交费，每月交保费1 500元，保险金额为800 000元，保险期限20年，年金领取起始年龄为55岁（年龄按周岁计算），领取频率为年领，红利分派方式为现金领取。

2017年12月25日，银行为孙先生办理了银行储蓄业务，并指导孙先生填写保险投保单。孙先生约定受益人为其妻子何凌薇，受益份额100%。

资料来源　2023年智慧金融技能大赛题库。

任务小结

本任务以代理保险为例，详细介绍了代理保险的办理流程，包括接受保险咨询、推荐保险产品、完成保险投保及保险理赔服务，完整操作流程如图4-10所示。

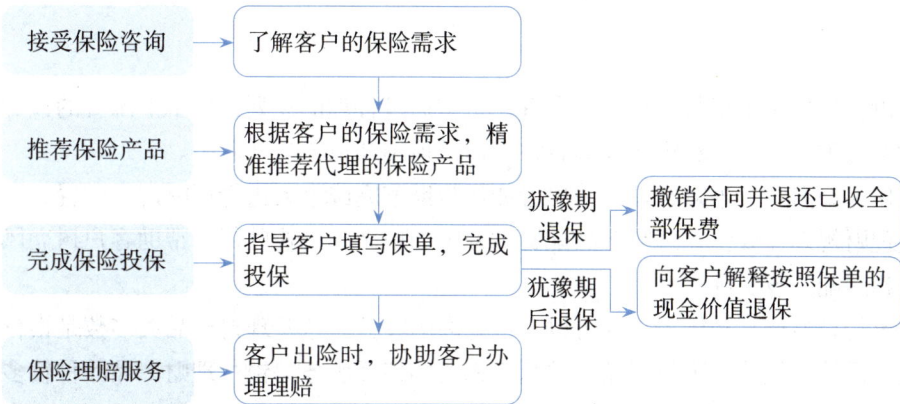

图4-10　代理保险操作流程

任务二　熟悉理财业务

任务导入

萧盛祺先生来银行进行理财咨询，希望通过合理的规划，用手上闲置的钱购买不同种类的理财产品以获得最大的收益，但是他不知道该怎样着手。

作为一名银行理财经理，请思考如何帮助家庭或个人进行理财产品配置，为客户提供理财规划建议？在理财产品配置过程中如何做到专业胜任，帮助客户树立风险与收益相匹配的投资理念？

银行理财产品相较于存款可以获得更高的收益，这些理财产品大多数是银行自行开发、设计、经营的理财产品，并承担相关的售后服务。银行理财产品品种较多，可以为家庭或个人提供更多的理财选择，满足客户多样化的理财需求，受到很多家庭或个人的青睐。因此，我们需要充分了解银行理财产品的特点及适用对象，熟练办理理财业务，满足家庭理财需求。

知识准备

银行理财产品是商业银行在对潜在目标客户群分析研究的基础上，针对特定目标客户群开发设计并销售的资金投资和管理计划。在理财业务办理过程中，银行只是接受客户的授权管理资金，投资收益与风险由客户自行承担。因此，商业银行开展理财业务要诚实守信、勤勉尽职地履行受人之托、代人理财职责，客户自担投资风险并获得收益，决不能出现代客理财的行为。

根据币种不同，理财产品分为人民币理财产品和外币理财产品两大类；根据收益类型不同，理财产品分为保本浮动理财产品和非保本浮动理财产品两大类；根据风险等级不同，理财产品分为低风险、中低风险、中风险、中高风险和高风险理财产品五大类；根据投资性质不同，理财产品分为固定收益类、权益类、商品及金融衍生品类和混合类理财产品（如图4-11所示）。

一、理财产品按币种分类

根据币种不同，理财产品分为人民币理财产品和外币理财产品两大类。

（一）人民币理财产品

1.人民币理财产品的定义

人民币理财产品是指商业银行以高信用等级人民币债券（含国债、金融债、央行票据、其他债券等）的投资收益为保障，面向个人客户或机构客户发行，到期向客户支付本金和收益的低风险理财产品。

```
                        ┌─ 人民币理财产品
                ┌ 币种 ─┤
                │       └─ 外币理财产品
                │
                │            ┌─ 保本浮动理财产品
                │ 收益类型 ─┤
                │            └─ 非保本浮动理财产品
                │
                │            ┌─ 低风险理财产品
                │            │
                │            ├─ 中低风险理财产品
                │            │
  ┌─────────┐   │ 风险等级 ─┼─ 中风险理财产品
  │银行理财产品├─┤            │
  └─────────┘   │            ├─ 中高风险理财产品
                │            │
                │            └─ 高风险理财产品
                │
                │            ┌─ 现金管理类理财产品
                │            │
                │            ├─ 固定收益类理财产品
                │            │
                └ 投资性质 ─┼─ 权益类理财产品
                             │
                             ├─ 商品及金融衍生品类理财产品
                             │
                             └─ 混合类理财产品
```

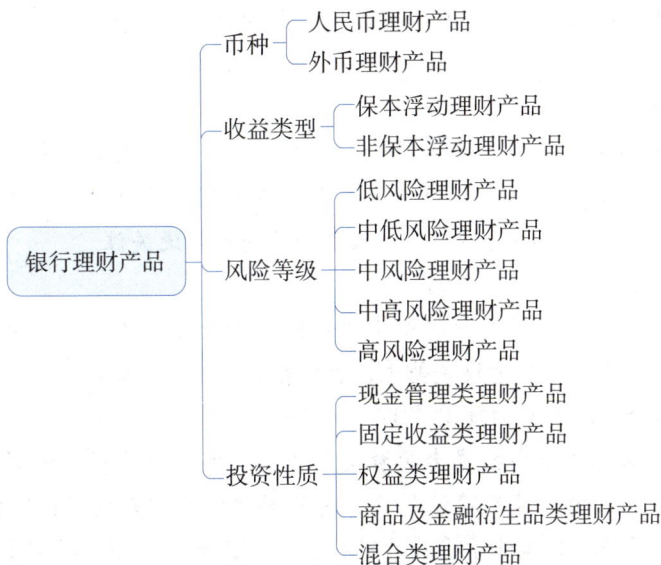

图4-11 银行理财产品类别

2.人民币理财产品的特点

（1）信誉度高。由于人民币理财产品是银行推出的，而银行在中国所有金融机构中是信誉度最高的，因此人民币理财产品具有极高的信誉保障。

（2）人民币理财产品可以利用银行在银行间债券市场上的绝对优势得到一些特殊的债券品种，从而为客户获得较高的投资收益。

（3）银行可以利用其特有的优势为人民币理财产品推出一些独有的优惠条款。

（二）外币理财产品

1.外币理财产品的定义

外币理财产品是指个人购买理财产品时的货币只针对自由兑换的外国货币，收益获取也以外币币值计算的理财产品。

外币理财产品主要分为固定收益的外币理财产品和结构性外币理财产品。

2.外币理财产品的风险

（1）投资收益风险：结构性外币理财产品是跨市场操作的，其投资标的同国际市场利率、汇率、股票价格或指数、黄金等商品价格挂钩。外币理财产品的收益水平取决于挂钩标的的实际表现。

（2）流动性风险：由于大部分外币理财产品不允许客户提前终止合同，必须持有至到期，因此如果在投资期间出现财务困境，将会导致客户现金周转困难。此外，由于流动性的限制，如果持有期间市场利率持续上升，而理财产品的收益率却不同步，也会导致理财产品的实际收益水平下降。

（3）汇率风险：购买与汇率挂钩的外币理财产品，如果判断不好汇率的波动方向，不仅会使投资收益下降，还会遭受货币贬值的损失。此外，如果购买外汇理财产

微课4-5

外币理财产品

品的币种选择外汇本币的话，还必须考虑持有期间其相对人民币的汇率波动风险。

小思考4-4

QDII理财市场扩容明显。数据显示，2024年1-6月，QDII理财产品发行数量不仅超过2023年全年数量，还创下近五年新高。在我国处于低利率、国外利率水平较高的情况下，QDII理财产品凭借较高的投资回报受到广泛关注。

你知道什么是QDII理财产品吗？

答：QDII理财产品就是客户将手中的人民币资金委托给被监管部门认证的商业银行，由银行将人民币资金兑换成美元，直接在境外投资，到期后将美元本金及收益结汇成人民币后分配给客户的理财产品。

QDII理财产品允许境内投资者投资境外市场，实现全球资产配置，为客户提供更多的投资机会。但由于涉及跨境投资，可能面临汇率波动的风险，QDII理财产品更适合有一定投资经验和风险承受能力的投资者，投资者在布局时需要保持谨慎。

二、理财产品按收益类型分类

根据客户获取收益方式不同，理财产品分为保本浮动理财产品和非保本浮动理财产品。

（一）保本浮动理财产品

1.保本浮动理财产品的定义

保本浮动理财产品是指商业银行按照约定条件向客户保证本金支付，本金以外的投资风险由客户承担，并依据实际投资收益情况确定客户实际收益的理财计划。

2.保本浮动理财产品的特点

保本浮动理财产品的特点是保本不保盈利，对客户所投资的本金提供100%保证，客户在保本到期日，一般可以收回本金；但是不保证产品一定能够盈利，也不保证最低收益。

政策聚焦4-2

关于规范金融机构资产管理业务的指导意见（摘录）

近年来，我国资产管理业务快速发展，在满足居民和企业投融资需求、改善社会融资结构等方面发挥了积极作用，但也存在部分业务发展不规范、多层嵌套、刚性兑付、规避金融监管和宏观调控等问题。按照党中央、国务院决策部署，为规范金融机构资产管理业务，统一同类资产管理产品监管标准，有效防控金融风险，引导社会资金流向实体经济，更好地支持经济结构调整和转型升级，2018年4月中国人民银行、国务院银行保险监督管理机构、国务院证券监督管理机构、国家外汇管理局四部委联合发布《关于规范金融机构资产管理业务的指导意见》，简称"资管新规"。

资产管理业务是金融机构的表外业务，金融机构开展资产管理业务时不得承诺保本保收益。出现兑付困难时，金融机构不得以任何形式垫资兑付。金融机构不得在表内开展资产管理业务。

金融机构发行和销售资产管理产品，应当坚持"了解产品"和"了解客户"的经营理念，加强投资者适当性管理，向投资者销售与其风险识别能力和风险承担能力相适应的资产管理产品。禁止欺诈或者误导投资者购买与其风险承担能力不匹配的资产管理产品。金融机构不得通过拆分资产管理产品的方式，向风险识别能力和风险承担能力低于产品风险等级的投资者销售资产管理产品。

金融机构应当加强投资者教育，不断提高投资者的金融知识水平和风险意识，向投资者传递"卖者尽责、买者自负"的理念，打破刚性兑付。

资料来源　摘自《关于规范金融机构资产管理业务的指导意见》。

政策点评："资管新规"明确要求金融机构开展资产管理业务时不能再向投资者承诺产品保本保收益，要提高投资者的风险投资意识，向投资者销售与其风险承受能力匹配的资产管理产品。

打破刚性兑付是一项系统工程，是一个破旧立新、循序渐进的过程。它意味着要全面颠覆以往金融资管业务的行业惯例，在金融机构中树立诚实信用、勤勉尽责的从业标准，才能使投资者摆脱原有刚性兑付、旱涝保收的投资思维。

（二）非保本浮动理财产品

1.非保本浮动理财产品的定义

非保本浮动理财产品是指商业银行根据约定条件和理财业务的实际投资收益情况向客户支付收益，并不保证客户本金安全的理财计划。

2.非保本浮动理财产品的特点

非保本浮动理财产品的特点是不保本也不保盈利。发行机构不承诺理财产品一定会取得正收益，有可能收益为零，甚至有可能收益为负。

三、理财产品按风险等级分类

根据风险等级不同，理财产品分为低风险、中低风险、中风险、中高风险和高风险理财产品。

（一）理财产品风险等级概述

银行把所发行的理财产品划分为五个风险等级，分别是R1、R2、R3、R4和R5，代表的风险程度分别为低风险、中低风险、中风险、中高风险、高风险，适于购买的投资人群分别为谨慎型、稳健型、平衡型、进取型、激进型。

（二）不同风险等级的理财产品

1.低风险（R1）理财产品

R1级别的理财产品，其资金基本都投向了银行间、交易所市场债券、资金拆借、信托计划以及其他金融资产等。这一级别的理财产品接近零风险，很少受到市场波动和政策法规变化等风险因素的影响。

2.中低风险（R2）理财产品

R2级别的理财产品，其资金投向和R1级别的理财产品差不多，只不过其在风险稍高一点的资产上配置了较高的比例。该级别的理财产品发生本金亏损的概率也是比较低的，收益浮动相对可控。

3.中风险（R3）理财产品

R3级别的产品，其资金投向扩大，除了可以投资债券、同业存放等低波动性金融产品外，还能投资于股票、商品、外汇等高波动性金融产品，不过后者的投资比例不超过30%。该类风险的理财产品本金亏损概率较低，预期收益存在一定的不稳定性。

4.中高风险（R4）理财产品

R4级别的产品挂钩股票、黄金、外汇等高波动性的金融产品比例可超过30%。该级别风险的理财产品出现本金亏损的概率较大，预期收益实现的不确定性较大。

5.高风险（R5）理财产品

R5级别的产品可以完全投资股票、外汇、黄金等高波动性的金融产品，也可采用衍生交易、分层等杠杆放大的方式进行投资。该级别的理财产品本金亏损概率较高，预期收益不确定性大。

四、理财产品按投资领域分类

根据投资性质不同，理财产品可分为现金管理类、固定收益类、权益类、商品及金融衍生品类和混合类理财产品。

（一）现金管理类理财产品

1.现金管理类理财产品的定义

现金管理类理财产品是指仅投资于货币市场工具，每个交易日可办理产品份额认购、赎回的商业银行或者理财公司推出的理财产品。

现金管理类理财产品是一类风险相对较低的理财品种。它主要投资于高流动性、低风险的货币市场工具，包括银行存款、中央银行票据、政府债券等。相比其他理财产品，现金管理类理财产品的收益率通常较为稳定，且资金的流动性也较强。

2.现金管理类理财产品的特点

（1）安全性：现金管理类理财产品的投资组合主要由高质量、低风险的货币市场工具组成，使得其在资产安全性方面表现出色。

（2）流动性：这些产品通常在交易日内可以随时赎回。现金管理类产品都是遵循T+1的原则，即购买T+1成立，赎回T+1到账，使得其在资金流动性方面表现优异。

（3）收益稳定：相比其他高风险理财产品，现金管理类理财产品的收益率要低一些，但是风险较低，收益稳定。

微课4-6

现金管理类
理财产品

（4）门槛低：现金管理类理财产品的购买门槛较低，适合普通投资者购买。

（二）固定收益类理财产品

1.固定收益类理财产品的定义

固定收益类理财产品指预期收益率固定的理财产品，投资于存款、债券等债权类资产的比例不低于80%。

固定收益类理财产品可以回避利率风险和汇率风险，增加驾驭经济不稳定性和控制风险的手段，满足融资者需求。

2.固定收益类理财产品的风险

固定收益类理财产品虽然预期收益率相对固定，但是也并非完全没有风险。

（1）政策风险：政策变动引发的经济周期风险，即随着经济运行的周期性变化，市场的收益水平也呈周期性变化，直接影响到固定收益类理财产品的收益。

（2）信用风险：主要指发行机构的违约风险，例如债务人经营不善，资不抵债，债权人可能会损失大部分投资。

（3）利率风险：固定收益类理财产品的收益率一般会略高于同期定期存款的利率，并以此来吸引客户。但在物价上涨比较剧烈的情况下，货币管理当局可能会采取加息手段来解决利率倒挂问题，固定收益类理财产品的价格也会因此下降。

（4）流动性风险：固定收益类理财产品通常承诺到期保证本金与收益，部分产品允许客户在持有期内的特定时间提前终止，除此之外，如果客户急需用钱，一般要支付数量不等的违约金。

3.固定收益类理财产品的收益来源

固定收益类理财产品主要投资于存款、债券等债权类资产，收益来源于所投资的资产，主要包括以下三方面：

（1）票面利息：客户购买的固定收益类理财产品投资的债权类资产，将债权类资产持有至到期可获得票面利息。

（2）资本利得：买卖债券获得的价差收益，但此收益不固定。

（3）杠杆收益：固定收益类理财产品融资再投资所获得的杠杆收益，但此收益也不固定。

（三）权益类理财产品

1.权益类理财产品的定义

权益类理财产品主要投资于股票市场，主要包括股票、股票型基金等资产，投资于权益类资产比例不低于80%。

权益类理财产品以股票或其他权益类资产为底层投资标的，通过购买和持有这些产品，客户可以分享权益市场的收益和风险。

2.股票价格波动风险

（1）国家货币政策、财政政策、产业政策等的变化对证券市场产生一定的影响，导致市场价格水平波动的风险。

（2）宏观经济运行周期性波动，对股票市场的收益水平产生影响的风险。

（3）上市公司的经营状况受多种因素影响，如市场、技术、竞争、管理、财务等方面的变化都会对公司经营带来影响，从而导致股票价格变动的风险。

（4）股票价格易受资金供求影响而出现剧烈变动，从而导致价格波动风险。

3.权益类理财产品的收益来源

权益类理财产品投资于股票、股票型基金等资产，收益取决于股票、股票型基金等权益类资产的投资收益，主要包括以下三方面：

（1）分红收益：权益类理财产品持有的股票或基金可能会定期支付分红，作为投资者的收益，但这不是固定的。

（2）资本利得：当权益类资产（股票、股票型基金）的市场价值上涨时，买卖资产可以获得资本利得。

（3）投资收益：权益类理财产品通过购买和持有股票，参与股票市场的涨跌，从中获取股价上涨带来的投资收益；若投资于股票型基金，也可以获取股票市场的投资收益。

相对于固定收益类理财产品，权益类理财产品可能获得的收益率更高，但因为没有固定收益部分，其风险也更大。

（四）商品及金融衍生品类理财产品

1.商品及金融衍生品类理财产品的定义

商品及金融衍生品类理财产品投资于商品及金融衍生品类的比例不低于80%，商品包括各类大宗实物商品，衍生品包括期货、期权、互换等。

商品及金融衍生品类理财产品是银行理财产品的"稀缺品"，其收益规则较为复杂，收益率波动较大，产品可能获取较高的收益率，也有可能产生一定本金损失。大部分银行理财客户对商品及金融衍生品类理财产品的投资及收益状况不太了解，也难以承受较高的风险，所以这类理财产品发行量较低。

2.衍生品投资风险

（1）市场波动风险：商品及金融衍生品类理财产品投资收益情况取决于衍生品的预期收益，在最不利的情况下，挂钩标的的下跌将可能给理财计划带来部分甚至全部本金损失的风险。

（2）流动性风险：在标的场外衍生品到期前，在经场外衍生品交易对手同意后，理财计划只能在标的场外衍生品合约约定的交易时间内通过交易对手柜台交易市场进行转让，交易可能不活跃，导致理财计划的转让需求可能无法满足。

（3）衍生品无法正常履行的风险：商品及金融衍生品类理财产品投资收益的实现依赖于挂钩衍生品的正常履行。若挂钩衍生品无法正常成立（运作）或需提前终止，投资者可能因此遭受相应的财产损失。

3.商品及金融衍生品类理财产品的收益来源

很多衍生品具有高杠杆、高风险、高收益的特性，商品及金融衍生品的收益来源于挂钩衍生品的价格波动及杠杆交易带来的收益。

小思考4-5

雷曼兄弟于2008年金融危机期间破产。雷曼兄弟在其资产负债表中持有大量的次级抵押贷款支持证券，这些资产具有高风险和高杠杆特性。雷曼兄弟的破产很大程度上与其过度使用杠杆有关。

你知道金融衍生品交易是如何实现杠杆效应的吗？

答：金融衍生品交易的杠杆效应，是指通过投入较少的资金来控制或获得较大的资产收益或风险的能力。金融衍生品交易一般只需要支付少量的保证金或权利金，就可以签订远期大额合约或互换不同的金融工具。例如，若期货交易保证金为合约金额的5%，则期货交易者可以控制20倍于所交易金额的合约资产，实现以小搏大的效果。

金融衍生品交易的杠杆效应有其优劣之处。优点是可以放大收益，提高资金利用率，降低交易成本，增加市场流动性，促进风险管理和套期保值。缺点是可以放大亏损，增加市场波动性，引发道德风险和逆向选择，导致系统性风险和金融危机。

(五) 混合类理财产品

1.混合类理财产品的定义

混合类理财产品是指投资于债权类资产、权益类资产、商品及金融衍生品类资产，且任一资产的投资占比未能达到80%以上的理财产品。

2.混合类理财产品的收益来源

混合类理财产品不会仅仅投资于某一类资产，通过不同资产的搭配呈现出不同的风险收益特征，其主要收益来源也不尽相同。比如可以同时投资权益类资产和商品及金融衍生品类资产，进行风险对冲；也可以同时投资债权类资产和权益类资产，部分资产可以获得固定收益，再通过权益类资产冲击可能的高收益。

业务实操

业务 4-3：客户风险测评

以对个人进行风险测评并出具理财方案为例，详细介绍银行理财的工作流程，熟悉理财经理的工作职责。

步骤一：测试客户风险偏好

在为客户出具理财方案之前，需要对客户的风险偏好和风险承受能力进行测试，从而为客户出具与之匹配的理财方案。风险偏好是个人在面对风险时所表现出的主观态度。客户的风险偏好可以大致分为三大类型，分别是风险回避、风险中立和风险追求。风险回避型投资者重视本金的安全，看重获得回报的稳定性；风险中立型投资者既不回避风险，也不主动追求风险，兼顾本金的安全和收益的稳定性；风险追求型投资者通常主动追求风险，看重获得回报的高度。通过风险偏好测试（见表4-2），来确定客户的风险偏好类型。

表4-2 风险偏好评估表

分数	10分	8分	6分	4分	2分
首要考虑	赚短线差价	长期利得	年现金收益	抗通胀保值	保本保息
认赔动作	预设止损点	事后止损	部分认赔	持有待回升	加码摊平
赔钱心理	学习经验	照常过日子	影响情绪小	影响情绪大	难以成眠
最重要特性	获利性	收益兼成长	收益性	流动性	安全性
避免工具	无	期货	股票	房地产	债券
本金损失	总分为50分，不能忍受任何损失为0分；每增加一个承受损失百分比，加2分，可容忍25%以上损失者为满分				
所得分数	80~100分	60~79分	40~59分	20~39分	0~19分
类型	积极进取型	温和进取型	中庸型	温和保守型	非常保守型

步骤二：评估风险承受能力

在了解了客户的风险偏好后，还需要进一步了解客户的风险承受能力。风险承受能力衡量了个人或家庭能承受多大的投资损失而不至于影响正常生活，需要结合就业情况、资产负债、投资经验及年龄等进行综合衡量（见表4-3）。风险承受能力分为五个等级，从低到高分别为A1（保守型）、A2（稳健型）、A3（平衡型）、A4（成长型）、A5（进取型）。对客户的风险承受能力进行测评，既要考虑客户的主观态度偏好，也要考虑客户的客观现实情况。

表4-3 风险承受能力评估表

分数	10分	8分	6分	4分	2分
就业状况	公务员或事业单位人员	上班族	佣金收入	自营事业	失业
家庭负担	未婚	双薪无子女	双薪有子女	单薪无子女	单薪有子女
置业状况	投资不动产	自用房无贷款	房贷小于50%	房贷大于50%	无自用房
投资经验	10年以上	6~10年	2~5年	一年以内	无
投资知识	有专业执照	财经专业毕业	自修有心得	懂一些	一片空白
年龄	总分50分，25岁以下者50分，每多一岁少1分，75岁以上0分				
所得分数	80~100分	60~79分	40~59分	20~39分	0~19分
风险承受等级	很高	高	中等	低	很低
"100-年龄"配置法调整系数	20%	10%	0	-10%	-20%

☑ 小知识4-6　　　　　　　风险承受能力分级

根据风险承受能力不同，可以将投资者分为五级，分别是保守型投资者、稳健型投资者、平衡型投资者、成长型投资者以及进取型投资者。

保守型投资者

对于保守型投资者来说，资金的安全性处于绝对的第一位，宁愿没有收益也不愿意让资金出现任何一点风险，可以说是极度的风险厌恶者。

稳健型投资者

相较保守型投资者来说，稳健型投资者具备一定的风险承受能力，并且在打理钱财的时候期望能够追求稳定的收益，能够将需要承受的风险降至最低。

平衡型投资者

平衡型投资者能够承担的风险要更高一些，对风险的厌恶没有那么强烈，对收益的追求也足够理性，愿意用一小部分的风险去博取更高的投资收益。

成长型投资者

成长型投资者具有一定的风险偏好，风险承受能力较强，在投资过程中倾向于一些中高风险、高风险的产品，愿意承担一定的风险去博取更高的收益。

进取型投资者

进取型投资者是极端的风险偏好者，只要能够获取一定的收益，愿意承担全部的风险，在投资过程中往往更倾向于高风险的投资品种。

资料来源　佚名. 如何理解投资风险等级［EB/OL］.［2024-08-06］. https：//stock.hexun.com/2024-08-06/213875301.html.

业务4-4：配置理财产品工具

步骤一：出具理财配置方案

对客户进行风险测评后，理财经理要根据客户的风险偏好和风险承受能力的综合评价结果，并结合理财产品的性质和风险特征，为客户匹配理财产品，提供理财建议，出具理财配置方案。在理财产品销售时，理财经理要为客户详细介绍理财产品类型、投资组合、估值方法、投资风险及理财费用、申赎规则等重要信息，不能只强调理财产品的预期收益率，更不能向客户承诺理财收益率。

政策聚焦4-3 ▬▬▬▬▬▬▬▬▬▬▬▬▬▬▬▬▬▬▬▬▬▬

商业银行理财业务监督管理办法（摘录）

为加强对商业银行理财业务的监督管理，促进商业银行理财业务规范健康发展，依法保护投资者合法权益，2018年9月，中国银行保险监督管理委员会发布《商业银行理财业务监督管理办法》，简称"理财新规"。

商业银行理财产品宣传销售文本应当全面、如实、客观地反映理财产品的重要特性，充分披露理财产品类型、投资组合、估值方法、托管安排、风险和收费等重要信息，所使用的语言表述必须真实、准确和清晰。

商业银行发行理财产品，不得宣传理财产品预期收益率，在理财产品宣传销售文本中只能登载该理财产品或者本行同类理财产品的过往平均业绩和最好、最差业绩，并以醒目文字提醒投资者"理财产品过往业绩不代表其未来表现，不等于理财产品实际收益，投资须谨慎"。

商业银行只能向投资者销售风险等级等于或低于其风险承受能力等级的理财产品，并在销售文件中明确提示产品适合销售的投资者范围，在销售系统中设置销售限制措施。商业银行不得通过对理财产品进行拆分等方式，向风险承受能力等级低于理财产品风险等级的投资者销售理财产品。

商业银行应当根据理财产品的性质和风险特征，设置适当的期限和销售起点金额。商业银行发行公募理财产品的，单一投资者销售起点金额不得低于1万元人民币。商业银行发行私募理财产品的，合格投资者投资于单只固定收益类理财产品的金额不得低于30万元人民币，投资于单只混合类理财产品的金额不得低于40万元人民币，投资于单只权益类理财产品、单只商品及金融衍生品类理财产品的金额不得低于100万元人民币。

资料来源　摘自《商业银行理财业务监督管理办法》。

政策点评："理财新规"与"资管新规"充分衔接，共同构成银行开展理财业务需要遵循的监管要求。"理财新规"在投资者适当性管理、合规销售、信息登记和信息披露等环节，进一步强化了对投资者合法权益的保护。

一是加强投资者适当性管理。遵循风险匹配原则，延续现行理财监管要求，规定银行应对理财产品进行风险评级，对投资者风险承受能力进行评估，并根据风险匹配原则，向投资者销售风险评级等于或低于其风险承受能力评级的理财产品。

二是加强产品销售的合规管理。加强销售管理，银行销售理财产品应执行"理财新规"附件中关于理财产品宣传销售文本管理、风险承受能力评估、销售过程管理、销售人员管理等方面的具体规定。

步骤二：银行理财到期处理

若客户购买的是开放式理财产品，客户在需要资金时可以随时申请赎回；若客户购买的是封闭式理财产品，在银行理财到期后，银行会自动将到期的本金加投资收益转入到客户的个人结算账户中，用于日常使用。若客户还想继续理财，理财经理也可重新向客户推荐合适的银行理财产品。

部分封闭式理财产品属于滚续型理财产品，在理财到期后，客户无须办理续期手续即可将本金和投资收益自动滚入下期。如果理财产品到期后客户考虑取出，需提前和银行进行约定，否则该产品默认继续滚存，在新的滚存期限未到期时，客户无法将资金取出。

任务实施

根据萧盛祺理财案例，进行理财业务实训操作。

步骤一：测试风险偏好

理财经理首先为萧盛祺进行风险偏好评分（如图4-12、图4-13所示）。

图4-12　风险偏好测试

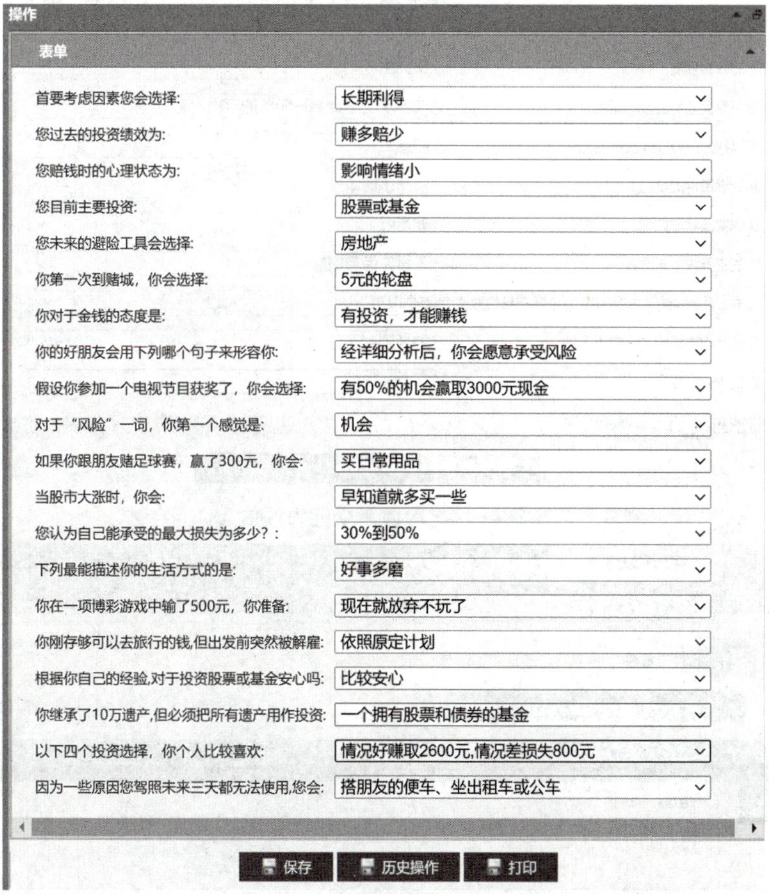

微课4-7

理财业务实训操作

图4-13　风险偏好评分结果

步骤二：评估风险承受能力

其次，理财经理还需要为萧盛祺进行风险承受能力评分（如图4-14、图4-15所示）。

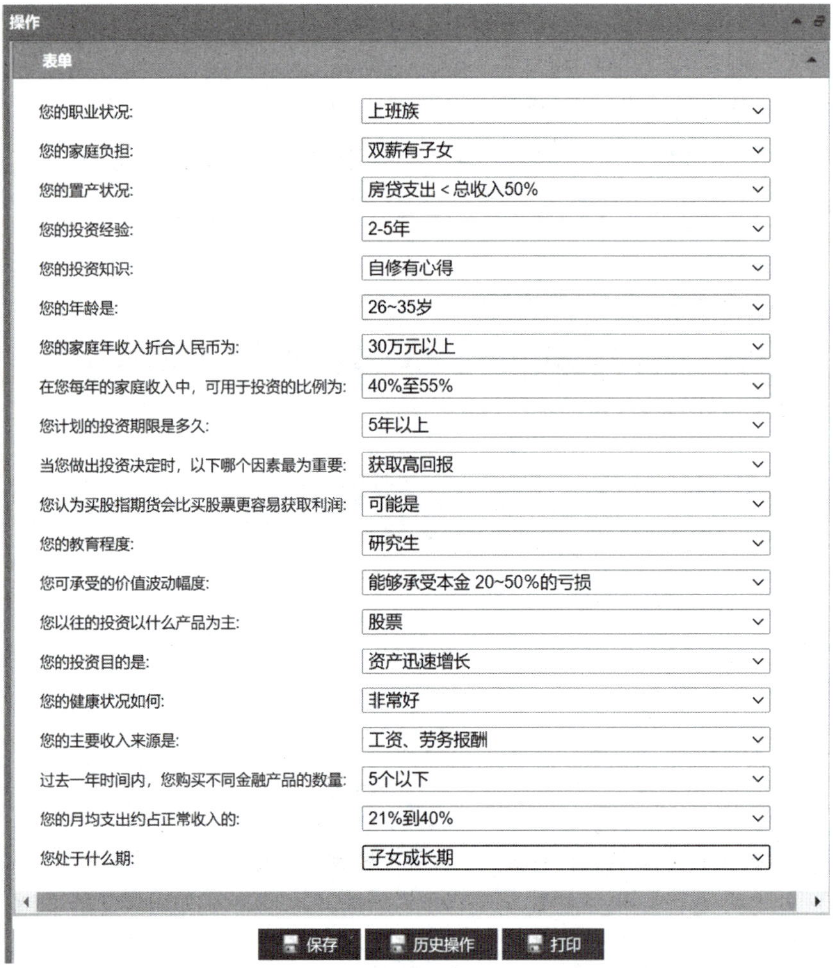
操作
表单
您的职业状况: 上班族
您的家庭负担: 双薪有子女
您的置产状况: 房贷支出＜总收入50%
您的投资经验: 2-5年
您的投资知识: 自修有心得
您的年龄是: 26~35岁
您的家庭年收入折合人民币为: 30万元以上
在您每年的家庭收入中，可用于投资的比例为: 40%至55%
您计划的投资期限是多久: 5年以上
当您做出投资决定时，以下哪个因素最为重要: 获取高回报
您认为买股指期货会比买股票更容易获取利润: 可能是
您的教育程度: 研究生
您可承受的价值波动幅度: 能够承受本金 20~50%的亏损
您以往的投资以什么产品为主: 股票
您的投资目的是: 资产迅速增长
您的健康状况如何: 非常好
您的主要收入来源是: 工资、劳务报酬
过去一年时间内，您购买不同金融产品的数量: 5个以下
您的月均支出约占正常收入的: 21%到40%
您处于什么期: 子女成长期
保存
历史操作
打印

图4-14　风险承受能力评估

首页
风险评估分析表
表格
搜索
重置
新增
修改
删除
总分
1
78.00

图4-15　风险承受能力评估得分

步骤三：出具理财配置建议

综合风险偏好和风险承受能力的评分结果，理财经理为萧盛祺出具理财配置建议（如图4-16、图4-17所示）。

风险矩阵	风险能力	低能力	中低能力	中能力	中高能力	高能力
风险态度	工具	0～19分	20～39分	40～59分	60～79分	80～100分
低态度 0～19分	低风险	70%	50%	40%	20%	10%
	中风险	30%	40%	40%	50%	50%
	高风险	0	10%	20%	30%	40%
中低态度 20～39分	低风险	40%	30%	20%	10%	10%
	中风险	50%	50%	50%	50%	40%
	高风险	10%	20%	30%	40%	50%
中态度 40～59分	低风险	40%	30%	10%	0	0
	中风险	30%	30%	40%	40%	30%
	高风险	30%	40%	50%	60%	70%
中高态度 60～79分	低风险	20%	0	0	0	0
	中风险	40%	50%	40%	30%	20%
	高风险	40%	50%	60%	70%	80%
高态度 80～100分	低风险	0	0	0	0	0
	中风险	50%	40%	30%	20%	10%
	高风险	50%	60%	70%	80%	90%

评估意见：您的风险承受能力属于 中高能力 ∨ ，风险态度属于 中高态度 ∨ ，我们建议您的资产配置比例为 低风险 0 %；中风险 30 %；高风险 70 %。

［保存］

图4-16　综合风险评分结果

表单　▲

资产类别：

低风险类：

当前价值(*: 141500) 比重（百分*: 19.46)

中风险类：

当前价值(*: 307495) 比重（百分*: 42.30)

高风险类：

当前价值(*: 278000) 比重（百分*: 38.24)

根据风险评估结果得出适合您的投资组合为低风险 0 %；中风险 30 %；高风险 70 %。但是您现有的投资组合为：低风险 19.46 %；中风险 42.30 %；高风险 38.24 %。因此判断您现有的投资组合 需要 ∨ 调整。

［保存］ ［历史操作］ ［打印］

图4-17　出具理财配置建议

步骤四：购买理财产品

理财经理指导萧盛祺在柜面网点或手机银行App上购买理财产品（如图4-18所示），并用通俗易懂的语言为客户解释理财产品类型、投资组合、投资风险、申赎规则等（如图4-19所示）。

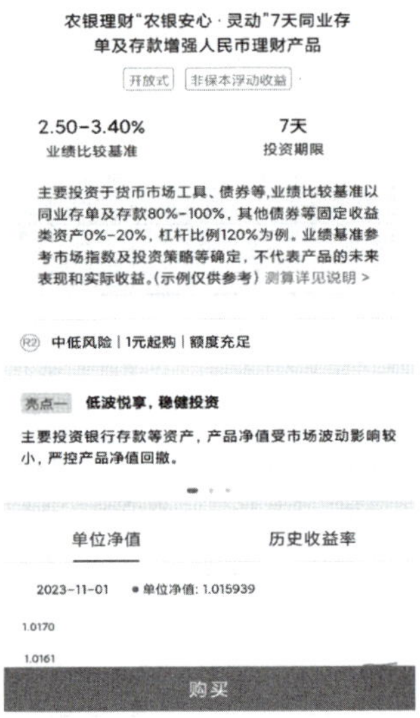

图4-18　购买理财产品

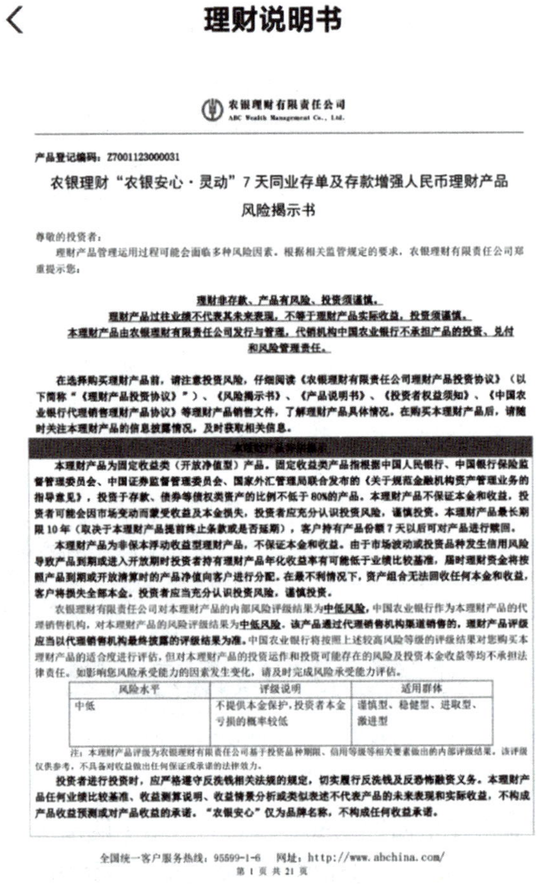

理财说明书

农银理财有限责任公司
ABC Wealth Management Co., Ltd.

产品登记编码：Z7001123000031

农银理财"农银安心·灵动"7天同业存单及存款增强人民币理财产品

风险揭示书

尊敬的投资者：

理财产品管理运用过程可能会面临多种风险因素。根据相关监管规定的要求，农银理财有限责任公司郑重提示您：

理财非存款、产品有风险、投资须谨慎。

理财产品过往业绩不代表其未来表现，不等于理财产品实际收益，投资须谨慎。

本理财产品由农银理财有限责任公司发行与管理，代销机构中国农业银行不承担产品的投资、兑付和风险管理责任。

在选择购买理财产品前，请注意投资风险，仔细阅读《农银理财有限责任公司理财产品投资协议》（以下简称"《理财产品投资协议》"）、《风险揭示书》、《产品说明书》、《投资者权益须知》、《中国农业银行代理销售理财产品协议》等理财产品销售文件，了解理财产品具体情况。在购买本理财产品后，请随时关注本理财产品的信息披露情况，及时获取相关信息。

[illegible]

本理财产品为固定收益类（开放净值型）产品。固定收益类产品指根据中国人民银行、中国银行保险监督管理委员会、中国证券监督管理委员会、国家外汇管理局联合发布的《关于规范金融机构资产管理业务的指导意见》，投资于存款、债券等债权类资产的比例不低于80%的产品。本理财产品不保证本金和收益，投资者可能会因市场变动而蒙受收益及本金损失，投资者应充分认识投资风险，谨慎投资。本理财产品最长期限10年（取决于本理财产品提前终止条款或是否延期），客户持有产品份额7天以后可对产品进行赎回。

本理财产品为非保本浮动收益型理财产品，不保证本金和收益。由于市场波动或投资品种发生信用风险导致产品到期或进入开放期时投资者持有理财产品年化收益率有可能低于业绩比较基准，届时理财资金将按照产品到期或开放清算时的产品净值向客户进行分配。在最不利情况下，资产组合无法回收任何本金和收益，客户将损失全部本金。投资者应当充分认识投资风险，谨慎投资。

农银理财有限责任公司对本理财产品的内部风险评级结果为**中低风险**，中国农业银行作为本理财产品的代理销售机构，对本理财产品的风险评级结果为**中低风险**。**该产品通过代理销售机构渠道销售的，理财产品评级应当以代理销售机构最终披露的评级结果为准。**中国农业银行将按照上述较高风险等级的评级结果对您购买本理财产品的适合度进行评估，但对本理财产品的投资运作和投资可能存在的风险及投资本金收益等均不承担法律责任。如影响您风险承受能力的因素发生变化，请及时完成风险承受能力评估。

风险水平	评级说明	适用群体
中低	不提供本金保护，投资者本金亏损的概率较低	谨慎型、稳健型、进取型、激进型

注：本理财产品评级为农银理财有限责任公司基于投资品种期限、信用等级等相关要素做出的内部评级结果，该评级仅供参考，不具备对收益做出任何保证或承诺的法律效力。

投资者进行投资时，应严格遵守反洗钱相关法规的规定，切实履行反洗钱及反恐怖融资义务。本理财产品任何业绩比较基准、收益测算说明、收益情景分析或类似表述不代表产品的未来表现和实际收益，不构成产品收益预测或对产品收益的承诺。"农银安心"仅为品牌名称，不构成任何收益承诺。

全国统一客户服务热线：95599-1-6　网址：http://www.abchina.com/

第 1 页 共 21 页

图4-19　解读理财产品说明书

【岗位说明】

理财经理要根据客户的风险偏好及风险承受能力，结合理财产品的性质和风险特征，为客户匹配理财产品，提供理财建议，出具理财配置方案。在理财产品销售时，为客户详细介绍理财产品类型、投资组合、估值方法、投资风险及理财费用、申赎规则等重要信息，做到诚实守信、专业胜任。

【赛题测试 4-2】

1. 理财业务 1

任务说明：李其民，汉族，35 岁，学历大专，是一家民营企业的市场销售人员，健康状况良好；妻子王慧慧，汉族，27 岁，学历大专，在一家数据公司担任客户经理，健康状况很好；父亲李御，汉族，60 岁，初中毕业，已退休，健康状况良好；母亲林微，汉族，55 岁，初中毕业，已退休，健康状况良好。李先生和王女士刚结婚领证，还没有小孩，对于工作退休方面，李先生和妻子打算到法定退休年龄就退休。

2021 年 11 月 15 日，客户李其民来公司签订理财规划服务合同，李先生希望通过合理的规划，用手上闲置的钱购买不同种类的理财产品以获得最大的收益。

（1）请对李先生进行风险偏好和风险承受能力测评；

（2）请根据测试得分给出风险评估结果；

（3）帮助李先生家庭配置理财方案。

2. 理财业务 2

任务说明：陈逸广，苗族，45 岁，学历本科，是一家企业的负责人，由于常年应酬，健康状况较差；妻子冯子怡，汉族，比丈夫小 5 岁，学历本科，是一家私企的部门经理，健康状况很好；女儿陈新欣，苗族，17 岁，就读于宝山区第一高中，身体状况很好；父亲陈启霖，苗族，66 岁，母亲梁思敏，苗族，65 岁，父母都是高中学历，均已退休，身体状况都很好。陈先生和妻子打算到法定退休年龄就退休。

2021 年 10 月 11 日，客户陈逸广来公司签订理财规划服务合同，陈先生希望通过合理的理财规划，让自己的投资组合能更适合自己，但是他不懂该怎么着手。

（1）请对陈先生进行风险偏好和风险承受能力测评；

（2）请根据测试得分给出风险评估结果；

（3）帮助陈先生家庭配置理财方案。

资料来源　2023 年智慧金融技能大赛题库。

任务小结

本任务以对个人进行风险测评并出具理财方案为例，介绍了理财业务的完整操作流程，如图 4-20 所示。

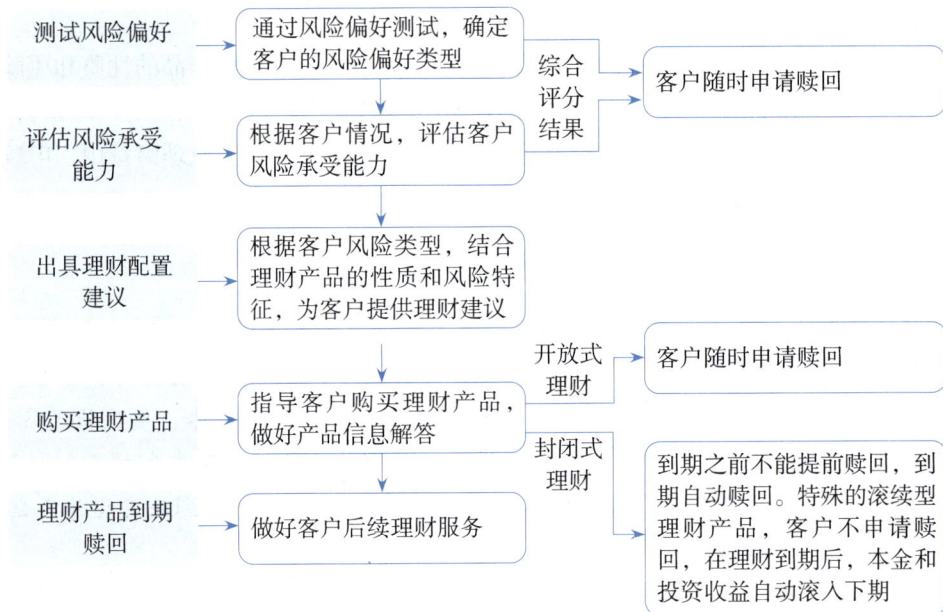

图4-20　理财业务操作流程

项目总结

　　理财经理主要负责为个人做好投资理财规划提供建议。代销业务和理财业务属于银行的中间业务，是银行重要的非利息收入来源，可以降低银行对于传统利差业务的依赖，减低因利差波动而产生的经营风险。为客户提供高质量的投资理财规划建议，可以建立良好的客户关系，提高客户黏性，提升银行的竞争力。

项目测试

一、选择题

（一）单项选择题

1.下列关于银行代理贵金属业务的说法中，错误的是（　　）。

A.金币有纯金币和纪念金币两种

B.黄金基金属于风险较低的投资方式

C.黄金条块的缺点是保存不便和移动不易

D.纸黄金可以让投资者有随时提取所购买黄金或者将黄金兑换成现金的权利

2.下列关于储蓄国债（电子式）特点的说法，错误的是（　　）。

A.针对个人投资者，不向机构投资者发行

B.采用实名制，不可流通转让

C.收益安全稳定，由人民银行负责还本付息

D.采用电子方式记录债权

3.下列关于银行代理信托类产品的说法错误的是（　　　）。

A.信托公司委托商业银行办理信托计划收付业务时，应明确双方的权利义务关系

B.委托人以现金方式认购信托单位，可由商业银行代理收付

C.银行代理信托类产品是指信托公司委托商业银行代为向合格投资者推介信托计划

D.商业银行对其代理收付的信托计划承担投资风险

4.商品及金融衍生品类理财产品投资于商品及金融衍生品的比例不低于（　　　）。

A.50%　　　　　　　　　　　　B.60%

C.70%　　　　　　　　　　　　D.80%

5.（　　　）是理财业务风险的主要承担者。

A.客户　　　　　　　　　　　　B.银行

C.理财公司　　　　　　　　　　D.中介机构

6.理财产品宣传材料应当在醒目位置提示客户，刊登如下内容（　　　）。

A.理财非存款、产品有风险、投资需谨慎

B.自主决策，自担风险

C.理财有风险，请认真评估自己承受能力再决策

D.理财有风险，投资需谨慎

（二）多项选择题

1.基金托管人的主要业务有（　　　）。

A.保管基金财产　　　　　　　　B.管理基金资产

C.资金清算　　　　　　　　　　D.投资运作监督

2.商业银行代理黄金业务的种类主要有（　　　）。

A.条块现货　　　　　　　　　　B.纯金币

C.纸黄金　　　　　　　　　　　D.黄金基金

3.销售人员从事理财产品销售活动，不得（　　　）。

A.提醒投资者阅读销售文件，特别是风险揭示书和权益须知

B.诋毁其他机构的理财产品或销售人员

C.散布虚假信息，扰乱市场秩序

D.挪用投资者交易资金或理财产品，擅自更改投资者交易指令

4.对于风险承受能力一般的稳健型投资者，适合的理财产品有（　　　）。

A.低风险产品

B.中低风险产品

C.中高风险产品

D.高风险产品

5.以下对于理财业务表述正确的有（　　　）。

A.商业银行理财业务运作的是银行的自有资金

B.商业银行理财产品的资金最终所有者是客户

C.银行理财业务是"轻资本"业务

D.理财业务是一项金融知识技术密集型业务

二、判断题

1.银行代理保险产品销售时，应遵照适当性原则，即要有适合的产品、适合的客户、适合的网点和适合的销售人员。　　　　　　　　　　　　　　　（　　）

2.信托保管人只能由商业银行担任。　　　　　　　　　　　　　　（　　）

3.商业银行代销开放式基金时，应向基金投资者收取基金代销费用。　（　　）

4.理财业务中，资金来源于投资者的资金，资金成本较低，商业银行需要承担信息披露的义务，充分揭示业务风险，承担刚性兑付本息的义务。　　　　　　（　　）

5.理财业务中，商业银行应做到每个理财产品单独管理、合并建账、单独核算。
　　　　　　　　　　　　　　　　　　　　　　　　　　　　　　　（　　）

三、思考题

1.阐述信托的相关当事人。

2.阐述现金管理类理财产品的特点。

3.根据投资性质不同，理财产品如何分类？

四、案例分析题

关于"固收+"你了解多少？

在理财市场中，客户一直在寻找力争能够降低投资风险，又能够提高收益的投资工具。最近几年，"固收+"理财慢慢成为投资者们的心仪之选。

"固收+"是一种投资策略，是以固定收益为基础的同时，辅以权益资产，力争在严格控制风险的前提下追求长期稳健回报。"固收+"是在把不低于80%的资产投资于确定性相对较高的债权类资产来获取基础稳健收益的同时，把剩余部分资金投资于风险较高但收益也更高的权益类产品，如股票、打新、可转债等。

"固收+"本质是将债券、股票、可转债、股指期货等不同类型的资产放到一个产品中，在控制风险的前提下，通过积极主动的资产配置，较好地平衡安全性和收益性。

请问："固收+"的投资风险怎么样？

项目五　风险经理岗位业务

本项目将对商业银行风险经理岗位涉及的主要业务进行详细介绍。风险经理属于银行中后台职位，不直接面对客户，主要负责银行产品风险把控及业务管理等工作，识别并充分揭露业务存在的风险，提出风险防范措施，要求具备丰富的金融专业知识和较强的风险管理技能。

学习目标

知识目标	1.掌握银行流动性缺口分析方法； 2.了解资金头寸调度的渠道； 3.掌握利率敞口分析方法； 4.了解信用风险的计量模型； 5.掌握资本充足率计算方法。
技能目标	1.运用资金头寸预测方法，准确预测银行流动性缺口； 2.根据头寸预测情况，从适当的渠道进行头寸调度； 3.利用利率敏感性缺口管理法和持续期缺口管理法，应对利率风险； 4.在信贷流程中应对信用风险，降低违约损失； 5.能保障银行资本充足，经营稳健。
素养目标	1.形成风险经理的工作思维，树立风险意识； 2.关注资金头寸不足引发的银行流动性风险，培养危机意识。

项目导图

项目五　风险经理岗位业务

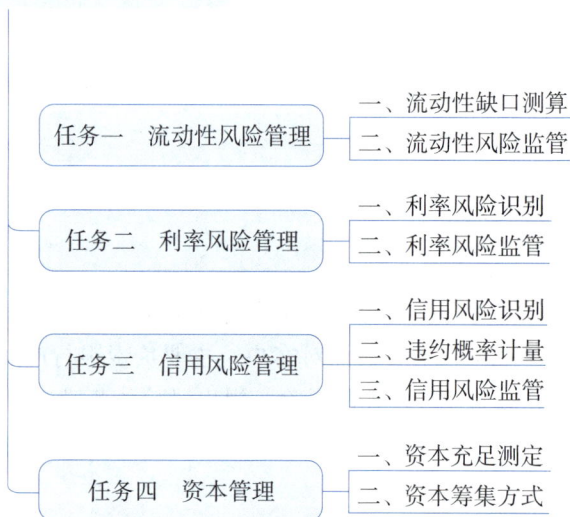

```
                        ┌─ 一、流动性缺口测算
        任务一  流动性风险管理 ┤
                        └─ 二、流动性风险监管

                        ┌─ 一、利率风险识别
        任务二  利率风险管理 ──┤
                        └─ 二、利率风险监管

                        ┌─ 一、信用风险识别
        任务三  信用风险管理 ──┼─ 二、违约概率计量
                        └─ 三、信用风险监管

                        ┌─ 一、资本充足测定
        任务四  资本管理 ────┤
                        └─ 二、资本筹集方式
```

任务一　流动性风险管理

任务导入

苏南银行估计在今后的24小时内，将发生资金流入和流出，日初在中央银行的存款准备金为10 000万元，其中法定存款准备金7 000万元，库存现金100万元；本期同业往来清入160万元，清出150万元，向中央银行缴存现金350万元，归还中央银行借款1 000万元，请问该银行预计的净资金头寸是多少？该银行能从哪些渠道获得资金满足其流动性需求？

作为一名银行风险经理，请思考如何帮助银行满足流动性需求，确保银行资金安全而避免引发流动性风险？在银行流动性管理过程中如何树立风险意识、危机意识？

知识准备

微课5-1

流动性风险
识别

充足的资金能维持银行正常经营，满足客户的取款及融资需求。当银行资金不足时，容易出现流动性风险，严重时甚至引发流动性危机。资金头寸作为银行资金构成的一部分，直接形成了银行流动性供给。因此，我们需要充分了解银行资金头寸预测方法及调度渠道，为银行做好流动性风险管理。

流动性风险是指商业银行无法以合理成本及时获得充足资金，用于偿付到期债务、履行其他支付义务和满足正常业务开展的其他资金需求的风险。流动性风险包括资产流动性风险和负债流动性风险。资产流动性风险是指资产到期不能如期足额收回，进而无法满足到期负债的偿还和新的合理贷款及其他融资需要，从而给商业银行带来损失的风险。负债流动性风险是指商业银行过去筹集的资金特别是存款资金，由于内外因素的变化而发生不规则波动，对其产生冲击并引发相关损失的风险。流动性风险管理包括流动性缺口测算和流动性风险监管两方面（如图5-1所示）。

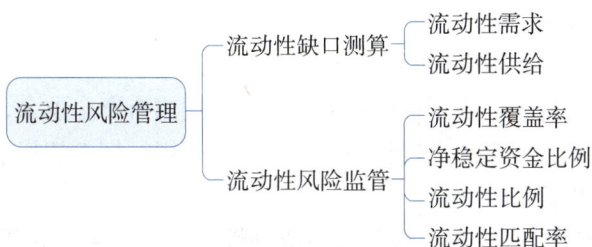

```
                            ┌ 流动性需求
            ┌ 流动性缺口测算 ┤
            │               └ 流动性供给
            │
流动性风险管理┤               ┌ 流动性覆盖率
            │               ├ 净稳定资金比例
            └ 流动性风险监管 ┤
                            ├ 流动性比例
                            └ 流动性匹配率
```

图5-1　流动性风险管理内容

一、流动性缺口测算

流动性缺口是指银行资金来源和资金使用的差额，用来反映在未来一定时期内，商业银行能获得的资金和应偿还的债务之间的差额。

（一）流动性需求

流动性需求会增加银行资金使用，包括存款客户的提现需求和贷款客户的贷款需求等。

1.新发放贷款

向合格的贷款客户发放贷款会增加银行资金使用。

2.购买债券

当银行购买国债或其他金融机构发行的金融债券时，会产生流动性需求。

3.提取存款

客户存款到期时，要满足存款客户的提现需求，也会增加银行资金使用。

4.偿还借款

银行流动性需求还需要满足银行按期偿还借款的资金。

5.收购股份

当银行向股民派发现金股利或者回购股份时，会增加银行资金使用。

（二）流动性供给

流动性供给会增加银行资金来源，包括存款客户的新增存款和贷款客户的贷款归还等。

1.归还贷款本息

贷款客户按期归还贷款本息会增加银行资金来源。

2.变现债券及到期债券

当银行将购买的债券提前变现或债券到期归还银行，会产生流动性供给。

3.新增存款

客户新增存款会增加银行资金来源。

4.新增借款

银行通过同业市场上借入资金，也会增加银行资金来源。

5.发行新股

银行发行新股也会产生流动性供给。

（三）流动性缺口

流动性缺口 = 流动性供给 − 流动性需求

若流动性缺口为正，表示银行在未来一定时期内有资金盈余，虽然能较好地满足银行的流动性需要，但会加大银行的机会成本，当银行拥有超额资金盈余时，需要考虑将其用于新的投资。

若流动性缺口为负，表示银行存在流动性缺口，需要通过拆入资金获得资金来源，满足流动性需求，以避免流动性风险（甚至流动性危机）。

案例分析5-1

某银行未来一年内的资金流状况见表5-1。

表5-1　　　　　　　　某银行未来一年内的资金流状况　　　　　　　单位：百万元

项　目	0～30天	31～90天	91～365天
到期政府债券	8	12.5	40
归还贷款本息	90	280	950
到期定期存款	56	89	164
新增贷款需求	113	180	1 140
新增借款	10	18.5	35

问题：请测算该银行未来的30天内、31～90天、91～365天这三个时间段内的流动性缺口。

二、流动性风险监管

为了更好地监督商业银行的流动性风险，中国银行保险监督管理委员会（现国家金融监督管理总局）于2018年公布施行了《商业银行流动性风险管理办法》，商业银行的流动性风险监管指标包括流动性覆盖率、净稳定资金比例、流动性比例和流动性匹配率。

(一) 流动性覆盖率

流动性覆盖率监管指标旨在确保商业银行具有充足的合格优质流动性资产，能够在规定的流动性压力情景下，通过变现这些资产满足未来至少30天的流动性需求。

$$流动性覆盖率 = \frac{合格优质流动性资产}{未来30天现金净流出量}$$

流动性覆盖率的最低监管标准为不低于100%。

(二) 净稳定资金比例

净稳定资金比例监管指标旨在确保商业银行具有充足的稳定资金来源，以满足各类资产和表外风险敞口对稳定资金的需求。

$$净稳定资金比例 = \frac{可用的稳定资金}{所需的稳定资金}$$

净稳定资金比例的最低监管标准为不低于100%。

(三) 流动性比例

$$流动性比例 = \frac{流动性资产余额}{流动性负债余额}$$

流动性比例的最低监管标准为不低于25%。

(四) 流动性匹配率

流动性匹配率监管指标衡量商业银行主要资产与负债的期限配置结构，旨在引导商业银行合理配置长期稳定负债、高流动性或短期资产，避免过度依赖短期资金支持长期业务发展，提高流动性风险抵御能力。

$$流动性匹配率 = \frac{加权资金来源}{加权资金运用}$$

流动性匹配率的最低监管标准为不低于100%。

政策聚焦5-1

商业银行流动性风险管理办法（摘录）

为加强商业银行流动性风险管理，维护银行体系安全稳健运行，根据《中华人民共和国银行业监督管理法》《中华人民共和国商业银行法》《中华人民共和国外资银行管理条例》等法律法规，制定《商业银行流动性风险管理办法》。

流动性风险监管指标包括流动性覆盖率、净稳定资金比例、流动性比例、流动性匹配率和优质流动性资产充足率。资产规模不小于2 000亿元人民币的商业银行应当持续达到流动性覆盖率、净稳定资金比例、流动性比例和流动性匹配率的最低监管标准。资产规模小于2 000亿元人民币的商业银行应当持续达到优质流动性资产充足率、流动性比例和流动性匹配率的最低监管标准。

银行业监督管理机构应当从商业银行资产负债期限错配情况、融资来源的多元化和稳定程度、无变现障碍资产、重要币种流动性风险状况以及市场流动性等方面，定期对商业银行和银行体系的流动性风险进行分析和监测。银行业监督管理机构应当充分考虑单一的流动性风险监管指标或监测工具在反映商业银行流动性风险方面的局限性，综合运用多种方法和工具对流动性风险进行分析和监测，可结合商业银行的发展战略、市场定位、经营模式、资产负债结构和风险管理能力，对全部或部分监测工具设置差异化的监测预警值或预警区间，适时进行风险提示或要求银行采取相关措施。

资料来源 摘自《商业银行流动性风险管理办法》。

政策点评：《商业银行流动性风险管理办法》中资产规模小于2 000亿元的商业银行适用优质流动性资产充足率、流动性比例和流动性匹配率。优质流动性资产充足率，等于优质流动性资产除以短期现金净流出，该指标值越高，说明银行优质流动性资产储备越充足，抵御流动性风险的能力越强。该指标与流动性覆盖率相比而言更加简单、清晰，便于计算，较适合中小银行的业务特征和监管需求，差异化运用监管指标体现了我国的金融监管更加精准化和全覆盖。

业务实操

业务 5-1：资金头寸测算

资金头寸属于银行可以直接、自主运用的资金。当银行资金头寸不足时，容易出现流动性风险。下面以资金头寸测算为例，详细介绍流动性风险管理的工作流程，了解风险经理的工作职责。

步骤一：资金头寸层次划分

微课 5-2

资金头寸的构成

银行的资金头寸分为基础头寸、可用头寸和可贷头寸三个层次，风险经理在进行资金头寸具体数额的匡算之前，首先要区分资金头寸。基础头寸是商业银行最具流动性的资产，包括库存现金和超额准备金。可用头寸是指扣除了法定存款准备金以后的所有现金资产，包括库存现金、在中央银行的超额准备金及存放同业存款。可贷头寸是指商业银行在某时期内可直接用于贷款发放和投资的资金。

☑ 小知识5-1 银行的现金资产

库存现金

银行为应对每天的现金收支活动而保存在银行金库内的纸币和硬币。

在中央银行的存款

商业银行存放在中央银行的资金可分为超额准备金和法定存款准备金两部分。

超额准备金是商业银行可以自主运用的资金，主要用于转账结算，支付票据交换的差额，发放贷款和调剂库存现金的余缺。法定存款准备金是商业银行按法定比例向中央银行缴纳的存款准备金，其初始目的主要是使商业银行能够有足够的资金应付提存，避免发生挤兑而引起银行倒闭。

同业存款

商业银行存放在代理行和相关银行的存款。在其他银行保持存款的目的，是便于银行在同业之间开展代理业务和结算收付。由于存放同业的存款属于活期存款的性质，可以随时支用，因此可以视同银行的现金资产。

在途现金

在本行通过对方银行向外地付款单位或个人收取的票据。在途资金在收妥之前，是一笔占用的资金，又由于通常在途时间较短，收妥后即成为存放同业存款，所以将其视同现金资产。

资料来源 佚名. 银行现金资产［EB/OL］.［2024-05-10］. https：//baike.baidu.com/item/银行现金资产/12753279？fr=ge_ala.

步骤二：资金头寸合理匡算

在对资金头寸进行层次划分后，要分层次对资金头寸进行匡算，以便了解银行的资金头寸情况。基础头寸等于商业银行的库存现金与在中央银行的超额准备金之和，其中库存现金和超额准备金在数量上可以相互转化。可用头寸受到法定存款准备金和其他现金资产的影响，当法定存款准备金减少和其他现金资产增加时，可用头寸增加；反之，可用头寸减少。可贷头寸主要包括超额准备金和库存现金，超过银行正常周转需要限额部分的超额准备金是可贷头寸。库存现金的流入大于流出，清算收入大于支出以及法定存款准备金的减少，会增加可贷头寸；反之，可贷头寸减少。

微课5-3

资金头寸匡算

☑ 小知识5-2　　　　　资金头寸的计算公式

基础头寸

基础头寸=库存现金+超额准备金

可用头寸

$$可用头寸 = 基础头寸 \pm 上级行应调入或调出资金 \pm 到期同业往来清入或清出资金 \pm 法定存款准备金调增或调减额$$

可贷头寸

可贷头寸=可用头寸−最低超额备付金限额

资料来源 佚名. 现金头寸［EB/OL］.［2024-03-11］. https：//baike.kuaiji.com/v201912701.html.

业务5-2：保障资金头寸安全

步骤一：资金头寸有效调度

当资金头寸不足时，商业银行可将非现金资产迅速转换成现金资产来满足流动性需求。商业银行也可以通过借入资金的方式来满足流动性需求。

借入资金的渠道主要包括同业拆借、向中央银行借款、证券回购、发行大额可转让定期存单及其他负债方式。

微课5-4

同业拆借

（一）同业拆借

同业拆借是商业银行与其他金融机构之间的临时借款，主要用于临时性调剂资金头寸需要，支持商业银行日常性的资金周转。存在临时的资金头寸闲置的银行可以通过同业拆借市场将资金拆出，帮助其他有临时的资金头寸不足的银行。

☑ 小知识5-3　　　　　　同业拆借的特点

期限较短

同业拆借融通资金的期限比较短，最短为隔夜拆借，最长不超过1年。

信用拆借

同业拆借基本上是信用拆借，拆借活动在金融机构之间进行，市场准入条件较严格，金融机构主要以其信誉参与拆借活动。

利率较低

同业拆借利率是以中央银行再贷款利率和再贴现率为基准，再根据社会资金的松紧程度和供求关系由拆借双方自由议定的。由于拆借双方都是商业银行或其他金融机构，其信誉比一般工商企业要高，拆借风险较小，加之拆借期限较短，因而利率水平较低。

资料来源　佚名. 同业拆借［EB/OL］.［2023-12-11］. https://baike.baidu.com/item/同业拆借/6253458? fr=ge_ala#3.

微课5-5

向中央银行借款

（二）向中央银行借款

当商业银行出现头寸资金不足时，除了可以在金融市场上筹资外，还可以向中央银行借款。商业银行向中央银行借款主要有两种形式：一是再贴现；二是再贷款。再贴现是指经营票据贴现业务的商业银行将其买入的未到期的贴现汇票向中央银行再次申请贴现。再贷款是指中央银行向商业银行发放的直接贷款。

小思考5-1

浙商银行西安分行充分利用再贴现业务这一桥梁，精准对接央行货币政策，将低成本资金精准输送至小微、民营、涉农、绿色、科创等领域的企业，助力企业削减成本、提升效益，为区域实体经济的发展注入强劲动力。据统计，2024年前三季度，该分行已累计开展再贴现业务19.65亿元，惠及企业客户97家，其中小微、民营、涉农、绿色、科创类企业占比高达86%以上，充分展现了其对普惠金融、绿色金融、科技金融的坚定支持。

为什么说再贴现是中央银行的货币政策工具之一？

答：中央银行提高再贴现率，意味着中央银行将实施紧缩的货币政策；反之，再贴现率降低则意味着货币政策的放松。再贴现率的高低能影响商业银行筹资成本，限制商业银行的信用扩张，控制货币供应总量。

作为央行三大货币政策工具之一，再贴现业务在调控货币供给、调节市场利率、支持实体经济方面发挥着重要作用。

（三）证券回购

证券回购是指商业银行在出售证券等金融资产时签订回购协议，约定在一定期限后按约定价格购回所卖证券，以获得即时可用资产的交易方式。由于商业银行必须履行购回已出售证券的义务，因此，回购协议实际上是以证券为抵押品进行的短期资金融通行为。回购协议大多以政府债券作担保，回购利率较低，既可以是隔夜回购，也可以是几个月的回购。

微课5-6

证券回购

> **小思考5-2**
>
> 中国人民银行于2024年10月18日宣布，正式推出股票回购增持再贷款，首期额度3 000亿元，年利率1.75%。21家全国性金融机构可向符合条件的上市公司和主要股东提供贷款，分别支持其回购和增持上市公司股票，贷款利率原则上不超过2.25%。
>
> 证券回购的交易方式有哪些？
>
> 答：证券回购的交易方式一般有两种：一种是交易双方同意按相同的价格出售和回购，回购时其金额为本金加双方约定的利息金额；另一种是把回购价格定得高于原出售价格，其差额就是即时资金提供者的收益。
>
> 股票回购增持再贷款为金融机构提供了低成本的资金来源，有助于降低上市公司和主要股东的融资成本，增强资本市场的内在稳定性，维护市场稳定运行，提振市场信心。

步骤二：资金头寸风险控制

借入流动性资金可以使得商业银行能够保留较少的现金资产，而将资金更多地投向高盈利的资产项目，从而提高商业银行的盈利能力。但商业银行在借入资金的实际操作过程中，受到借款的便利程度和借款利率的制约，特别是在货币市场利率多变、资金获得不稳定的情况下，能否及时、快速地在货币市场上借入足够的资金来满足流动性需求，取决于公众对商业银行的信心及商业银行自身的资金实力。风险经理应及时分析、判断货币市场信号的变化情况，对资金头寸的流动性进行风险控制，适时调整资金头寸匡算与调度策略。

> **案例分析5-2**
>
> 从2013年5月份开始，金融市场的资金利率全线攀升。2013年6月19日，大型商业银行加入借钱大军，在银行间拆借市场连续数天飙高之后，6月20日，资金市场几乎失控而停盘：隔夜头寸拆借利率一下子飙升578个基点，达到13.44%，与此同时，各期限资金利率全线大涨，"钱荒"进一步升级。

6月21日，在前一日银行间市场利率创下历史纪录之后，资金利率停止疯涨态势，隔夜拆借利率大幅回落近500个基点。

问题：请问"钱荒"现象的成因是什么？

任务实施

根据苏南银行案例，进行流动性风险管理实训操作。

步骤一：测算资金头寸

风险经理根据苏南银行资金流入和流出情况，测算苏南银行的基础头寸和可用头寸。

日初基础头寸=10 000−7 000+100=3 100（万元）

日初可用头寸=3 100（万元）

日终基础头寸=10 000−7 000+100+350=3 450（万元）

日终可用头寸=3 450+160−150−1 000=2 460（万元）

净资金头寸=350+160−150−1 000=−640（万元）

通过测算可以发现苏南银行日终可用头寸较日初值降低，预估苏南银行在24小时内现金流出大于现金流入，存在640万元的流动性缺口。

步骤二：调度资金头寸

风险经理根据苏南银行的短期资金头寸情况，考虑通过同业拆借市场（如图5-2所示）进行隔夜拆借，满足流动性需求。

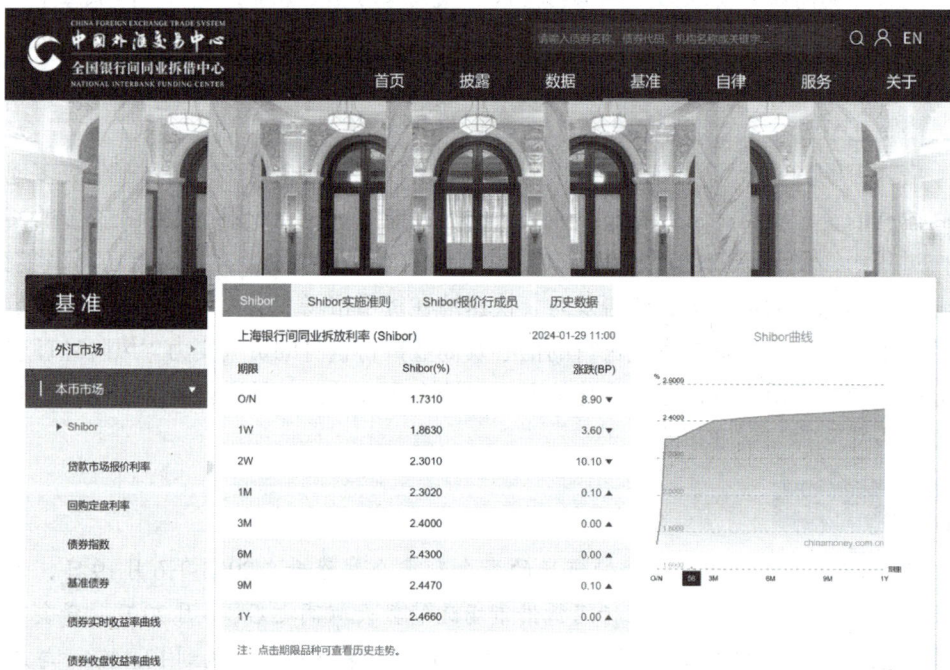

图5-2　中国外汇交易中心页面

【岗位说明】

风险经理要根据银行的现金流入和流出数据，测算资金头寸变动情况，判断是否存在流动性缺口，并根据净资金头寸情况为银行选择合适的渠道调度资金头寸，做好银行的流动性风险管理。

【赛题测试 5-1】

1.在商业银行流动性风险管理中，流动性比例为流动性资产余额与（　　）之比。

　　A.贷款余额　　　　　　　　　　　　B.负债总额

　　C.流动性负债余额　　　　　　　　　D.风险资产总额

2.商业银行的流动性比例应当不低于（　　）。

　　A.15%　　　　　　B.20%　　　　　　C.25%　　　　　　D.30%

3.同业拆借市场是金融机构进行流动性管理的重要场所，拆借的资金主要用于金融机构（　　）。

　　A.应对中央银行货币政策调控　　　　B.短期融通需要

　　C.贷款　　　　　　　　　　　　　　D.日常资金的支付清算

　　E.购置固定资产

4.下列选项中，通常用于衡量我国商业银行流动性的指标是（　　）。

　　A.净息差　　　　　　　　　　　　　B.净利息收益率

　　C.拨备前利润　　　　　　　　　　　D.净稳定资金比例

资料来源　2023年智慧金融技能大赛题库。

赛题测试 5-1

参考答案

任务小结

本任务以资金头寸测算为例，详细介绍了流动性风险管理的工作流程，包括划分资金头寸、测算资金头寸和调度资金头寸。完整操作流程如图5-3所示。

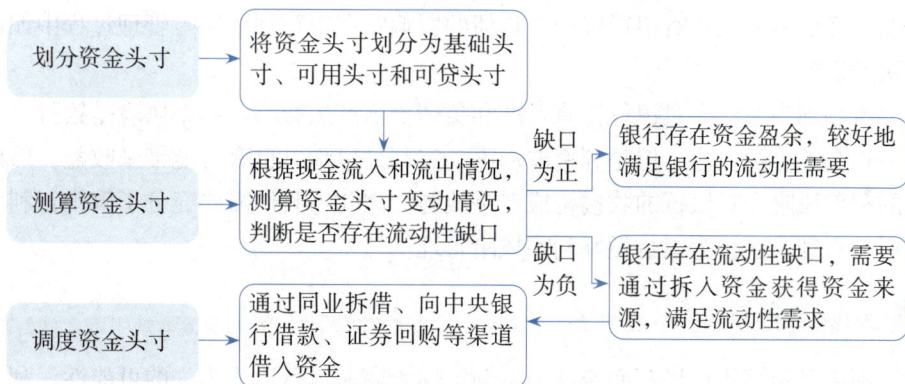

图5-3　流动性风险管理操作流程

任务二　利率风险管理

任务导入

　　未来的半年内市场利率预计下降，根据苏南银行的资产负债情况（见表5-2），请帮其进行利率缺口分析，是否会在利率波动中遭受损失？

表5-2　　　　　　　　　　　　　　苏南银行资产负债情况

	市场价值（百万元）	年利率（%）	期限（年）		市场价值（百万元）	年利率（%）	期限（年）
资　产				负债和股东权益			
现金	200			定期存款	9 100	2	3
短期金融工具	1 500		1	大额可转让定期存单	11 400	3	5
个人贷款	5 500	4	2	短期借款	3 600	2	1
公司贷款	20 000	5	3				
				负债总计	24 100		
				股东权益	3 100		
总　计	27 200			总　计	27 200		

　　作为一名银行风险经理，请思考如何帮助银行衡量利率波动对银行资产和负债的影响，降低利率风险对银行资产与负债的影响？在银行利率风险管理过程中如何树立风险意识？

　　市场利率波动会对银行持有资产和负债价值产生影响。利率风险是银行日常经营中一直会承受的风险，但是利率波动不一定都是风险，也有可能带来收益。然而，过度的利率风险会对银行的收益构成严重威胁。因此，我们需要充分了解银行利率缺口分析与管理方法，为银行做好利率风险管理。

知识准备

　　利率风险是指市场利率变动的不确定性给商业银行造成损失的可能性。利率变化使商业银行的实际收益与预期收益或实际成本与预期成本发生背离，使其实际收益低于预期收益，或实际成本高于预期成本，从而使商业银行有遭受损失的可能性。利率

风险管理包括利率风险识别和利率风险监管两方面（如图5-4所示）。

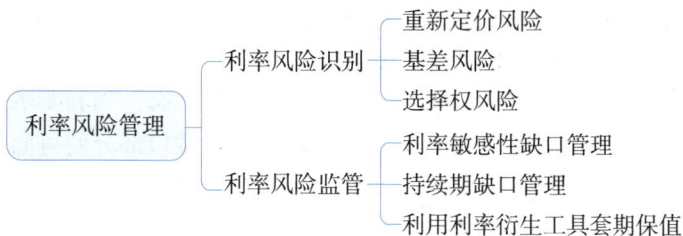

图5-4　利率风险管理构成

一、利率风险识别

利率风险主要包括重新定价风险、基差风险和选择权风险。

（一）重新定价风险

重新定价风险是最主要的利率风险，它产生于银行资产、负债和表外项目头寸重新定价时间和到期日的不匹配。通常把某一时间段内对利率敏感的资产和对利率敏感的负债之间的差额称为重新定价缺口。只要该缺口不为零，当利率变动时，就会使银行面临利率风险。

（二）基差风险

当一般利率水平的变化引起不同种类的金融工具的利率发生程度不等的变动时，银行就会面临基差风险。即使银行资产和负债的重新定价时间相同，但是只要存款利率与贷款利率的调整幅度不完全一致，银行就会面临风险。

（三）选择权风险

选择权风险是指利率变化时，银行客户行使隐含在银行资产负债表内业务中的期权给银行造成损失的可能性，即在客户提前归还贷款本息和提前支取存款的潜在选择中产生的利率风险。

二、利率风险监管

利率风险监管的方法包括利率敏感性缺口管理、持续期缺口管理和利用利率衍生工具套期保值。

（一）利率敏感性缺口管理

1.利率敏感性缺口的定义

利率敏感性缺口（IRSG）指的是一定时期内利率敏感性资产与利率敏感性负债的差额。利率敏感性资产（IRSA）和利率敏感性负债（IRSL）是指那些在某一时期内到期的或需要重新确定利率的资产和负债。

2.利率敏感性缺口测算

利率敏感性资产主要包括浮动利率贷款、即将到期的或短期的贷款、短期投资、同业拆出以及买进的回购协议等。利率敏感性负债主要包括活期和短期存款、同业拆入、出售的回购协议等。利率敏感性缺口用来衡量商业银行净利息收入对市场利率的

微课5-7

利率风险
识别

微课5-8

利率敏感性
缺口管理

敏感程度。

利率敏感性缺口 = 利率敏感性资产 − 利率敏感性负债

净利息收入变动 = 利率变动 × 利率敏感性缺口

利率敏感性缺口有正缺口、零缺口和负缺口三种状态。当利率敏感性资产大于利率敏感性负债时，利率敏感性缺口为正值，利率风险敞口部分使得商业银行在利率上升时获利，利率下降时受损；反之，当处于负缺口时，利率敏感性资产小于利率敏感性负债，利率风险敞口部分使得商业银行在利率上升时受损，利率下降时获利；当商业银行资金配置处于零缺口时，利率敏感性资产等于利率敏感性负债，此时如果借贷利率的变化完全一致，则商业银行对利率风险处于"免疫状态"。

案例分析5-3

某银行未来一年内的利率敏感性资产负债情况见表5-3。

表5-3　　　　某银行未来一年内的利率敏感性资产负债情况表　　　　单位：百万元

	0 ~ 30天	31 ~ 90天	91 ~ 365天	利率不相关	合计
资 产					
现金和存放同业	0	0	0	132.5	132.5
短期金融工具	15.4	15.4	15.4	0	15.4
个人贷款	23.7	57.8	207.3	114.1	321.4
公司贷款	272.8	299.3	381.5	6.6	388.1
负 债					
活期存款	0	0	0	316.3	316.3
定期存款	0	0	0	68.4	68.4
大额可转让存单	27.9	114.1	306.3	14.5	320.8
短期借款	33.8	35.6	35.6	0	35.6

问题：请测算该银行未来的30天内、31 ~ 90天、91 ~ 365天这三个时间段内的利率敏感性缺口，并思考如果市场利率上涨1%，银行的净利息收入如何变化？

3.利率变动策略

假设商业银行有能力预测市场利率波动的趋势，而且预测是较为准确的，那么在不同的阶段运用不同的缺口策略就可以使商业银行获取更高的收益率。当预测市场利率上升时，商业银行应当主动营造资金配置的正缺口，使利率敏感性资产大于利率敏感性负债，从而使更多的资产可以按照不断上升的市场利率重新定价，扩大净利息差额率；当预测市场利率下降时，商业银行应主动营造资产配置的负缺口，使利率敏感性负债大于利率敏感性资产，使更多的负债可以按照不断下降的市场利率重新定价，减少成本，扩大净利息差额率。

如果商业银行难以准确预测利率走势，采取零缺口资金配置策略更为安全。在假定借贷利率变动一致的前提下，无论利率上升或下降，利率敏感性资产和利率敏感性负债的定价是按同一方向和在等量金额基础上进行的。

（二）持续期缺口管理

1.持续期缺口的定义

持续期缺口是银行资产持续期与负债持续期和负债资产现值比乘积的差额。持续期也称久期，是指某项资产或负债的所有预期现金流量的加权平均时间。

微课5-9

持续期缺口管理

$$D = \frac{\sum_{t=1}^{n} \frac{tC_t}{(1+r)^t} + \frac{nF}{(1+r)^n}}{P}$$

其中，D 为持续期；t 为各现金流发生时间；C_t 资产或负债第 t 期现金流；r 为市场利率；n 为资产或负债的期限；F 为资产或负债的到期日价值；P 为资产或负债的现值。

2.持续期缺口测算

当市场利率变动时，不仅各项利率敏感性资产与负债的收益与支出会发生变化，利率不敏感资产与负债的市场价值也会不断变化，商业银行所要考虑的是整个银行的资产和负债所面对的风险。缺口测算的具体方法是先计算出每笔资产和每笔负债的持续期，再根据每笔资产和负债在总资产或总负债的权数，计算出银行总资产和总负债的加权平均持续期。

持续期缺口 = 总资产持续期 − 总负债/总资产 × 总负债持续期

净值变动 = 总资产价值变动 − 总负债价值变动

银行资产与负债的持续期越长，对利率的变动越敏感，利率风险越大。持续期缺口有正缺口、零缺口和负缺口三种状态。当资产持续期大于负债持续期乘以资产负债率时，持续期缺口为正值，若市场利率上升，由于资产持续期长于负债持续期，负债持续期短会较早重新定价而导致负债价值上升，此时资产未到期重新定价，使得银行净值下降；反之，当处于负缺口时，若市场利率上升，由于资产持续期短于负债持续期，资产持续期短会较早重新定价而导致资产价值上升，此时负债未到期重新定价，使得银行净值增加；当处于零缺口时，商业银行对利率风险处于"免疫状态"。

案例分析5-4

某银行的资产负债情况见表5-4。

表5-4　　　　　　　　　　　　某银行资产负债表

	市场价值（百万元）	年利率（%）	持续期（年）		市场价值（百万元）	年利率（%）	持续期（年）
资　产				负债和股东权益			
现金	100			定期存款	520	2	1
公司贷款	700	6	2.83	大额可转让定期存单	400	3	3.83
国库券	200	4	7.73	负债总计	920		2.23
				股东权益	80		
总　计	1 000		3.53	总　计	1 000		

问题：请测算该银行的持续期缺口，并思考如果市场利率上涨1%，银行的净值如何变化？

3.利率变动策略

假设商业银行有能力预测市场利率波动的趋势，而且预测是较为准确的，那么在不同的阶段运用不同的缺口策略就可以使商业银行净值增加。当预测市场利率上升时，商业银行应当主动制定持续期负缺口策略，降低资产持续期，延长负债持续期，从而使更多的资产可以按照不断上升的市场利率重新定价，扩大净现值；当预测市场利率下降时，商业银行应主动制定持续期正缺口策略，延长资产持续期，降低负债持续期，使更多的负债可以按照不断下降的市场利率重新定价，扩大净现值。

如果商业银行难以预测利率走势，将持续期缺口保持在零缺口或微缺口，这样无论利率如何变动，都不会对净现值产生影响。

小思考5-3

在利率敏感性缺口模型中，当利率变动时，敏感性缺口状况和银行的净利息收入紧密相关：利率上升时，银行保持敏感性正缺口有利；利率下降时，银行保持敏感性负缺口有利。但是，在有效持续期缺口模型中，银行的持续期缺口状况和银行净资产价值的关系与敏感性缺口模型下的情况正好相反：利率上升时，银行保持持续期负缺口有利；利率下降时，银行保持持续期正缺口有利。

对于利率风险管理，利率敏感性缺口管理与持续期缺口管理是否存在矛盾？

答：从利率敏感性资产和利率敏感性负债的概念理解，长期资产负债属于利率不相关资产负债，而持续期相对较长；短期资产负债属于利率敏感性资产负债，而持续期相对较短。

假设银行持有短期债券较多，资产持续期小于负债持续期，持续期缺口为负；利率敏感性资产较多，大于利率敏感性负债，利率敏感性缺口为正。所以，两者之间并不矛盾。

利率敏感性缺口和有效持续期缺口的意义存在着显著的差异。不过，由于敏感性缺口和未来的净利息收入变动有关，未来的利息收入和利息支出又是银行资产和负债的最重要的现金流之一，而持续期的计算与未来的现金流紧密相关，所以敏感性缺口和持续期缺口之间又存在紧密的联系。

（三）利用利率衍生工具套期保值

利率市场化为银行使用利率衍生工具进行套期保值、控制利率风险创造了条件，利率风险管理中可行的利率衍生工具有远期利率协议、利率期货、利率期权和利率互换。

1.远期利率协议

远期利率协议（FRA）是一种远期合约，主要用于规避未来利率波动的风险。交易双方商定将来某一时间点（指利息起算日）开始的一定期限的协议利率，并规定以某种利率作为参照利率，在将来利息结算日按规定的协议利率、期限和本金金额，由一方向另一方支付协议与参考利率利息差的贴现额。

商业银行使用远期利率协议可以对未来期限的利率进行锁定，即对参考利率未来变动进行保值，防范将来利率变动风险。

微课5-10

远期利率协议

案例分析5-5

甲公司预计在未来的3个月内将从某银行借款100万美元，借款的时间为6个月。假定该公司准备以伦敦同业拆借利率（LIBOR）获得资金。现在LIBOR利率为6%，公司希望筹资成本不高于6.5%，为了控制筹资成本，甲公司与该银行签署了一份远期利率合约。合约约定的利率为6.25%，名义本金100万美元，协议期限为6个月，自现在起3个月内有效。

问题：如果在有效期内6个月内LIBOR利率涨到7%，如何确保甲公司的筹资利率为6.25%？

2.利率期货

利率期货是指通过市场公开竞价，买卖双方商定在未来规定日期按约定利率进行一定数额的有价证券的交割。以附有利率的有价证券为标的物的期货合约，能够规避利率变动带来的证券价格变化风险。

根据市场利率与有价证券价格反向变动的原理，贷款者或有价证券持有者在市场利率下降时买进利率期货，进行多头利率套期保值；在市场利率上升时卖出利率期货，进行空头利率套期保值。

小思考5-4

假设短期国债的现货价格为95，当前的利率水平是5%。

如果短期国债持有者预测3个月后利率将下跌，将如何利用利率期货进行套期保值？

　　答：买进一份3个月期的利率期货，3个月后，利率若真下跌至3%水平，对应于97的利率期货价格。此时，卖出利率期货，赚取收益，弥补在现货市场上的亏损。利率若没有下跌，上涨至6%，对应于94的利率期货价格。此时，卖出利率期货进行交割，在期货上的亏损由现货市场进行弥补，从而降低利率风险。

3.利率期权

　　利率期权是一种与利率变化挂钩的期权，到期时以现金或者与利率相关的合约（如利率期货、利率远期或者政府债券）进行结算。

　　买方在支付了期权费后即取得在合约有效期内或到期时以一定的利率（价格）买入或卖出一定面额的利率工具的权利。在到期日按预先约定的利率，按一定的期限借入或贷出一定金额的货币，这样当市场利率向不利方向变化时，买方可固定其利率水平；当市场利率向有利方向变化时，买方可获得利率变化的好处，利率期权的卖方向买方收取期权费，同时承担相应的责任。

☑️ **小知识5-4**　　　　　　　　　**利率期权的形式**

利率上限

　　利率上限是客户与银行达成一项协议，双方确定一个利率上限水平，在此基础上，利率上限的卖方向买方承诺：在规定的期限内，假如市场参考利率高于协定的利率上限，则卖方向买方支付市场利率高于协定利率上限的差额部分；假如市场利率低于或等于协定的利率上限，卖方无任何支付义务，同时，买方由于获得了上述权利，必须向卖方支付一定数额的期权手续费。

利率下限

　　利率下限是指客户与银行达成一个协议，双方规定一个利率下限，卖方向买方承诺：在规定的有效期内，假如市场参考利率低于协定的利率下限，则卖方向买方支付市场参考利率低于协定利率下限的差额部分，若市场参考利率大于或等于协定的利率下限，则卖方没有任何支付义务作为补偿，卖方向买方收取一定数额的手续费。

利率上下限

　　利率上下限是指将利率上限和利率下限两种金融工具结合使用。购买一个利率上下限是指在买进一个利率上限的同时，卖出一个利率下限；卖出一个利率上下限，则是指在卖出一个利率上限的同时，买入一个利率下限。以收入的手续费来部分抵销需要支出的手续费，从而达到既防范利率风险又降低成本的目的。

　　资料来源　佚名.利率期权交易 [EB/OL].［2023-01-26］. https：//baike.baidu.com/item/利率期权交易/9460122? fr=ge_ala.

4.利率互换

　　利率互换是交易双方在一笔相同名义本金数额的基础上相互交换具有不同性质的

微课5-11

利率互换

利率支付。利率互换的目的在于降低资金成本和利率风险。

利率互换是指两笔货币相同、本金相同、期限相同的资金，双方在各自的领域存在比较优势，因此，双方愿意达成协议，发挥各自优势，进行利息互换，使互换双方的筹资成本降低。

案例分析5-6

假设甲、乙两家公司，其信用等级及各自在固定利率市场和浮动利率市场上的借款成本见表5-5。

表5-5　　　　　　　　　甲、乙两家公司的借款利率

	甲公司	乙公司
信用等级	AAA	BBB
固定利率	4%	5%
浮动利率	6个月LIBOR+0.2%	6个月LIBOR+0.5%

甲公司由于信用等级高，在浮动利率市场和固定利率市场都有优势，但是存在利差，两公司固定利率之差为1%，浮动利率之差为0.3%，甲公司在固定利率市场具有比较优势，乙公司在浮动利率市场具有比较优势。

请问双方如何进行利率互换，才能降低筹资成本？

业务实操

业务5-3：识别利率风险类型

重新定价风险是最主要的利率风险，银行资产、负债和表外项目头寸重新定价时间和到期日不匹配时，容易出现期限错配。下面以重新定价风险的识别与应对为例，详细介绍利率风险管理的工作流程，了解风险经理的工作职责。

步骤一：资产负债结构梳理

首先要梳理银行的资产负债结构，了解每类资产或负债的到期日及适用的利率。根据每类资产或负债适用的是浮动利率还是固定利率，将它们划分为利率敏感性资产或负债、利率不相关资产或负债，分别计算利率敏感性资产和利率敏感性负债的数额；根据每类资产或负债的到期日情况，分别计算它们的持续期。

步骤二：资产负债缺口测算

在对资产负债结构进行梳理后，对资产与负债之间的缺口进行测算，以便了解银行的利率敞口情况。利率敏感性缺口等于利率敏感性资产减去利率敏感性负债，持续期等于资产持续期减去负债持续期乘以资产负债率。通过测算，风险经理判断目前银行的利率敏感性资产负债及资产负债的持续期是否存在缺口，若存在缺口，进一步判断缺口的大小与方向。

业务 5-4：应对利率风险

步骤一：市场利率趋势判断

短期利率是指融资期限在一年以内的金融资产的利率，亦称货币市场利率，受到央行货币政策、货币供求关系、市场流动性等因素影响。长期利率是指融资期限在一年以上的金融资产的利率，亦称资本市场利率，也受到多个因素影响，这些因素包括通货膨胀预期、经济增长预期、市场供求关系等。银行要利用信息、技术上的优势，密切关注包括央行公开市场7天逆回购操作利率、中期借贷便利利率等是否变化，对市场流动性和央行货币政策等进行预测，判断未来短期利率和长期利率的走势。

☑ 小知识5-5　　　　短期利率与长期利率的关系

长期利率由短期利率决定

随着短期利率的升高，市场预期未来的通货膨胀率会随之提高，导致长期债券价格下跌从而使长期利率上升。

短期利率向长期利率延伸

央行在调整短期利率的同时，通过公开市场操作来影响长期利率，在保证长期资金稳定的同时，促进短期市场的稳定和流动性，使得短期利率和长期利率之间的差距越来越小。

短期利率与长期利率倒挂

在经济衰退时期，央行采取降息政策刺激经济增长时，市场对未来经济增长和通货膨胀预期较为悲观，投资者可能更愿意持有短期债券，以获得更低的风险，从而推高短期利率，出现了短期利率高于长期利率的倒挂现象。

资料来源　佚名. 短期和长期利率之间的关系与影响［EB/OL］.［2024-03-12］. https：//wenku.baidu.com/view/8ce653a72c60ddccda38376baf1ffc4fff47e26a.html.

步骤二：利率风险策略制定

根据对短期利率和长期利率走势的判断，结合目前银行的资产负债利率敞口情况，合理调整银行的资产负债结构，制定相应的利率敏感性缺口管理和持续期缺口管理策略。比如，预测未来市场利率上升，应努力营造利率敏感性正缺口、持续期负缺口，从而利用利率变动获取更高的收益，有效防范利率风险。

案例分析5-7

按资产总额排序，硅谷银行是美国第16大商业银行，其2022年末的并表资产总额为2 118亿美元，规模较大。从商业模式来看，硅谷银行主要服务于PE/VC、高科技企业，以及这些企业的员工等高净值个人客户。从其2022年末的贷款结构来看，PE/VC机构是其主要的客户。

新冠疫情期间，美联储"放水"，美国的PE/VC市场得到快速扩张，给硅谷银行带来大量低息存款，硅谷银行的规模得以快速扩大。随着2022年美联储进入加息周期，PE/VC市场的流动性盛宴结束，硅谷银行面临巨大的压力。2023年3月9日，硅谷银行宣布出售其所持有的210亿美元可销售证券，因此造成18亿美元亏损。随后，硅谷银行希望通过出售普通股和优先股募资22.5亿美元，造成恐慌性的资产抛售和对股权的猛烈稀释，导致其股价暴跌超过60%，市值蒸发超过94亿美元，储户大量提款（总计420亿美元）引发挤兑现象。2023年3月10日，硅谷银行宣布破产。

问题：造成硅谷银行破产的原因是什么？

任务实施

根据苏南银行案例，进行利率风险管理实训操作。

步骤一：测算利率敞口

风险经理梳理苏南银行的资产负债结构，测算利率敏感性缺口和持续期缺口。

测算苏南银行的利率敏感性缺口：

利率敏感性资产=1 500（百万元）

利率敏感性负债=3 600（百万元）

利率敏感性缺口=1 500−3 600=−2 100（百万元）

测算苏南银行的持续期缺口：

短期金融工具持续期为1年：

个人贷款持续期=（220/1.04+5 720×2/1.04^2）/5 500=1.96（年）

公司贷款持续期=（1 000/1.05+1 000×2/1.05^2+1 000×3/1.05^3+1 000×4/1.05^4+21 000×5/1.05^5）/20 000

　　　　　　　=4.55（年）

资产持续期=（1 500/27 200）×1+（5 500/27 200）×1.96+（20 000/27 200）×4.55=3.80（年）

定期存款持续期=（182/1.02+182×2/1.02^2+9 282×3/1.02^3）/9 100=2.94（年）

大额可转让定期
存单持续期　=（342/1.03+342×2/1.03^2+342×3/1.03^3+342×4/1.03^4+11 742×5/1.03^5）/11 400

　　　　　　=4.72（年）

短期借款持续期为1年：

负债持续期=（9 100/24 100）×2.94+（11 400/24 100）×4.72+（3 600/24 100）×1=3.49（年）

持续期缺口=3.80−（24 100/27 200）×3.49=0.71（年）

通过测算可以发现，苏南银行存在−2 100百万元的利率敏感性负缺口，0.71年的持续期缺口。

步骤二：应对利率风险

风险经理根据苏南银行的利率敞口情况，参考近期央行发布的公开市场业务交易公告（如图5-5所示），预测半年内的市场利率走势保持平或下降，可以考虑进一步延长资产持续期，进行长期投资或发放长期贷款，降低负债持续期，让更多的负债可以按照较低的市场利率重新定价，但也要避免期限错配。

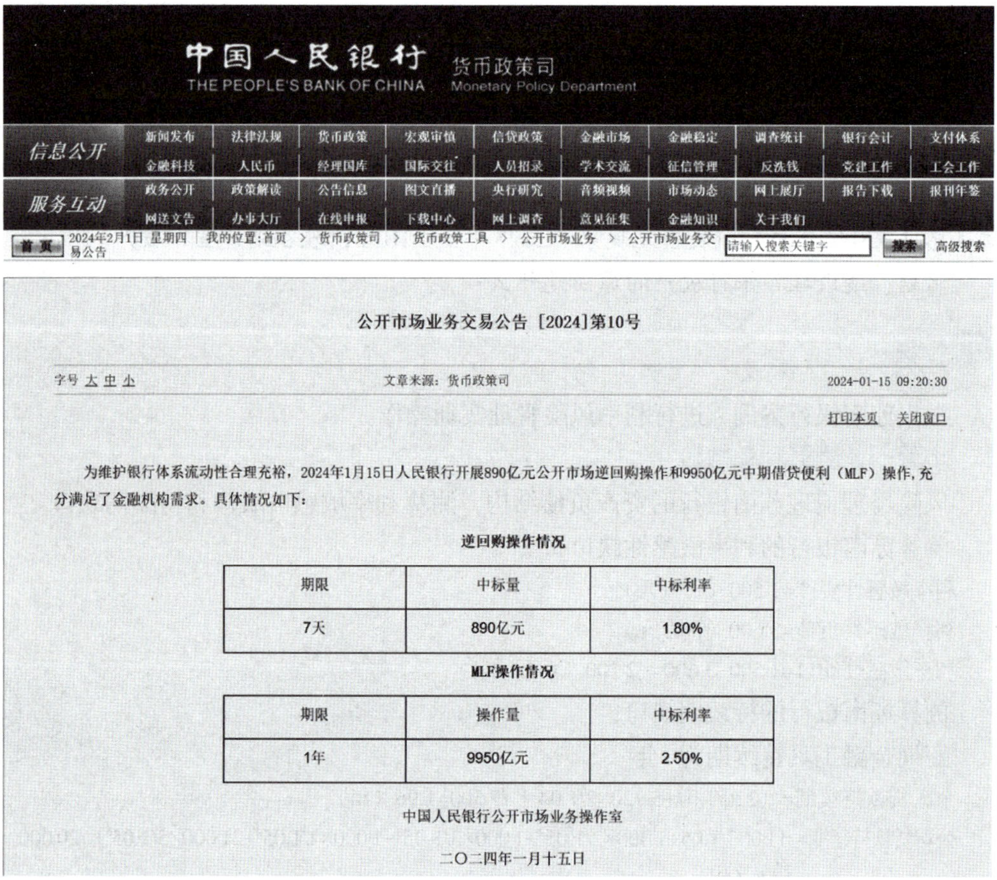
中国人民银行 货币政策司
THE PEOPLE'S BANK OF CHINA Monetary Policy Department

信息公开：新闻发布 法律法规 货币政策 宏观审慎 信贷政策 金融市场 金融稳定 调查统计 银行会计 支付体系 金融科技 人民币 经理国库 国际交往 人员招录 学术交流 征信管理 反洗钱 党建工作 工会工作
服务互动：政务公开 政策解读 公告信息 图文直播 央行研究 音频视频 市场动态 网上展厅 报告下载 报刊年鉴 网送文告 办事大厅 在线申报 下载中心 网上调查 意见征集 金融知识 关于我们

首页 2024年2月1日 星期四 | 我的位置：首页 > 货币政策司 > 货币政策工具 > 公开市场业务 > 公开市场业务交易公告 请输入搜索关键字 搜索 高级搜索

公开市场业务交易公告［2024］第10号

字号 大 中 小　文章来源：货币政策司　2024-01-15 09:20:30

打印本页 关闭窗口

为维护银行体系流动性合理充裕，2024年1月15日人民银行开展890亿元公开市场逆回购操作和9950亿元中期借贷便利（MLF）操作，充分满足了金融机构需求。具体情况如下：

逆回购操作情况

期限	中标量	中标利率
7天	890亿元	1.80%

MLF操作情况

期限	操作量	中标利率
1年	9950亿元	2.50%

中国人民银行公开市场业务操作室

二〇二四年一月十五日

图5-5　公开市场业务交易公告

【岗位说明】

风险经理要根据银行资产负债结构为银行测算利率敞口，并根据未来市场利率走势，为银行制定相应的利率敏感性缺口和持续期缺口管理策略，做好银行的利率风险管理工作。

【赛题测试 5-2】

1. 目前，对我国的商业银行而言，面临的最大的市场风险是（　　）。

A. 汇率风险

B. 商品价格风险

C. 利率风险

D. 股票价格风险

2.（　　）用于衡量资产负债价值对于利率水平变化的敏感度的一项指标，可表示为利率变动1%时，导致资产负债净值变动的百分比。

A. 远期

B. 久期

C.收益率曲线

D.负债

3.关于缺口管理说法正确的有（   ）。

A.缺口管理又称为利率敏感性缺口管理法

B.根据对未来利率变动趋势和收益率曲线形状的预期，改变资产和负债的缺口

C.当预期利率上升增加缺口

D.缺口是指浮动利率资产和负债之间的差额

E.当资产和负债中的某一项的利率为固定利率的时候，不需要进行缺口管理

4.金融衍生品市场是相对传统金融市场而言的，是交易金融衍生工具的市场。金融衍生工具是从标的资产派生出来的金融工具。这类工具的价值依赖于基本标的资产的价值，如（   ）。

A.期权   B.互换   C.远期   D.期货

E.抵押贷款

资料来源 2023年智慧金融技能大赛题库。

赛题测试5-2

参考答案

任务小结

本任务以重新定价风险的识别与应对为例，详细介绍利率风险管理的工作流程，包括测算利率敞口、判断利率走势和应对利率风险。完整的操作流程如图5-6所示。

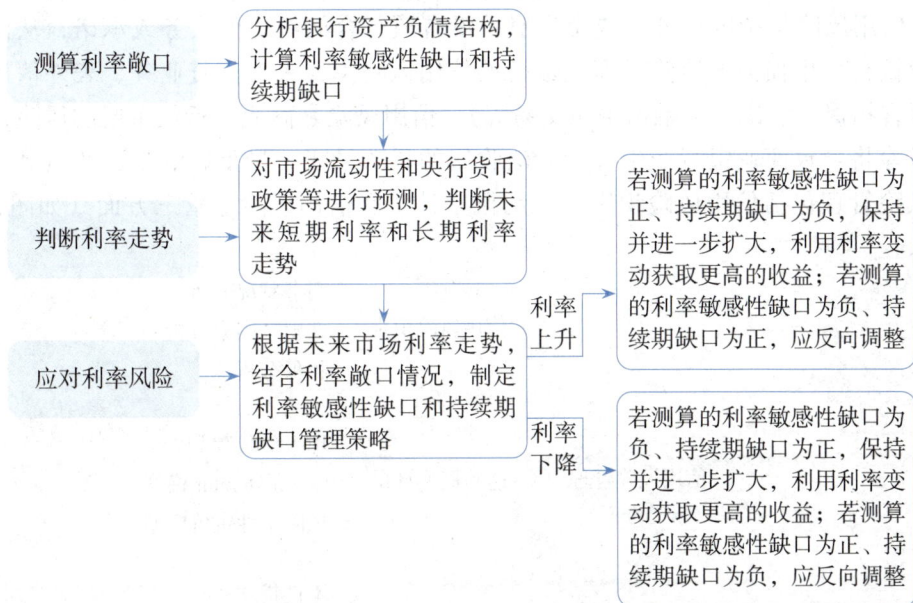

图5-6 利率风险管理操作流程

任务三　信用风险管理

任务导入

湖南唯够食品有限责任公司因资金周转的需要，向苏南银行申请2 000万元流动资金贷款，期限1年，以公司的食品加工输送机作为抵押物。苏南银行如何控制该笔贷款的信用风险呢？

作为一名银行风险经理，请思考如何帮助银行识别和计量信用风险，降低银行在信贷业务中因对方信用违约而遭受的损失？在银行信用风险管理过程中如何树立风险意识？

知识准备

信用风险属于非系统性风险。信贷业务是银行的主要收益来源，而银行在信贷业务中面临最主要的风险是信用风险，信用风险一旦发生，就会使银行发放的贷款资金部分甚至全部损失。因此，我们需要充分了解银行信用风险识别、计量与控制方法，为银行做好信用风险管理。

信用风险是指因债务人或交易对手没有履行合同约定的义务或承诺，从而使商业银行发生损失的风险。商业银行的信用风险主要来自信贷业务、表外信用业务（含担保、承诺、金融衍生品交易等）。信用风险是商业银行最主要的风险，这种风险将导致商业银行产生大量无法收回的贷款呆账，严重影响其资产质量。信用风险管理包括信用风险识别、违约概率计量和信用风险监管三方面（如图5-7所示）。

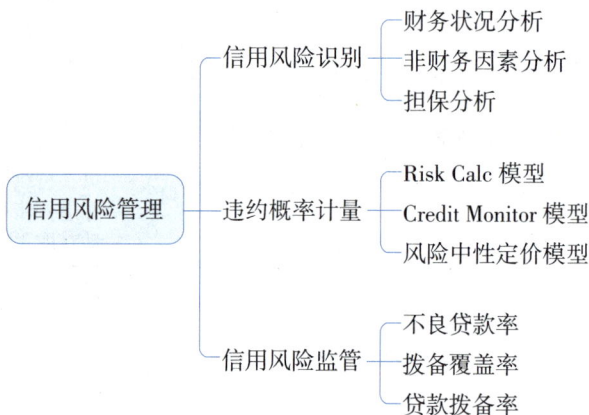

图5-7　信用风险管理构成

一、信用风险识别

信用风险的识别主要是针对债务人进行财务状况、非财务因素和担保分析，全面了解债务人的基本情况，进而识别债务人的信用风险。

微课5-12

信用风险
识别

（一）财务状况分析

财务状况分析是通过对企业（经营成果、财务状况以及现金流量情况）的分析、对个人（收入状况、支出状况以及资产负债情况）的分析，达到评价企业经营效率、个人还款能力，进而识别债务人信用风险的目的。

（二）非财务因素分析

非财务因素分析主要是针对企业债务人，从行业风险、管理经营风险和外部经营环境等方面进行综合判断。

1.行业风险

通过分析行业特征及定位、行业成熟期等，能够帮助商业银行对行业整体的共性风险有所认识。

2.管理经营风险

行业风险属于共性风险，但行业中每个企业又都有其自身特点。就国内企业而言，存在的最突出问题是经营管理不善，因此要进行管理经营风险分析。重点考核企业管理者的人品、诚信度、授信动机、经营能力及道德水准，企业的产品风险、原料供应风险、生产风险以及销售风险。

3.外部经营环境

外部经营环境是指经济环境、法律环境、技术进步等外部因素的发展变化，均可能对企业债务人的还款能力产生不同程度的影响。

（三）担保分析

担保是指为维护债权人和其他当事人的合法权益，提高贷款偿还的可能性，降低商业银行资金损失的风险，由借款人或第三方对贷款本息的偿还或其他授信产品提供的一种附加保障，为商业银行提供一个可以影响或控制的潜在还款来源。担保方式主要包括保证、抵押和质押。

1.保证

保证是指保证人和债权人约定，当债务人不履行债务时，保证人按照约定履行债务或者承担责任的行为。银行要对保证人的资格、财务实力、保证意愿、履约的经济动机及其与借款人之间的关系进行分析。

微课5-13

保证贷款

2.抵押

抵押是指债务人或第三方不转移对财产的占有，将该财产作为债权的担保。债务人不履行债务时，债权人有权依照法律规定以该财产折价或者以拍卖、变卖该财产的价款优先受偿。

微课5-14

抵押贷款

微课 5-15

质押贷款

3.质押

质押是指债务人或第三方将其动产移交债权人占有，将该动产作为债权的担保。债务人不履行债务时，债权人有权依照法律规定以该动产折价或者以拍卖、变卖该动产的价款优先受偿。银行要对质押物的所有权、市场价值等进行分析。

小思考 5-5

在现实生活中，借款人以房产抵押借款较为常见，那么若借款到期后借款人不能偿还，出借人是否可以直接以抵押房产抵债呢？在办理抵押时，抵押率如何计算呢？

答：根据《中华人民共和国民法典》第四百一十条的规定，债务人不履行到期债务或者发生当事人约定的实现抵押权的情形，抵押权人可以与抵押人协议以抵押财产折价或者以拍卖、变卖该抵押财产所得的价款优先受偿，不应自行处分抵押财产。

抵押率＝（借款本金÷抵押物评估价值）×100%。通常来说，抵押率越低，风险越小，但在银行实际操作中，客户办理抵押时，抵押率越高越好，最好是100%。这样一方面控制了贷款与质押物价值的比率，另一方面防止了客户将抵押物进行二次抵押融资。

二、违约概率计量

违约概率（PD）是指债务人在未来一定时期内不能按合同要求偿还银行贷款本息或履行相关义务的可能性。违约会给银行带来损失，在违约发生之前，要计量信用风险预期损失（EL）。信用风险预期损失（EL）的计算公式为：

$$EL = EAD \times LGD \times PD$$

其中，EAD 为违约敞口；LGD 为违约损失率。

违约敞口是指债务人在未来违约时可能造成损失金额的大小。违约损失率是指进行催收并变卖担保品回收部分款项后，违约敞口实际的违约损失比例。银行可以使用内部数据对违约损失率进行估计。

要了解信用风险预期损失的关键是计量违约概率，比较常用的违约概率模型包括 Risk Calc 模型、Credit Monitor 模型和风险中性定价模型。

（一）Risk Calc模型

Risk Calc 模型是在传统信用评分技术基础上发展起来的一种适用于非上市公司的违约概率模型，其核心是通过严格的步骤从客户信息中选择出最能预测违约的一组变量，经过适当变换后运用 Logit/Probit 回归技术预测客户的违约概率。

（二）Credit Monitor模型

Credit Monitor 模型是一种适用于上市公司的违约概率模型，其核心在于把企业与银行的借贷关系视为期权买卖关系，借贷关系中的信用风险信息因此隐含在这种期权交易之中，从而通过应用期权定价理论求解出信用风险溢价和相应的违约率，即企业向银行借款相当于持有一个基于企业资产价值的看涨期权，如图5-8所示。

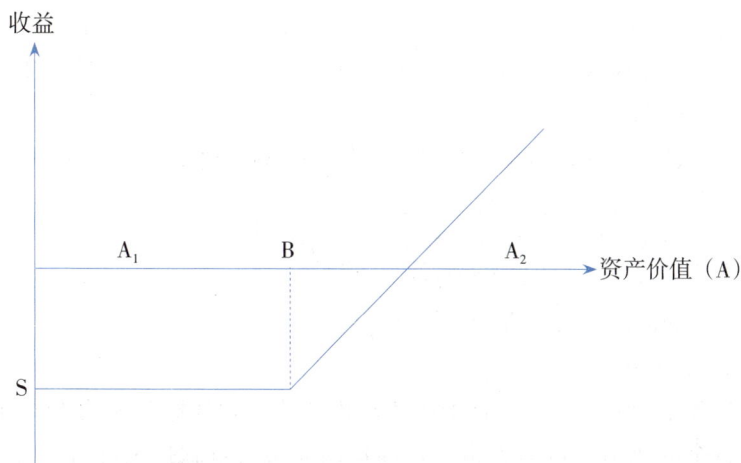

图5-8　企业资产与股东权益之间的关系

期权的基础资产就是借款企业的资产，执行价格就是企业债务的价值（B），股东初始股权投资（S）可以看作期权费。企业资产的市场价值（A）受各种风险因素的影响不断变化，如果A降低到小于B（设为A_1），企业会选择违约，债权银行只能得到A_1，负有限责任的借款企业股东最多只会损失S；如果A大于B（设为A_2），在全额偿还债务后，借款企业股东得到A_2-B，而随着企业资产价值的增大，股东收益也不断增加。

（三）风险中性定价模型

风险中性定价模型是在一个风险中性的经济环境中决定价格，不管个体投资者各自的风险偏好水平和期望收益率的差异，统一以风险中性偏好和无风险利率代替进行定价。根据风险中性定价模型，无风险资产的预期收益与不同等级风险资产的预期收益是相等的。

$$P_1(1 + K_1) + (1 - P_1)(1 + K_1) \times \theta = 1 + I_1$$

其中，P_1为期限1年的风险资产的非违约概率；$1-P_1$为其违约概率；K_1为风险资产的承诺利息；θ为风险资产的回收率，等于"1-违约损失率"；I_1为期限1年的无风险资产的收益率。

案例分析5-8

假设某银行对企业客户甲的信用评级为BBB级，对其项目贷款的年利率为7%。根据历史经验，同类评级的企业违约后，贷款回收率为35%。假设同期企业信用评级为AAA级的同类型企业项目贷款的年利率为5%（可认为是无风险资产收益率）。

问题：根据风险中性定价模型计算，信用评级为 BBB 级的企业客户在 1 年内的违约概率是多少？

三、信用风险监管

商业银行的信用风险监管指标包括不良贷款率、拨备覆盖率和贷款拨备率。

(一) 不良贷款率

不良贷款率是指商业银行不良贷款占总贷款余额的比重。该监管指标是评价商业银行信贷资产安全状况的重要指标之一。

$$不良贷款率 = \frac{次级类贷款 + 可疑类贷款 + 损失类贷款}{各项贷款余额}$$

不良贷款率的最低监管标准为 3%~5%。

(二) 拨备覆盖率

拨备覆盖率表示银行实际可用于应对潜在呆账和坏账的资金与可能产生的呆账、坏账准备金的比值。该监管指标是衡量商业银行贷款损失准备金计提是否充足的一个重要指标，从宏观上反映银行贷款的风险程度及社会经济环境、诚信等方面的情况。

$$拨备覆盖率 = \frac{一般准备 + 专项准备 + 特种准备}{次级类贷款 + 可疑类贷款 + 损失类贷款}$$

拨备覆盖率的最低监管标准为 120%~150%。

(三) 贷款拨备率

贷款拨备率是指贷款损失准备计提余额与贷款余额的比率，是反映商业银行拨备计提水平的重要监管指标之一。

$$贷款拨备率 = \frac{贷款损失准备金余额}{各项贷款余额}$$

贷款拨备率的最低监管标准为 1.5%~2.5%。

政策聚焦5-2

关于调整商业银行贷款损失准备监管要求的通知（摘要）

为有效服务供给侧结构性改革，督促商业银行加大不良贷款处置力度，真实反映资产质量，腾出更多信贷资源提升服务实体经济能力，根据《商业银行贷款损失准备管理办法》（银监会令 2011 年第 4 号）有关规定，决定调整商业银行贷款损失准备监管要求。将拨备覆盖率监管要求由 150% 调整为 120%~150%，贷款拨备率监管要求由2.5% 调整为 1.5%~2.5%。对于贷款分类准确、主动处理不良贷款和资本充足的银行，可适度提高单家银行贷款损失准备监管要求。

资料来源　摘自《关于调整商业银行贷款损失准备监管要求的通知》。

政策解读：整体下调拨备覆盖率、拨贷比红线，主要是为有效服务供给侧结构性改革，更加规范地进行不良资产和资本的经营与管理，加大不良贷款处置力度，真实反映资产质量，腾出更多信贷资源，提升服务实体经济能力，有利于银行业长期稳健发展。

业务实操

业务 5-5：计量信用违约概率

银行在信贷业务中面临最主要的风险是信用风险。在信贷业务中公司客户因贷款金额大、风险高，对其进行信用风险管理显得尤为重要。下面以公司客户信用风险的识别、计量与控制为例，详细介绍信用风险管理的工作流程，风险经理的工作职责。

步骤一：企业信用风险识别

公司客户贷款业务的信用风险管理与业务受理同时进行，风险经理负责在整个贷款业务流程中进行风险控制。风险经理需要对公司客户面临的行业风险、管理经营风险和外部经营环境等方面进行分析；从公司客户的资本结构、盈利能力、流动性和现金流等维度来分析财务数据，从而识别出公司客户潜在的信用风险。

步骤二：企业信用风险计量

依据 Risk Calc 模型、Credit Monitor 模型和风险中性定价模型等违约概率模型，银行开发改造后形成自有的违约概率模型，从企业基本情况、企业经营情况、与银行合作关系等维度，预测公司客户贷款业务的违约概率，再将违约概率评分转化成公司客户信用评分，据此将公司客户分成不同的风险等级来量化评价公司客户的信用风险大小。

☑ 小知识5-6　　　　基于大数据的个人信用评分模型

获取数据

获取申请贷款客户的数据，包括年龄、性别、收入、职业、消费情况、债务等。

数据预处理

数据清洗、缺失值处理、异常值处理、数据类型转换等。

描述性分析

统计总体数据量大小、好坏客户占比，变量缺失率、变量频率分析可视化等。

变量选择

通过统计学和机器学习的方法，筛选出对违约状态影响最显著的变量。

模型开发

通过机器自动 WOE 分箱，手动调整 WOE 分箱，反复测试模型性能，择优选取最优分箱算法。

模型验证

核实模型的区分能力、预测能力、稳定性、排序能力等，形成模型评估报告。

信用评分卡

根据逻辑回归的变量系数和WOE值来生成评分卡，即将Logistic模型概率分转换为具体分数的标准评分形式。

评分卡自动评分

根据信用评分卡方法，建立计算机自动信用化评分系统。

模型监测

随着时间推移，模型区分能力、稳定性也会发生偏移。当监测到模型区分能力下降明显或模型稳定性发生较大偏移时，需要重新开发模型进行迭代。

资料来源　佚名. 信用评分卡模型［EB/OL］.［2024-09-09］. https：//blog.csdn.net/qq_22473611/article/details/100700071/.

业务 5-6：应对信用违约

步骤一：信用风险事前控制

在公司客户贷款业务的贷前阶段，需要对公司客户的信用风险进行量化评分，为了降低信用风险，银行会要求公司客户提供担保。风险经理要对保证人的保证能力进行评估，对抵（质）押物的所有权、市场价值等进行分析，确保客户提供的担保能全额覆盖贷款本金，能为贷款的有效偿还提供充足的担保。

步骤二：信用风险事中控制

在公司客户贷款业务的贷中阶段，风险管理部门需要参与贷款审批，根据信用评分结果、为贷款提供的担保等因素确定授信额度及贷款利率。在贷款利率定价时，要充分考虑信用风险违约补偿，在参考贷款市场利率的基础上加上贷款风险溢价。

☑ 小知识5-7　　　　　　贷款利率定价方法

基准利率定价法

基准利率定价法是选择合适的基准利率，银行在此之上加一定价差或乘上一个加成系数的贷款定价方法。基准利率可以是国库券利率、大额可转让存单利率、银行同业拆借利率、商业票据利率等货币市场利率，也可以是优惠贷款利率，即银行对优质客户发放短期流动资金贷款的最低利率。

贷款利率=基准利率+借款者的违约风险溢价+长期贷款的期限风险溢价

根据贷款的风险等级确定风险溢价，如果贷款期限较长，银行还需加上期限风险溢价。

成本加成定价法

成本加成定价法假定贷款利率包括四个组成部分：可贷资金的成本、非资金性经营成本、违约风险的补偿费用、预期利润。

$$贷款利率=筹集资金的边际利息成本+经营成本+预计补偿违约风险的边际成本+银行目标利润水平$$

成本加成定价法要求银行能够准确地认定贷款业务的各种相关成本，这在实践中有一定难度。

客户盈利性分析法

客户盈利性分析是一个较为复杂的贷款定价系统，其主要思想是认为贷款定价实际上是客户关系整体定价的一个组成部分，银行在对每笔贷款定价时，应该综合考虑银行在与客户的全面业务关系中付出的成本和获取的收益。

账户总收入（>、=、<）账户总成本+目标利润

账户总成本包括资金成本、所有的服务费和管理费以及贷款违约成本。账户总收入包括银行可以从客户的账户中获得的可投资存款的投资收入、表内外业务服务费收入和对该客户贷款的利息收入及其他收入等。目标利润是指银行资本要求从每笔贷款中获得的最低收益。

如果账户总收入大于账户总成本与目标利润之和，意味着该账户所能产生的收益超过银行要求的最低利润目标。如果公式左右两边相等，则该账户正好能达到银行既定的利润目标。假若账户总收入小于账户总成本与目标利润之和，有两种可能的情况：一是账户收入小于成本，该账户亏损；二是账户收入大于成本，但获利水平低于银行的利润目标。在这两种情况下，银行都有必要对贷款重新定价，以实现既定盈利目标。

资料来源　佚名. 贷款定价［EB/OL］.［2024-12-09］. https：//baike.baidu.com/item/贷款定价/3534723？fr=ge_ala#3.

步骤三：信用风险事后控制

在客户经理对已经发放的贷款进行贷后检查过程中，风险经理需要参与贷后检查，评估客户的信用风险是否发生变化，提示客户经理关注并核实可能会影响贷款归还的风险隐患，并对贷款进行分类，将其归为正常、关注、次级、可疑或损失贷款。

任务实施

根据湖南唯够食品有限责任公司贷款信用风险控制的案例，进行信用风险管理实训操作。

步骤一：量化信用评分

风险经理根据湖南唯够食品有限责任公司的财务指标分析结果、经营状况及信用状况等，对其进行信用评分（如图5-9所示）。

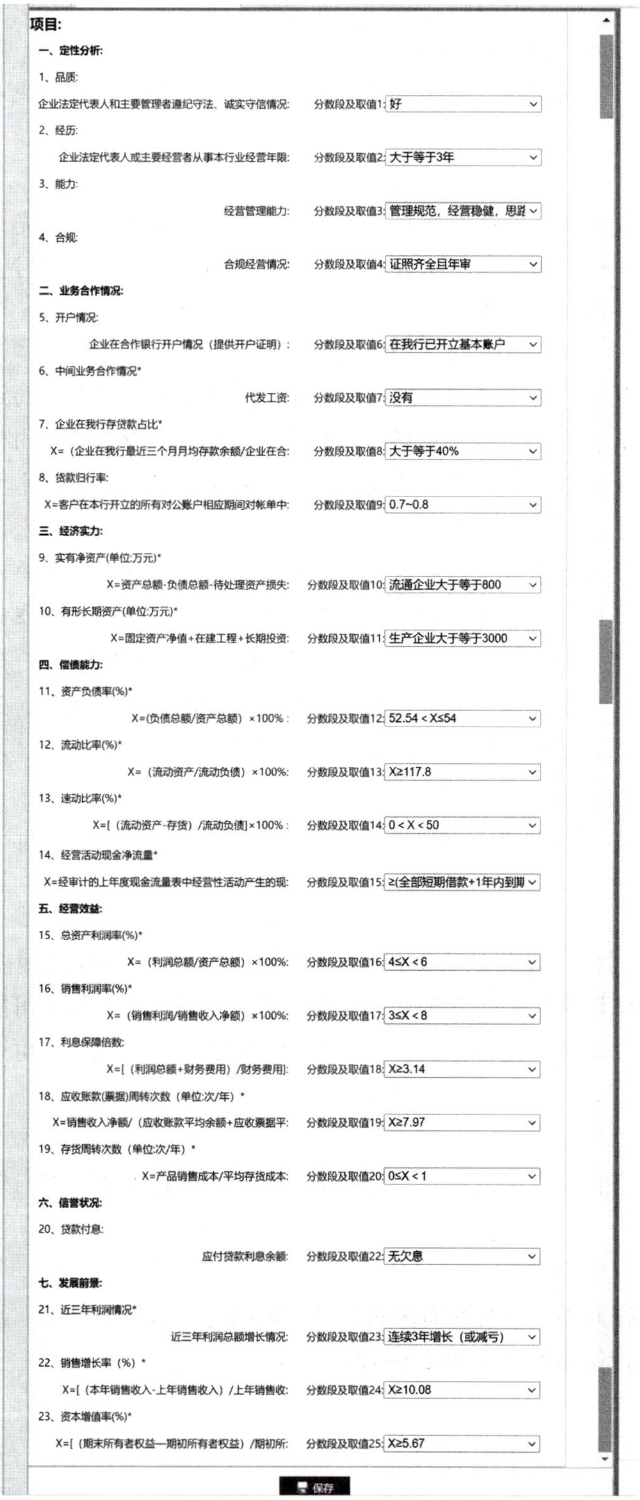

项目：

一、定性分析：

1、品质：

企业法定代表人和主要管理者遵纪守法、诚实守信情况：　分数段及取值1: 好

2、经历：

企业法定代表人或主要经营者从事本行业经营年限：　分数段及取值2: 大于等于3年

3、能力：

经营管理能力：　分数段及取值3: 管理规范，经营稳健，思路

4、合规：

合规经营情况：　分数段及取值4: 证照齐全且年审

二、业务合作情况：

5、开户情况：

企业在合作银行开户情况（提供开户证明）：　分数段及取值6: 在我行已开立基本账户

6、中间业务合作情况*

代发工资：　分数段及取值7: 没有

7、企业在我行存贷款占比*

X=（企业在我行近三个月月均存款余额/企业在合：　分数段及取值8: 大于等于40%

8、贷款归行率：

X=客户在本行开立的所有对公账户相应期间对帐单中：　分数段及取值9: 0.7~0.8

三、经济实力：

9、实有净资产(单位:万元)*

X=资产总额-负债总额-待处理资产损失：　分数段及取值10: 流通企业大于等于800

10、有形长期资产(单位:万元)*

X=固定资产净值+在建工程+长期投资：　分数段及取值11: 生产企业大于等于3000

四、偿债能力：

11、资产负债率(%)*

X=（负债总额/资产总额）×100%：　分数段及取值12: 52.54 < X≤54

12、流动比率(%)*

X=（流动资产/流动负债）×100%：　分数段及取值13: X≥117.8

13、速动比率(%)*

X=[（流动资产-存货）/流动负债]×100%：　分数段及取值14: 0 < X < 50

14、经营活动现金净流量*

X=经审计的上年度现金流量表中经营性活动产生的现：　分数段及取值15: ≥(全部短期借款+1年内到期

五、经营效益：

15、总资产利润率(%)*

X=（利润总额/资产总额）×100%：　分数段及取值16: 4≤X < 6

16、销售利润率(%)*

X=（销售利润/销售收入净额）×100%：　分数段及取值17: 3≤X < 8

17、利息保障倍数*

X=[（利润总额+财务费用）/财务费用]：　分数段及取值18: X≥3.14

18、应收账款(票据)周转次数（单位:次/年）*

X=销售收入净额/（应收账款平均余额+应收票据平：　分数段及取值19: X≥7.97

19、存货周转次数（单位:次/年）*

X=产品销售成本/平均存货成本：　分数段及取值20: 0≤X < 1

六、偿债状况：

20、贷款付息：

应付贷款利息余额：　分数段及取值22: 无欠息

七、发展前景：

21、近三年利润情况*

近三年利润总额增长情况：　分数段及取值23: 连续3年增长（或减亏）

22、销售增长率（%）*

X=[（本年销售收入-上年销售收入）/上年销售收：　分数段及取值24: X≥10.08

23、资本增值率(%)*

X=[（期末所有者权益—期初所有者权益）/期初所：　分数段及取值25: X≥5.67

保存

图5-9　公司客户的信用评分

步骤二：应对信用风险

风险经理在进行贷前调查时，将湖南唯够食品有限责任公司提供抵押的食品加工输送机委托第三方机构进行评估，了解其评估价值，按照评估价值测算抵押率。

抵押率=2 000/2 000=100%

在贷款定价时，还需要考虑信用风险违约补偿问题，在参考贷款市场利率的基础上加上贷款风险溢价（如图5-10所示）。

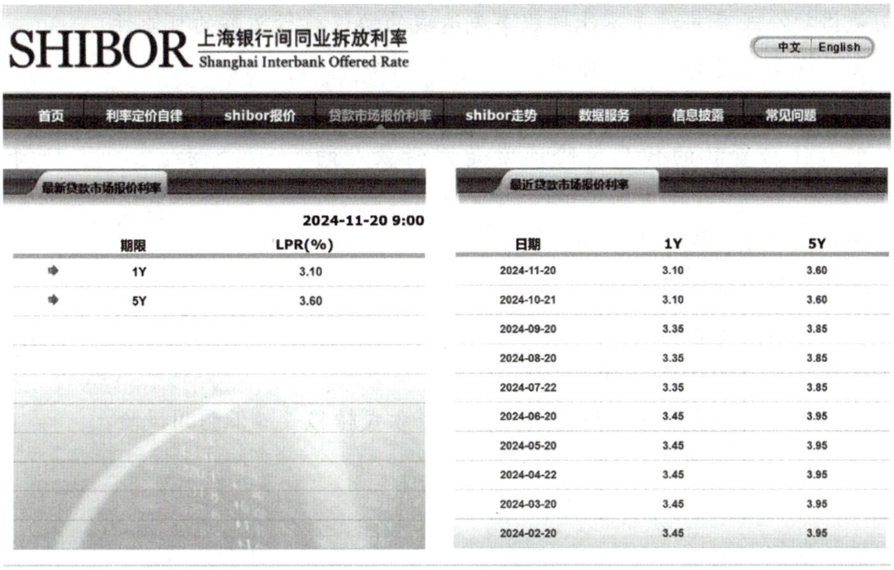

期限	LPR(%)
1Y	3.10
5Y	3.60

日期	1Y	5Y
2024-11-20	3.10	3.60
2024-10-21	3.10	3.60
2024-09-20	3.35	3.85
2024-08-20	3.35	3.85
2024-07-22	3.35	3.85
2024-06-20	3.45	3.95
2024-05-20	3.45	3.95
2024-04-22	3.45	3.95
2024-03-20	3.45	3.95
2024-02-20	3.45	3.95

图5-10　贷款市场报价利率

在贷后检查中，对贷款进行五级分类，填写分类结果，控制信用风险（如图5-11所示）。

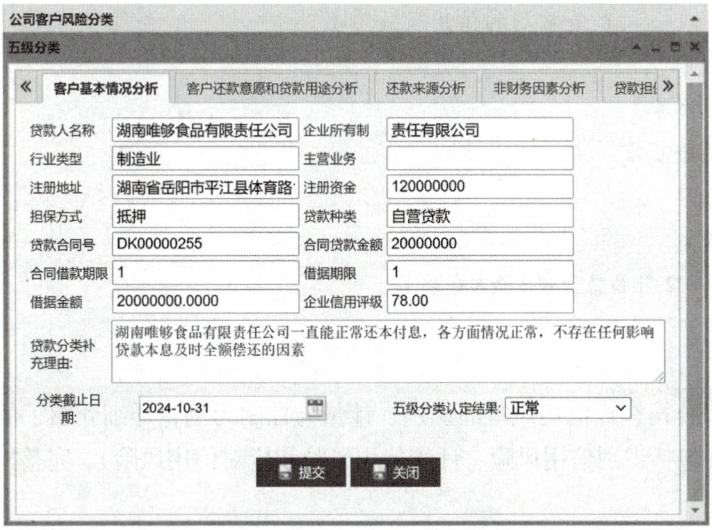

图5-11　贷款五级分类

【岗位说明】

风险经理要根据信贷客户的信用状况，结合信用评分计量结果，从事前、事中、事后三个阶段制定信贷客户的信用风险控制措施，做好银行的信用风险管理工作。

赛题测试5-3

参考答案

【赛题测试5-3】

1.关于信用风险表述有误的是（　　　）。

A.属于商业银行面临的主要风险

B.是借款人或交易对手不能按照事先达成的协议履行义务的可能性

C.会存在于银行的贷款业务中

D.不会存在于其他表内和表外业务中

2.个人住房贷款的信用风险通常是因借款人的_____和_____下降导致的。（　　　）

A.担保品价值；保证人实力

B.还款意愿；担保品价值

C.还款能力；还款意愿

D.还款能力；担保品价值

3.信用风险缓释是指银行运用（　　　）等方式转移或降低信用风险。

A.合格抵（质）押品

B.保证

C.股指期货

D.信用衍生工具

E.净额结算

4.商业银行通过计量不同的风险参数，可以从不同维度来反映银行承担的信用风险水平，以下（　　　）是常用的信用风险参数。

A.违约概率

B.违约损失率

C.违约风险暴露

D.有效期限

E.预期损失

资料来源　2023年智慧金融技能大赛题库。

任务小结

本任务以公司客户信用风险的识别、计量与控制为例，详细介绍了信用风险管理的工作流程（包括识别信用风险、计量信用风险和应对信用风险）。完整操作流程如图5-12所示。

| 识别信用风险 | → | 分析公司客户的财务因素和非财务因素，识别潜在的信用风险 |

| 计量信用风险 | → | 预测公司客户贷款业务的违约概率，再将违约概率评分转化成信用评分，判断信用风险大小 |

| 应对信用风险 | → | 结合信用评分结果，分事前、事中、事后三个阶段制定信用风险控制措施 |

事前控制 → 降低信用风险，为贷款的有效偿还提供充足担保

事中控制 → 在贷款利率定价时，考虑信用风险违约补偿

事后控制 → 评估客户的信用风险是否发生变化，对贷款进行分类，及时发现不良贷款

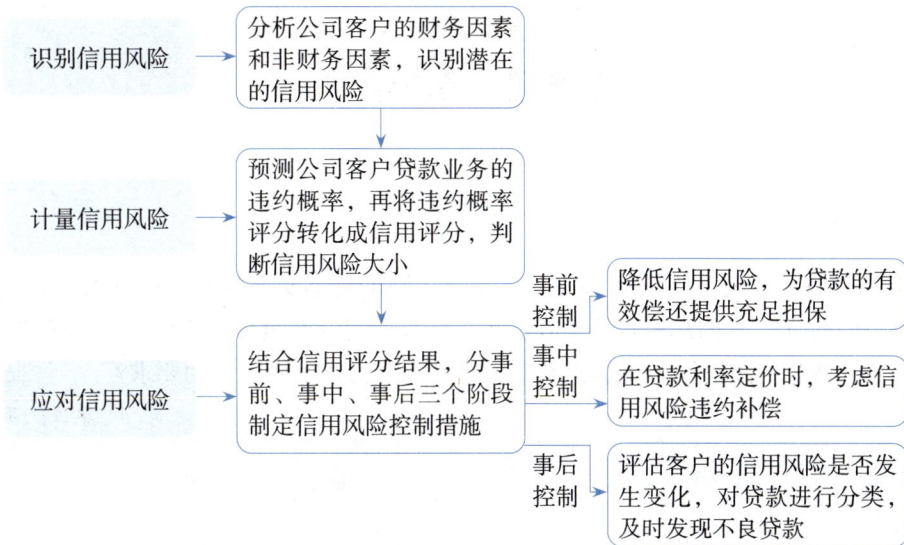

图5-12　信用风险管理操作流程

任务四　资本管理

任务导入

苏南银行的总资本规模为10亿元，市场风险的资本要求为1亿元，操作风险的资本要求为2亿元，表内总资产为150亿元。该银行的资产负债表表内项目和表外项目见表5-6，请分析该银行的资本充足率是否满足《巴塞尔协议》的要求？

表5-6　　　　　　　　　　　　苏南银行资产负债情况　　　　　　　　　　单位：百万元

资产负债表内项目	
现金	750
短期政府债券	3 000
国内银行存款	750
家庭住宅抵押贷款	750
企业贷款	9 750
资产负债表内总资产	15 000
资产负债表外项目	
用来支持政府发行债券的备用信用证	1 500
对企业的长期信贷承诺	3 000
资产负债表外项目加总	4 500

作为一名银行风险经理，请思考银行如何满足资本充足率要求，保障稳健经营呢？在银行资本管理过程中如何树立风险意识？

知识准备

银行资本的筹集和管理是商业银行经营最核心的问题之一。银行资本是商业银行实现稳健经营的基础，保持合理的资本规模与结构是商业银行实现资产安全和效益动态平衡的前提。因此，我们需要正确认识商业银行资本的功能，了解资本筹集和管理的工具，为银行做好资本管理。

银行资本是指银行资本所有者为经营银行获取利润所投入的自有资本和通过各种途径集中到银行的货币资本。银行资本为银行提供了面临损失时的缓冲，维持银行正常经营，保障存款人利益；提供银行正常开业所需的资金，并能为银行进一步扩张、新业务发展提供资金；向债权人展示了银行实力，强化社会公众对银行的信心。资本管理包括资本充足测定和资本筹集方式两方面（如图5-13所示）。

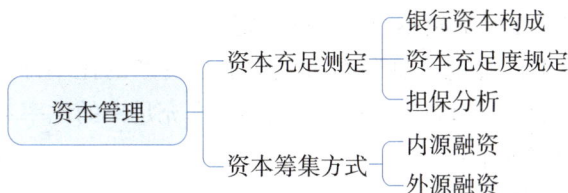

图5-13　资本管理构成

一、资本充足测定

《关于统一国际银行资本衡量和资本标准的协议》（即《巴塞尔协议》）自1988年公布实施以来，几经改进与完善，一直强调对于银行资本的要求，并要求银行资本应与资产的风险相联系。在《巴塞尔协议》中明确了银行资本构成和资本充足度规定。

（一）银行资本构成

根据《巴塞尔协议》的规定，商业银行的资本可以划分为两类：一是核心资本（即一级资本），二是附属资本（即二级资本）。其中，核心资本是商业银行资本最重要的组成部分。

1.核心资本

商业银行的核心资本由股本和公开储备两部分构成。其中，股本包括普通股和永久非累积优先股；公开储备是指通过保留盈余或其他盈余的方式在资产负债表上明确反映的储备，如股票发行溢价、未分配利润和公积金等。

2.附属资本

商业银行的附属资本包括非公开储备、资产重估储备、普通准备金、混合资本工具和长期附属债务。

（1）非公开储备只包括虽未公开但已反映在资产负债表上并为商业银行的监管机构接受的储备。

（2）资产重估储备是指有些国家按照本国的监管和会计条例，允许对某些资产进行重估，以反映它们的市值，或者使其相对于历史成本更接近市值。

（3）普通准备金用于防备目前尚不能确定的损失的准备金或呆账准备金。

（4）混合资本工具是指既带有一定股本性质，又带有一定债务性质，与股本极其相似，能够在不能清偿的情况下承担损失、维持经营。

（5）长期附属债务是资本债券与信用债券的合称，包括普通的、无担保的、期限5年以上的次级债务资本工具和不许购回的优先股，其比例最多只相当于核心资本的50%。

微课5-16

银行资本构成

（二）资本充足度规定

根据《巴塞尔协议》的规定，衡量资本充足度的主要指标是总资本（核心资本与附属资本之和）对风险加权资产的比率，称为资本充足率。

1.《巴塞尔协议Ⅰ》对资本充足度的测定

《巴塞尔协议Ⅰ》规定，总资本对风险加权资产的比率即资产充足率不得低于8%，核心资本与风险加权资产的比率即核心资本充足率的比率不得低于4%。资本充足率的有关计算公式如下：

$$资本充足率 = \frac{总资本}{风险加权资产}$$

$$= \frac{核心资本 + 附属资本}{表内风险资产 + 表外风险资产}$$

$$核心资本充足率 = \frac{核心资本}{风险加权资产}$$

对于风险加权资产的计算，包括资产负债表表内风险资产的计算和表外项目的风险资产换算两部分。为了合理确定风险资产的额度，《巴塞尔协议Ⅰ》对商业银行资产负债表表内、表外的不同资产规定了不同的风险权重（见表5-7、表5-8）。

表5-7　　　　　　　　　　　资产负债表表内项目风险权重表

项目	风险权重（%）
现金；以本国货币定值的对中央银行和中央政府的债权；对经济合作与发展组织（OECD）成员方的中央银行和中央政府的其他债权；以现金或以OECD成员方的中央政府债券作抵押或由中央政府作担保的债权	0
对国内公共部门实体的债权和由这些实体担保的贷款	0、10、20、50，由各国自定
对多边发展银行的债权及由这些银行担保或以其发行的证券作抵押的债权；对OECD成员方银行的债权或由其担保的贷款；对期限在1年以内的非OECD成员方银行的债权或由其担保的贷款；对非本国的OECD成员方公共部门实体的债权或由这些实体担保的贷款；托收中的现金款项	20
完全以居住为用途的、为借款人所拥有产权的住宅作抵押的贷款	50
对私人部门的债权；对期限在1年以上的非OECD成员方银行的债权；对非OECD成员方中央政府的债权；对公共部门拥有的商业公司的债权；房地产、设备和其他固定资产；不动产和其他投资；其他银行发行的资本工具；所有其他资产	100

表5-8 资产负债表表外项目风险权重表

项目	信用转换系数（%）
短期（1年以内）的、随时能取消的信贷额度	0
短期（1年以内）的、与贸易有关的并具有自行清偿能力的债权，如担保信用证、跟单信用证等	20
期限在1年以上的、与贸易有关的或有项目，如投资保证书、认股权证、履约保证书、即期信用证和证券发行便利等承诺或信贷额度	50
直接信用的替代工具，如担保、银行承兑、回购协议；有追索权的资产销售；远期存款的购买	100

当计算一家商业银行的风险资产时，就要按照《巴塞尔协议Ⅰ》规定的资产风险加权系数乘以商业银行资产负债表的表内项目和表外项目。对于表内项目，以其账面价值直接乘以对应的风险权数；对于表外项目，则按照《巴塞尔协议Ⅰ》规定的信用转换系数，首先将其转换为对等数量的表内业务额度，然后再乘以相应的风险权数。表内、表外风险资产的计算公式如下：

表内风险资产 $= \sum$ 表内资产额 × 风险权数

表外风险资产 $= \sum$ 表外资产额 × 信用转换系数 × 表内相同性质资产的风险权数

2.《巴塞尔协议Ⅱ》对资本充足度的测定

2004年6月，巴塞尔委员会公布了《巴塞尔协议Ⅱ》，形成了包括最低资本要求、外部监管和市场约束的资本监管的"三大支柱"，并于2006年年底在成员国开始实施。《巴塞尔协议Ⅱ》规定，继续采用资本对风险加权资产的比率来衡量商业银行的资本充足度。同时，资本充足率不得低于8%，核心资本充足率不得低于4%的规定保持不变。《巴塞尔协议Ⅱ》对于银行业的资本及其计量标准作出了卓有成效的努力，在信用风险和市场风险的基础上，新增了对操作风险的资本要求，将操作风险作为商业银行资本充足率计算公式的分母一部分。资本充足率的有关计算公式如下：

微课5-17

资本充足率的测算

$$资本充足率 = \frac{总资本}{风险加权资产}$$

$$= \frac{核心资本 + 附属资本}{信用风险加权资产 + (市场风险资本要求 + 操作风险资本要求) \times 12.5}$$

$$核心资本充足率 = \frac{核心资本}{风险加权资产}$$

$$= \frac{核心资本}{信用风险加权资产 + (市场风险资本要求 + 操作风险资本要求) \times 12.5}$$

《巴塞尔协议Ⅱ》引入了计量信用风险的内部评级法。银行既可以采用外部评级公司的评级结果确定风险权重，也可以用内部风险计量模型计算资本要求，这有助于提高银行的风险敏感度。《巴塞尔协议Ⅱ》允许商业银行和监管当局选择其认为最符合商业银行业务发展水平及金融市场状况的一种或几种方法。

☑ **小知识 5-8** 　　　　**《巴塞尔协议Ⅱ》的三大支柱**

第一支柱：最低资本要求

《巴塞尔协议Ⅱ》继续使用统一的资本定义和资本对风险加权资产的最低比率，修改了对风险资产的界定方面，在资本充足率的计算公式中全面反映了信用风险、市场风险、操作风险的资本要求。

第二支柱：外部监管

《巴塞尔协议Ⅱ》要求各国监管当局通过银行内部的评估进行监督检查，保证银行满足最低资本要求。监管当局可以采用现场和非现场检查等方式审核银行的资本充足情况，在监管水平较低时，监管当局要及时采取措施予以纠正。

第三支柱：市场约束

市场约束旨在通过市场力量来约束银行，其运作机制主要是依靠利益相关者（包括银行股东、存款人、债权人等）的利益驱动。利益相关者出于对自身利益的关注，为了维护自身利益免受损失，会在不同程度上关注银行的经营风险状况。《巴塞尔协议Ⅱ》强调提高银行的信息披露水平，加大透明度，要求银行及时、全面地提供准确信息，以便利益相关者作出判断，采取措施。

资料来源　佚名. 巴塞尔协议三大支柱［EB/OL］.［2021-03-12］. https：//zhuanlan.zhihu.com/p/356498004.

3.《巴塞尔协议Ⅲ》对资本充足度的测定

《巴塞尔协议Ⅲ》是巴塞尔委员会基于对美国次贷危机引发的全球金融危机的反思而对《巴塞尔协议Ⅱ》作出的更新，它在推动单个商业银行加强风险抵御能力的同时，更加强调一国金融系统的稳定，注重防范系统性金融危机。与《巴塞尔协议Ⅱ》相比，其主要侧重于第一支柱的改革，在第二支柱和第三支柱上也有所调整。以资本监管为主，同时引入流动性监管标准；监管理念上以微观监管为主，并引入了宏观审慎监管的概念。《巴塞尔协议Ⅲ》关于最低资本要求方面的变化见表5-9。

表5-9　　　　　　　《巴塞尔协议Ⅲ》的资本充足率监管标准

	普通股/ 风险加权资产	核心资本/ 风险加权资产	总资本/ 风险加权资产
最低资本要求	4.5%	6%	8%
资本防护缓冲资金	2.5%		
最低资本要求+资本防护缓冲资金	7%	8.5%	10.5%
逆周期资本缓冲区间	0～2.5%		
系统重要性银行 附加资本要求	1%		

在《巴塞尔协议Ⅲ》中，核心一级资本（普通股）在银行风险加权资产中的最低占比由原来的4%提升到4.5%，一级资本的最低占比由原来的4%提升到6%，总资本的最低资本要求仍保持原来的8%不变，风险加权资产的计算与《巴塞尔协议Ⅱ》保持一致。《巴塞尔协议Ⅲ》提出了资本防护缓冲的概念，要求各国商业银行增设不低于风险资产2.5%的资金作为风险缓冲资金，各国还需要增设0～2.5%的逆周期资本缓冲区间，并要求系统重要性银行提高1%的附加资本。

政策聚焦5-3

商业银行资本管理办法（摘要）

为加强商业银行资本监管，维护银行体系安全、稳健运行，保护存款人利益，根据《中华人民共和国银行业监督管理法》《中华人民共和国商业银行法》《中华人民共和国外资银行管理条例》等法律法规，2023年10月26日，国家金融监督管理总局发布了《商业银行资本管理办法》。

商业银行资本监管指标包括资本充足率和杠杆率。

商业银行资本充足率计算公式为：

$$资本充足率 = \frac{总资本 - 对应资本扣除项}{风险加权资产} \times 100\%$$

$$一级资本充足率 = \frac{一级资本 - 对应资本扣除项}{风险加权资产} \times 100\%$$

$$核心一级资本充足率 = \frac{核心一级资本 - 对应资本扣除项}{风险加权资产} \times 100\%$$

商业银行杠杆率计算公式为：

$$杠杆率 = \frac{一级资本 - 一级资本扣除项}{调整后表内外资产余额} \times 100\%$$

商业银行各级资本充足率不得低于如下最低要求：

（一）核心一级资本充足率不得低于5%。

（二）一级资本充足率不得低于6%。

（三）资本充足率不得低于8%。

（四）杠杆率不得低于4%。

对国内系统重要性银行，信息披露内容应至少包括：

（一）风险管理、关键审慎监管指标和风险加权资产概览。

（二）不同资本计量方法下的风险加权资产对比。

（三）资本和总损失吸收能力的构成。

（四）利润分配限制。

（五）财务报表与监管风险暴露间的联系。

（六）资产变现障碍。

（七）薪酬。

（八）信用风险。

（九）交易对手信用风险。

（十）资产证券化。

（十一）市场风险。

（十二）信用估值调整风险。

（十三）操作风险。

（十四）银行账簿利率风险。

（十五）宏观审慎监管措施。

（十六）杠杆率。

（十七）流动性风险。

对非国内系统重要性银行（除第三档商业银行外），信息披露内容应至少包括风险管理、关键审慎监管指标和风险加权资产概览，资本构成，杠杆率的相关定性和定量信息等。

对第三档商业银行，信息披露内容应至少包括关键审慎监管指标和资本构成。

资料来源　摘自《商业银行资本管理办法》。

政策解读：《商业银行资本管理办法》中按照银行规模和业务复杂程度，根据表内外资产余额和境外债权债务余额情况划分成三档，并匹配不同的资本监管方案。第一档，规模较大或跨境业务较多的银行，对标资本监管国际规则；第二档，规模较小、跨境业务较少的银行，实施相对简化的监管规则；第三档，主要是规模更小且无跨境业务的银行，进一步简化资本计量要求，引导其聚焦县域和小微金融服务。

差异化资本监管不降低资本要求，在保持银行业整体稳健的前提下，激发中小银行的金融活水作用，减少银行合规成本。

二、资本筹集方式

商业银行资本的筹集方式主要包括从商业银行内部筹措和从商业银行外部筹措两种，即内源融资和外源融资。

（一）内源融资

商业银行资本的内部筹集一般采取增加各种准备金和收益留存的方法。

1.增加各种准备金

按照《巴塞尔协议》的规定，商业银行提取的各种准备金是附属资本的重要组成部分，通常有资本准备金、贷款损失准备金和投资损失准备金。资本准备是银行为了应付资本的减少而保持的储备，当发生损失时，商业银行可用它来进行补偿。贷款损失准备金和投资损失准备金都是银行为了应付贷款的呆账、坏账、投资损失而保持的储备。准备金是商业银行为了应对突发事件按照一定的比例从税前利润中提取出来

微课5-18

内源融资

的，稳定性较差，金融监管当局对此一般会有所限制。

2.收益留存

商业银行的税后利润在支付优先股股息后，便在留存盈余和普通股之间进行分配。留存盈余与股东股息就有一种相互制约、相互影响的关系。在税后利润一定的情况下，保留多少盈余实际上是商业银行分红政策的选择问题。

商业银行内源融资的优点体现在两个方面：一是不必依靠公开市场筹集资金，可免去发行成本，因而总成本较低；二是不会使股东控制权削弱，避免了股东所有权的稀释和所持有股票的每股收益的稀释。

商业银行内源融资的缺点体现在两个方面：一是过多的留存盈余可能让商业银行普通股股价下降，致使投资者对商业银行未来的市场价值产生怀疑；二是内源融资的增长受到诸多因素的限制，筹资数额有限。

(二) 外源融资

1.发行普通股

普通股是商业银行资本的基本形式。它是一种权利证明，这种权利主要体现在三个方面：一是普通股股东对商业银行拥有经营决策权。股东可以参加股东大会，对商业银行的各项决议有投票权，有选举董事会成员的选举权。二是普通股股东对商业银行的利润和资产有分享权。股东有权分配或处置商业银行的税后利润，在商业银行破产清算时，对其收入和资产还可享有最后一位的要求权。三是普通股股东在商业银行增发普通股时，享有新股认购权。这个权利可以维护股东对商业银行已有的权利。商业银行在刚组建时往往通过发行普通股筹集资金，当资本不足时，也可以向社会公众增发股票。

微课5-19

外源融资

通过普通股筹集资本的优点主要有：第一，发行普通股筹措资本具有永久性，无到期日，不需归还。第二，发行普通股筹资没有固定的股利负担，筹资风险较小。第三，对股东来讲，拥有普通股既可以控制商业银行又可以参与分红，而且在通货膨胀期间投资不易贬值，这对投资者会产生吸引力，从而有利于商业银行筹集资本。

商业银行通过发行普通股筹资有以下缺点：第一，发行成本高。普通股发行需要履行的手续很多，提高了发行成本。第二，会削弱原股东对商业银行的控制权。因为普通股股票数量增加了，原股东的相对份额就会下降。第三，会影响股票的收益。因为增加的资本不会迅速带来收益，但股票数量却是迅速增加的，因此单位股票的收益在短期内下降。

2.发行优先股

优先股是指在收益和剩余财产分配上优先于普通股的股票。优先股股东一般可以按事先约定的条件取得固定利率的股息，但优先股股东没有投票决策权和选举权。

商业银行以优先股形式筹集资本，有以下优点：第一，不削弱普通股股东的控制权。第二，由于只按固定的比率向优先股股东支付股息，商业银行不必向其支付红利，优先股的融资成本是事先确定的。第三，在一般情况下，商业银行运用资金获利的能力要高于优先股的股息率，因此，发行优先股会给商业银行带来更多的利润，商业银行财务杠杆的效力会得到增强。

商业银行以优先股形式筹集资本，有以下缺点：第一，较一般负债成本高，优先股的股息支付要求比资本性票据和债券的利息支付要求高。第二，优先股股息固定，当商业银行收益下降时，由于优先股股息支付的固定性，便成为一项财务负担，会使普通股的收益加速下降。

3.发行资本票据和债券

发行资本票据和债券筹集的资本金是商业银行的债务性资本。债务资本所有者的求偿权排在商业银行存款所有者之后，并且原始期限较长。

商业银行通过发行资本票据和债券的优点主要包括：第一，由于债务的利息可以从商业银行税前收益中支出，可以享受免税待遇。第二，发行债券的成本要比发行股票的成本低。第三，发行债券不会削弱普通股股东的控制权。第四，可以为普通股股东带来财务杠杆效应，使得普通股股东的收益率有较大的增长。

商业银行通过发行资本票据和债券筹集资本的缺点主要表现在以下两个方面：第一，债务资本不是永久性资本，有一定的期限，在债务资本将要到期时，会影响商业银行对这一资本的利用效率。第二，债务资本不同于股东权益，它对增强公众信心的能力不如权益资本，市场接受程度不如权益资本高。

业务实操

业务 5-7：判断资本充足情况

资本对商业银行的生存和发展至关重要，对其进行管理更为重要。以《巴塞尔协议Ⅲ》中对银行资本充足率计算公式来判断商业银行资本充足率为例，详细介绍资本管理的工作流程，了解风险经理的工作职责。

步骤一：银行资产风险加权

首先要梳理银行的表内外资产项目，《巴塞尔协议Ⅲ》对商业银行资产负债表表内、表外的不同资产规定了不同的信用风险权重，确定表内风险加权资产总额，并将表外资产进行信用转换到对应的表内资产后，确定表外风险加权资产总额，再进行相加后得到风险加权资产总额。

步骤二：资本充足比率计算

对银行资产进行信用风险加权后，加上市场风险和操作风险资本要求，再根据《巴塞尔协议Ⅲ》关于核心资本充足率和资本充足率的两个计算公式来计算商业银行的资本充足率，将计算结果与《巴塞尔协议Ⅲ》规定的核心资本充足率6%和资本充足率8%进行比较，判断银行资本充足率能否达到最低要求。

业务 5-8：银行资本筹集

步骤一：资本筹集策略制定

若测算出银行的资本充足率未达到《巴塞尔协议Ⅲ》规定的核心资本充足率6%和资本充足率8%的要求，需要考虑进行资本筹集。也可以根据商业银行的长期发展目标，进行资本扩充计划。在资本筹集时，首先考虑内源融资，通过商业银行利润留存从内部产生；其次考虑外源融资，商业银行通过发行股票或债券来实现。

步骤二：资本筹集成本控制

在外源融资过程中，选择发行股票或债券，要考虑筹资成本控制。商业银行采用发行普通股、优先股和资本票据三种方法融资，会对商业银行的每股收益会产生不同的影响，为实现每股收益最大化，可以通过使用每股收益无差别点分析法来确定筹资方法，以实现筹资成本最低。

☑ 小知识5-9　　　每股收益无差别点分析法

定义

每股收益无差别点分析法是通过计算各备选方案的每股收益无差别点，并进行比较，选择最佳资本结构融资方案。

每股收益无差别点，是指不同筹资方式下每股收益都相等时的息税前利润或业务量水平。

计算公式

EPS= ［（EBIT–I）×（1–T）–PD］/N

式中：EPS——每股收益；EBIT——息税前利润；I——每年支付的利息；T——所得税税率；PD——优先股股利；N——普通股股数。

决策原则

当预期息税前利润或业务量水平在每股收益无差别点上时，无论是采用债权或股权筹资方案，每股收益都是相等的。

当预期息税前利润或业务量水平大于每股收益无差别点时，应当选择财务杠杆效应较大的筹资方案。

预期息税前利润或业务量水平小于每股收益无差别点时，应当选择财务杠杆效应较小的筹资方案。

资料来源　佚名. 如何通俗易懂的理解"每股收益无差别点法"? ［EB/OL］. ［2022–05–19］. https：//zhuanlan.zhihu.com/p/516641858.

任务实施

根据苏南银行案例，进行资本管理实训操作。

步骤一：测算资本充足率

风险经理梳理苏南银行的资产负债情况，测算苏南银行的资本充足率。

测算苏南银行的风险加权资产：

表外信用风险加权资产=1 500×1×100%+3 000×0.5×100%=3 000（百万元）

表内信用风险加权资产=750×0+3 000×0+750×20%+750×50%+9 750×100%=10 275（百万元）

信用风险加权总资产=3 000+10 275=13 275（百万元）

测算苏南银行的资本充足率：

资本充足率=10/［132.75+（1+2）×12.5］=5.9%

步骤二：进行资本筹集

苏南银行的资本充足率未达到《巴塞尔协议Ⅲ》规定的资本充足率8%的要求，需要进行资本筹集。按照协议要求，在不改变现有资产负债结构的情况下，资本量需要达到14亿元左右，需要增加近4亿元的资本。风险经理考虑一部分通过内源融资筹集，剩余部分通过外源融资筹集。

在外源融资筹集时，考虑以每股收益最大化为目标来选择合适的外部融资方式。若从外部筹集3亿元的资本，现苏南银行有普通股8 000万股，每股票面价值4元，产生10亿元的总收益，经营支出8亿元。采用发行普通股、优先股和资本票据三种做法，对苏南银行的每股收益产生不同影响，见表5-10。

表5-10 苏南银行从外部筹资的方式比较 单位：百万元

收入支出项	发行普通股（10元/股）	发行优先股（20元/股，股息率为8%）	发行资本票据（利率为10%）
估计收益	1 000	1 000	1 000
估计经营支出	800	800	800
净收益	200	200	200
利息支出			30
估计税前净收入	200	200	170
企业所得税（25%）	50	50	42.5
税后净收入	150	150	127.5
优先股股利		24	
普通股股东净收入	150	126	127.5
每股收益（元）	1.36	1.58	1.59
普通股数量	11 000万股	8 000万股	8 000万股

在发行普通股后，苏南银行的股票数量增加到 11 000 万股，每股收益为 1.36 元。发行优先股，股息率为 8%，苏南银行要支付优先股股利 2 400 万元，但普通股股票数量没有增加，每股收益为 1.58 元。发行资本票据，利息率为 10%，苏南银行每年要支付债券利息 3 000 万元，但因为在税前支付，有抵税效益，剩余 12 750 万元供普通股股东分配，每股收益达到 1.59 元。以每股收益最大化为目标，应选择以发行资本票据的方式从外部融资。

【岗位说明】

风险经理要根据《巴塞尔协议》对银行资本管理的要求，为银行测算资本充足率，并根据资本充足情况，制定资本筹集策略，控制筹资成本，做好银行的资本管理。

【赛题测试 5-4】

1. 下列关于《巴塞尔协议Ⅲ》的说法，错误的是（　　）。

A. 引入了杠杆率监管标准

B. 界定并区分一级资本和二级资本的功能，强调优先股在一级资本中的主导地位

C. 增强风险加权资产计量的审慎性

D. 提高了资本充足率监管标准

2. 《巴塞尔协议Ⅱ》的三大支柱不包括（　　）。

A. 内控管理

B. 市场约束

C. 最低资本要求

D. 监督检查

3. 根据《巴塞尔协议Ⅲ》的资本要求，商业银行一级资本充足率应不低于（　　）。

A. 2%

B. 4.5%

C. 6%

D. 3%

4. 《商业银行资本管理办法》中的资本监管要求为（　　）。

A. 储备资本要求为风险加权资产的 2.5%，由核心一级资本来满足

B. 核心一级资本充足率不得低于 5%

C. 一级资本充足率不得低于 6%

D. 资本充足率不得低于 8%

资料来源　2023 年智慧金融技能大赛题库。

赛题测试 5-4

参考答案

任务小结

本任务以判断商业银行资本充足率、资本筹措为例，详细介绍了资本管理的工作流程，包括确定风险加权资产、测算资本充足率和制定资本筹集策略。完整的操作流程如图5-14所示。

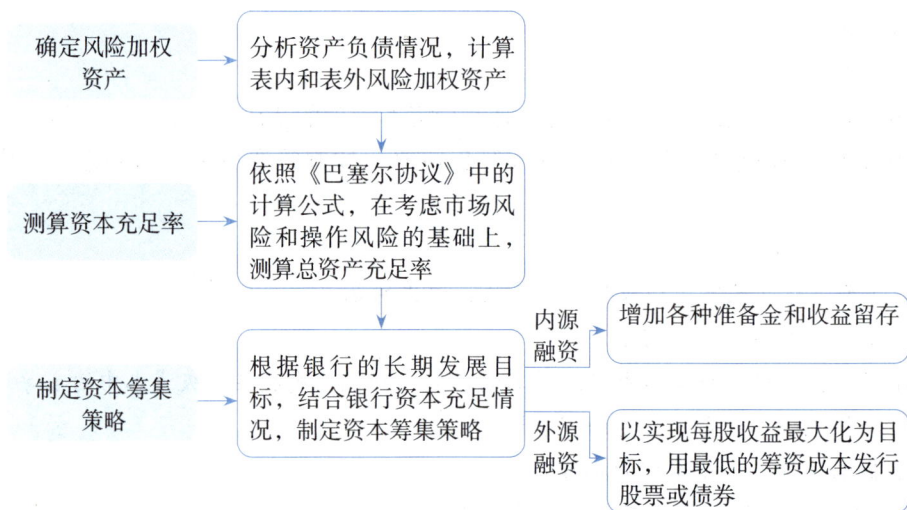

图5-14　资本管理操作流程

项目总结

风险经理主要负责为银行各项业务进行风险控制，并对资本进行管理。流动性风险、利率风险和信用风险是银行日常经营中的常见风险，在金融监管中通过相应的监管指标可以反映银行的风险状况。风险经理要及时识别、计量、监测和控制各类银行业务产生的风险，为实现银行的稳健经营提供保障。

项目测试

一、选择题

（一）单项选择题

1.关于同业拆借说法不正确的是（　　）。

A.同业拆借是一种比较纯粹的金融机构之间的资金融通行为

B.为规避风险，同业拆借一般要求担保

C.同业拆借不需向中央银行缴纳法定存款准备金，降低了银行筹资成本

D.同业拆借资金只能作短期的用途

2.商业银行基础头寸是指商业银行的库存现金与（　　）之和。

A.中央银行存款

B.法定存款准备金

C.超额准备金

D.可贷头寸

3.当商业银行的利率敏感性缺口值为正时，利率下降导致净利息收入的变动方向是（　　）。

A.上升

B.下降

C.不变

D.无法确定

4.持续期缺口等于（　　）。

A.总资产持续期-总负债持续期

B.总资产持续期-（总资产/总负债）×总负债持续期

C.总负债持续期-总资产持续期

D.总资产持续期-（总负债/总资产）×总负债持续期

5.由于债务人或交易对手未能履行合同所规定的义务或信用质量发生变化，从而给银行带来损失的可能性是（　　）。

A.利率风险

B.流动性风险

C.信用风险

D.操作风险

6.商业银行的核心资本由（　　）构成。

A.股本和债务性资本

B.普通股和优先股

C.普通股和公开储备

D.股本和公开储备

7.按照资本来源渠道不同，可将筹资分为（　　）。

A.直接筹资和间接筹资

B.内源融资和外源融资

C.权益筹资和负债筹资

D.短期筹资和长期筹资

（二）多项选择题

1.商业银行向中央银行借款的途径有（　　）。

A.再贴现

B.债券回购

C.再贷款

D.贴现

2.商业银行流动性供给主要来自（　　　）。

A.客户提现

B.新增存款

C.收回贷款

D.客户的合理贷款需求

3.利率风险按照来源的不同，可分为（　　　）。

A.重新定价风险

B.基差风险

C.选择权风险

D.收益风险

4.下列选项中，属于信用风险的有（　　　）。

A.某银行由于美元持续贬值，致使其所有的1亿美元资产价值下跌

B.某企业向银行申请股票质押贷款5亿元，因股票价格大幅下跌，质押股票价值
已低于贷款余额

C.某企业运用虚假良好信息蒙混过关，拿到银行贷款5 000万元挪用炒房，后因
亏损无法偿还银行贷款

D.某企业向银行开立500万美元信用证从事大豆贸易，因大豆价格大幅下降，企
业现金流紧张，信用证出现垫款

5.商业银行附属资本包括（　　　）。

A.公开储备

B.非公开储备

C.债务资本

D.混合资本工具

6.《巴塞尔协议Ⅲ》的主要内容包括（　　　）。

A.统一了监管资本定义

B.强化资本充足率监管标准

C.引入杠杆率监管标准

D.建立流动性风险量化监管标准

二、判断题

1.对银行头寸的预测，就是对银行流动性需求量的预测。　　　　　　　　（　　）

2.贷款者或有价证券持有者在市场利率下降时卖出利率期货，进行空头利率套期
保值。　　　　　　　　　　　　　　　　　　　　　　　　　　　　　　（　　）

3.信用风险具有明显的系统性风险特征，是不可规避的。　　　　　　　　（　　）

4.资本是商业银行防范风险的最后一道防线。　　　　　　　　　　　　　（　　）

5.商业银行的资本充足率水平满足了监管要求，就不会陷入破产困境。（　　）

三、思考题

1.阐述资金头寸的定义及层次。

2.阐述远期利率协议的定义。

3.阐述《巴塞尔协议Ⅱ》的三大支柱。

四、案例分析题

基于大数据技术的信用风险预警系统

恒丰银行从2019年开始布局金融科技，在风险管理等多领域实现变轨升级，打造了特色化优势。恒丰银行提出运用大数据技术构建信用风险预警系统，加强风险信息归集、监测、审查的准确性、及时性，强化风险预测能力。

基于大数据技术的信用风险预警系统主要分为基础数据层、基础技术服务层和应用层。基础数据层主要负责行内行外数据接入、存储，通过自建爬虫体系、购买外部服务数据API或文件批量推送服务实现各类数据的接入，形成风控专用的风险数据集市。根据获取权限不同，风控数据可分为四类：第一类为行内数据，主要包括企业和个人的基础信息、授信信息、还款信息、账户信息及各类黑、灰名单等，均为结构化数据，可直接从行内的大数据平台接入，数据准确、权威，但覆盖面相对较少；第二类为用户授权数据，包括企业征信、个人征信、个人学历、个人车辆、电商交易记录等数据，主要通过第三方提供的API接口接入；第三类为第三方公司数据，包括工商、司法、手机验真等，这部分数据主要以API接口获取为主，以文本文件推送为辅；第四类是来自互联网的各类免费数据，包括企业的评级、资质、招聘、投融资、市场价格、新闻、突发事件等数据，个人的微博等数据，这类数据主要通过爬虫获取为主，文本文件推送、接口接入为辅。

基础技术服务层主要对基础数据层接入的数据进行深加工；对于接入的这些数据，需要进行三个层次的整合加工，一是将非结构化数据结构化并进行ETL处理，通过文本解析、正则表达式、语义网等技术抽取关注的要素信息，如互联网上政府、行业协会公示的企业资质信息，评级公司公开的企业评级信息等；二是根据应用需要对文本信息进行分词、实体抽取、自动摘要、关键词提取、重复检测、正负面极性判断、语义分析、文本分类等标记及基础指标加工等处理，这是数据处理过程中最核心部分；三是基于结构化、标记后文本及基础指标，借助文本挖掘、MIDAS、R等技术或工具构建形成客户统一风险视图，如客户授信指标、还款情况、涉诉情况、经营情况、舆情信息，并通过关系图谱、投资图谱等各种数据的进一步关系强化，进而形成完整的企业/个人知识图谱等。

应用服务层直接或以与其他关联系统交互的方式发挥风险控制作用。一是单笔业务的风险防控，涵盖授信业务的贷前、贷中、贷后全生命周期，主要由用户发起，属于被动式风控方式；二是批量业务的风险防控，主要应用于贷前调查和贷后风险监测、风险缓释；三是风险的监测、追踪、预警、预测，主要通过构建行业发展景气指数，并从行业、地域维度分析风险爆发情况，辅助业务规划及相关部门调整高风险行业和地域的贷款投向。

资料来源　恒丰银行. 基于大数据技术的信用风险预警系统［EB/OL］. ［2025-01-02］. https：//www.fintechinchina.com/cases/623.

请问：基于大数据技术的信用风险预警系统如何更好地防范银行的信用风险？

主要参考文献

［1］庄毓敏．商业银行经营与管理［M］．6版．北京：中国人民大学出版社，2022.

［2］戴国强．商业银行经营学［M］．6版．北京：高等教育出版社，2022.

［3］鲍静海，马丽华．商业银行经营与管理［M］．2版．北京：高等教育出版社，2018.

［4］赵素春．商业银行经营管理［M］．北京：中国人民大学出版社，2022.

［5］张勇，赵丹．银行业务综合实训［M］．北京：高等教育出版社，2024.

［6］国家金融监督管理总局法规司．商业银行资本管理办法［M］．北京：中国金融出版社，2023.

［7］武飞．商业银行信贷业务［M］．3版．北京：中国人民大学出版社，2021.

［8］中国银行业协会银行业专业人员职业资格考试办公室．个人理财（中级）［M］．北京：中国金融出版社，2023.

［9］廖旗平．个人理财［M］．4版．北京：高等教育出版社，2025.

［10］吕勇，张蓓，单俊．金融科技［M］．2版．北京：中国人民大学出版社，2024.

［11］胡增芳．商业银行综合柜台业务［M］．2版．北京：高等教育出版社，2022.

［12］方伟．金融科技2.0：从数字化到智能化［M］．北京：人民邮电出版社，2023.

［13］李鹏，张素勤．商业银行业务与经营［M］．3版．上海：立信会计出版社，2024.

［14］范文仲．数字经济与金融创新［M］．北京：中国金融出版社，2022.

［15］周立波．关于科技金融支持科技型中小企业的思考——基于商业银行助力金融强国建设的视角［J］．西南金融，2024（2）.

［16］陆岷峰．科技金融赋能实体经济和新质生产力发展：经典理论、理论框架

与应对策略 [J]. 改革与战略，2024（3）.

　　［17］邱晗，黄益平，纪洋. 金融科技对传统银行行为的影响——基于互联网理财的视角 [J]. 金融研究，2018（11）.

　　［18］吴永钢，李慧玲，郭静. 数字金融对商业银行风险承担的影响研究——基于多元化业务分析 [J]. 金融论坛，2024（6）.

　　［19］徐贝贝.“低调”的养老理财——暂停“上新”的产品 需要优化的制度试点扩围的期待 [N]. 金融时报，2024-11-19.

　　［20］中国人民银行信贷市场司. 做好数字金融大文章 助力金融强国建设和数字经济高质量发展 [N]. 金融时报，2024-11-28.

数字资源索引